应用型高校本科专业
产教融合型课程体系改革与实践
电子信息工程专业

张具琴　李海霞　蔡艳艳　编著

清华大学出版社
北 京

内 容 简 介

本书介绍了黄河科技学院电子信息工程专业以人才需求、岗位任务和岗位能力为出发点,按照基于成果的教育理念,以项目化教学课程为载体,以知识建模为手段,全面实施产教融合型课程体系改革与实践探索的成效;阐述了电子信息工程专业人才需求情况、主要岗位及岗位任务、基于主要岗位及岗位任务的项目化教学课程体系及整个专业的课程体系,重点展示了5门项目化教学课程和电路分析基础等10门专业基础课程的知识建模图和教学设计。

本书适合教育研究者、应用型本科院校教师和学生阅读参考。

图书在版编目(CIP)数据

应用型高校本科专业产教融合型课程体系改革与实践.
电子信息工程专业/张具琴,李海霞,蔡艳艳编著.
北京:清华大学出版社,2025.5. -- ISBN 978-7-302-69108-2
Ⅰ. G649.21
中国国家版本馆 CIP 数据核字第 20253WG314 号

责任编辑:陈凌云
封面设计:常雪影
责任校对:李 梅
责任印制:杨 艳

出版发行:清华大学出版社
  网 址:https://www.tup.com.cn,https://www.wqxuetang.com
  地 址:北京清华大学学研大厦 A 座   邮 编:100084
  社 总 机:010-83470000   邮 购:010-62786544
  投稿与读者服务:010-62776969,c-service@tup.tsinghua.edu.cn
  质量反馈:010-62772015,zhiliang@tup.tsinghua.edu.cn
印 装 者:大厂回族自治县彩虹印刷有限公司
经 销:全国新华书店
开 本:185mm×260mm   印 张:12.5 字 数:242 千字
版 次:2025 年 7 月第 1 版   印 次:2025 年 7 月第 1 次印刷
定 价:48.00 元

产品编号:109542-01

课程是教育教学活动的基本依据,是实现教育目标的基本保证,是学校一切活动的中介。课程教学是师生共存的精神生活过程,自我发现和探索真理的过程,生命活动和自我实现的方式。具体而言,课程的重要性体现在 4 个结合点:第一,课程是学生和学校的结合点,学校提供课程,学生学习课程;第二,课程是学校和社会的结合点,社会对人才(学生)的不同要求通过课程结构和内容的改变来实现;第三,课程是教学和科研的结合点,科研促进教学,载体是课程;第四,课程是学生个体文化和社会文化的结合点,是学生社会化的重要渠道。课程是学校最重要的事,同时也是最容易被忽视的事。学校领导往往认为,课程教学是教师们的事;教师则容易将自己的研究、关注点放在学术上,忽视对课程的研究。实则,课程是一个开放体系,与政治、文化、经济、民族、语言、性别、制度、学科等紧密相连;课程教学是一项合作的事业,需要政府、社会、大学、领导、教师、学生、职员广泛参与。

黄河科技学院是一所高度重视课程建设的大学。我与该校董事长胡大白先生、执行董事兼校长杨保成教授有过多次交流。2024 年 10 月,我和我们院校研究团队师生到该校进行了为期两天的考察学习。同年 11 月,我指导的一位博士生又到该校进行了为期一周的调研学习。黄河科技学院的课程建设给我留下了极为深刻的印象。

黄河科技学院遵从党中央"全面提高人才自主培养质量"的要求,从"让每个学生都享有公平而有质量的教育,使具有不同禀赋和潜能的每一个人都得到充分发展"出发,积极开展课程改革。在课程改革中,学校立足为地方和产业发展培育应用型人才的人才培养目标,开展大样本、全覆盖的专业岗位需求调研。通过调研,抓住在应用型人才培养中存在的"产教融合不够深入、师资实践应用能力不够、课程体系与市场需求无法紧密衔接"等问题,探索能够满足中国式现代化发展需求,以提升学生的岗位胜任力、就业适应力和职业发展力为目标的应用型本科教育模式。在这一课程改革过程中,影响深远、成效显著的当属创造性地提出并推进项目化教学体系改革。

项目化教学以能力目标为导向,以企业岗位任务为课程载体,通过真实的项目来促进学生主动学习。项目化教学具有真实性、实践性、探究性和创新性。实施项目化教学有利于增强学生知识整合和应用能力,有利于提升学生综合能力,有利于培养学生职业能力。从我们的考察中了解到,黄河科技学院从 2018 年开始推动项目化教学体系改革。在改革的过程中,学校做了大量工作。

(1)营造课程建设和改革的制度环境。学校积极营造有利于课程建设和改革的制度环境,出台相关支持政策。首先,开展覆盖全校的课程立项工作,制定各类课程建设标准,每门课给予相应的立项经费支持,累计投入了 3000 多万元支持全校 1300 多门课程的建设和改革。其次,实行优课优酬的制度,根据课程评估结果,给予教师们最高五倍课酬的课时费。最后,给予学校教师横向项目 20% 的配套经费,支持教师们将科研成果、横向项目转化落地、公司化、市场化,落地后给予 10 万～15 万元的经费支持,并鼓励教师们将这些成果积极转化,反哺到课程教学中。

(2)构建课程建设和改革的组织机构。大学产教融合课程体系的改革需要联合各个教学单位、职能管理部门和一线教师进行互动合作,逐步构建一个有利于产教融合型课程体系建设的组织机制。首先,学校进行了体制机制改革,在学校职能部门层面进行“大部制”改革,将原来的 13 个处级单位整合成教师中心、教育教学中心、学生中心三大中心,以及思政工作部、科技发展部、资源保障部等五个大部,实现了职能部门的扁平化管理,大大提高了职能部门服务课程建设和改革的效率。在教学单位进行“学部制”改革,将 12 个学院整合成工学部、艺体学部、商学部、医学部四个学部,打通了院系壁垒,整合了学科、专业、师资和平台等各类资源,为课程改革提供了有力支持。其次,学校创建了上下协同的组织机制。自上而下,主管校领导、教育教学中心组织项目化和产教融合型课程体系建设研讨会,激发和启蒙教师对于课程建设的热情和想法,鼓励教师投入课程改革实践,并通过咨询和课程指导推进课程改革的进行和完善。首批试点课程建设完成后,引导优秀教师利用教学学术思维进行研讨、反思和改进,并作为导师培训其他教师开展课程改革,起到了自下而上的效果。上下协同,推进产教融合型课程体系建设的良好发展。

(3)提供课程建设和改革的资源条件。资源条件包括软件条件和硬件条件。其中,软件条件是指利于课程建设和改革的“人”的资源,主要关注产教融合课程教学团队师资建设。聘请国家教育行政学院刘亚荣教授牵头的专家团队,主管校长亲自带队,通过多种方式对学校管理人员和教师进行培训,制定各类课程评估标准,掌握课程知识建模方法;定期组织课程改革交流工作坊,供教师们学习、研讨和互动;鼓励和动员教师到企业挂职锻炼,提高教师们的实践能力,更好地服务产教融合课程改革。硬件条件是指利于课程建设和改革的基础资源,主要包括项目实践场所、项目设计和实施物资以及产业和企业资源的支持。学校主动协调联系校内资源和企业资源,创办大学科技园、创客工厂、众创空间、各类工程实训中心等场所,并保证各类工具和物资的供应,为课程设计和实施提供条件。学校层面和学部层面都设有产教融合办公室,积极联系和对接企业,进行沟通合作,帮助教师们开拓更广泛的企业资源,保证课程植根于产业并最终走向社会。此外,学校还自主研发了集智能管理、智慧教学和数智评价于一体的数字化课程建设平台,为课程建设和改革提供了优质高效的数字化资源保障。

在实施项目化教学的同时,学校倒推整个课程体系的调整和改革,最终构建了"2+1+1"(基础+实践+应用)的产教融合型课程体系。在学校构建的产教融合型课程体系中,前两年的基础课阶段聚焦学生基本能力的养成,设置基础性课程,通过一些综合性项目,让学生"见过"和"做过";大三的实践阶段,通过项目化教学课程对接企业实践工作岗位的真实项目,培养学生实践创新能力,让学生能够"做成";大四的应用阶段,设置应用型课程,教师直接带领学生进入企业生产一线,通过企业委托项目,让学生能够"做好"。

黄河科技学院课程体系改革已经取得了丰硕成果,产生了广泛的社会影响。学校在教育教学改革后的师生满意度调查中,总体满意度高于98%。在改革的过程中,全校师生积极参与,共同创造,凝聚改革共识,产教融合走向深入,教师、学生能力显著提升,人才培养与行业企业岗位需求的对接愈发紧密,课程教学质量有了明显提升。改革成果受到省内外高校和社会的广泛关注,130多所高校、240多家企事业单位到校交流;课程改革总体设计者、负责人杨保成教授,应邀在国内各类教育学术研讨会及多所高校介绍改革的做法和经验。

现在,学校以"应用型高校本科专业产教融合型课程体系改革与实践"为题,在清华大学出版社结集出版系列图书,十分有意义。一方面,为应用型高校深化教育教学改革、创新人才培养模式、优化课堂教学方式方法、开展常态化课程评价、全面提升育人水平提供了参考。另一方面,为专业负责人、任课教师如何改革课程结构、改进教学方法,特别是在项目化教学中如何将企业的真实任务或者项目与专业课知识真正融合,以构建一门与人才培养目标相匹配、内容适度的课程等提供了借鉴。综上,我十分高兴地向高校同人们推荐系列图书。

黄河科技学院的"应用型高校本科专业产教融合型课程体系改革与实践"属于规范的院校研究。他们在立足本校课程体系改革的院校研究中,体现出了热心教育、关爱学生的奉献精神;学习教育理论、探索教育规律的科学精神;"勇立潮头,敢于破局",在突破难点、痛点中不断奋进的坚韧不拔的精神,值得我们学习。期望高校同人像黄河科技学院那样开展院校研究,通过院校研究推进学校的建设和发展。

是为序。

华中科技大学原党委副书记
中国高等教育学会院校研究分会创会会长

刘献君

2024 年 12 月 8 日

◀ 序 二 ▶

党的二十大报告明确提出了"全面提高人才自主培养质量"的要求,党的二十届三中全会在此基础上审议通过的《中共中央关于进一步全面深化改革 推进中国式现代化的决定》进一步提出了"分类推进高校改革"的要求。为构建高质量的人才自主培养体系,教育部提出了具体的技术路径,包括编制学科专业知识图谱、能力图谱,推动项目式、情景式和研究式教学等深度探索,实现从"知识中心"到"能力中心"的转变。河南省教育厅出台的《河南省本科高等学校深化产教融合促进高质量发展行动计划》,紧密结合本省传统产业提质发展、新兴产业培育壮大、未来产业谋篇布局,全力推动人才培养供给侧和产业需求侧结构要素全方位融合,为加快构建河南现代产业体系,确保高质量建设现代化河南、确保高水平实现现代化河南提供强有力的人才和智力支撑。

作为高等教育体系的重要组成部分,应用型本科高校是形成产教良性互动、校企优势互补的产教深度融合发展格局的高等教育主要生力军,为全面建设社会主义现代化国家提供强大的人力资源支撑,在推进中国式现代化进程中扮演着至关重要的角色。然而,当前应用型本科人才培养体系改革存在很多堵点、痛点和难点,其中以下三个方面尤为关键。

其一,产教融合不够深入。高校与企业合作存在合作浅层化、利益差异化、供需不对接等问题,高校难以准确把握产业需求和企业的实际需求,服务产业发展和行业企业技术升级的能力不够,企业参与高校人才培养过程的积极性、主动性不够。

其二,师资实践应用能力不足。大部分教师毕业后直接到高校授课,理论知识丰富扎实,但缺乏行业经验和企业实践经验,难以紧跟行业最新发展趋势,在解决企业实际问题方面的实践应用能力不足。

其三,课程体系与市场需求无法紧密衔接。现有课程体系没有从市场导向出发进行系统设计,与市场需求衔接不紧密,课程教学目标、内容、测试方法不能有效促进应用型人才培养目标的实现,导致课程体系对人才培养目标的支撑力不够,学生能力与企业岗位任务要求出现脱节。

习近平总书记在2024年9月召开的全国教育大会上的重要讲话,向全党全社会发出了"建成教育强国"的动员令,系统部署了全面推进教育强国建设的战略任务和重大举措。习近平总书记指出,建设教育强国是一项复杂的系统工程。中共教育部党组在《人民日报》发表文章强调,面对新一轮科技革命和产业变革对全球秩序和发展格局带来的深远影响,能不能建成教育强国、为加快实现高水平科技自立自强提供支撑,能不能培养出世界一流人才和经济社会发展所需的大批高素质建设者,是摆在我们面前的重大课题。如何让每个学生都享有公平而有质量的教育,使具有不同禀赋和潜能的每一个人都能得到充分发展,是每一个教育工作者长期努力、不断改革的方向。

黄河科技学院作为全国第一所民办普通本科高校,肩负着为地方和产业发展培育应用型人才的使命。在新时代全面推进教育强国建设的背景下,学校清醒地认识到,要想真正实现面向未来培养人才,必须勇立潮头,敢于破局,重新规划未来学校发展定位,重构全新的产教融合人才培养体系,并且在专业层面、课程层面、课堂教学层面层层深入、彻底落实。教学改革改到深处是课程,改到痛处是教师。办学理念再好,体系设计再先进,没有教师的落地实施,人才培养成效是无法见真章的。为此,黄河科技学院从2018年开始,以英语课程和体育课程为破局起点,通过创新探索,让教师们初试初尝"以学生学习成长为中心"的课程和教学模式改革小成功的喜悦和红利;继而通过体制机制重构,全面触发和激励更深层次的人才培养体系创新和方法论创新;通过构建思想引路、问题导向、自我学习探索以及专家咨询等一系列行动学习式的有组织学习,推动全校所有专业所有教师,共同构建和实施了全新的人才培养体系。

人才培养是一个系统复杂的工程,体现在目的—目标体系的多层次和复杂性。具体而言,宏观层面必须以党和国家的意志和要求为根本遵循,即落实立德树人根本任务,培养德智体美劳全面发展的社会主义建设者和接班人;中观层面要体现区域需要,即精准对接国家战略和河南省"7+28+N"产业链群,深度聚焦发展新质生产力要求;微观层面,学校明确提出,要以学生的成长发展,提升学生的岗位胜任力、就业适应力和职业发展力为目标。

为实现上述目的—目标体系,学校以支撑目标实现的课程体系改革为突破口,构建了以能力逐级进阶提升为导向的"2+1+1"(基础+实践+应用)产教融合型课程体系(见图1)。其中,立德树人的课程思政点作为每一门课的育人目标,纳入教学设计要求。课程体系中的"2"代表本科阶段的大一、大二聚焦学生"基本能力"养成,设置基础性课程。学生通过基础性课程学习专业基础知识和技能,实现"见过"和"部分做过",为后续学习与实践筑牢坚实的理论基础和技能基础。中间的"1"代表大三基于企业真实项目和市场评价标准,创设基于培养实践和创新能力的项目化教学课程,设置就业、创业、应用型研究三个方向,实施分类培养。学生可根据职业发展方向自由选择,实现个性化发展。学生在参与项目化教学课程的学习与实践中,将理论知识与实际项目紧密结合,有效提高实践能力和创新能力,实现"做成"。最后一个"1"代表大四开设应用型课程,教师带领学生直接进入企业生产一线,直接参与工作实践,在获取工作报酬的同时接受职业应用性评价,更深入地了解职业需求,为未来职业发展做好充分准备,进一步提升职业发展力,实现"做好",同时为即将步入职场的学生增强信心与竞争力,铺就应用型人才成长之路。学校创新课程体系的最终目的是实现应用型人才的高质量培养,助力学生实现高质量就业。

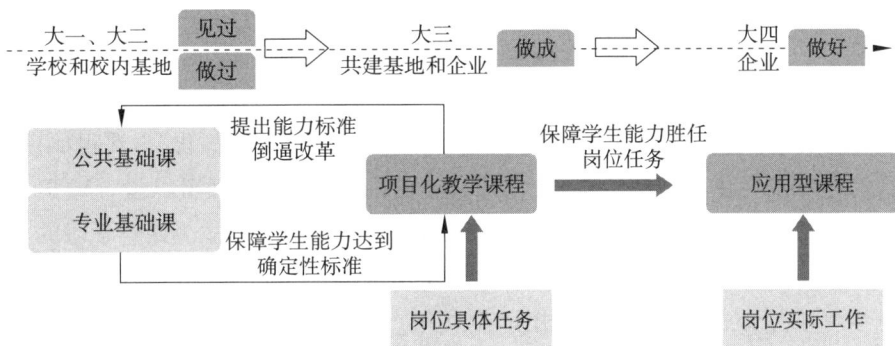

图 1　黄河科技学院"2+1+1"(基础+实践+应用)产教融合型课程体系

之所以进行这样的课程体系设计,是基于学校在多年产教融合的探索实践中发现,教师按照基于学习产出的教育(outcomes-based education,OBE)理念构建课程和课程模块,将能力作为课程目标,其背后的假设是"课程直接可以支撑能力目标",实际上在操作层面较难实现;而把行业企业的真实岗位任务或工程项目、技术研发项目转化为项目化的课程,其背后的假设是"能力内含在操作真实任务的过程中"。因此,将项目化教学课程作为能力培养的真实载体,教师更容易操作。教师可将自己做过的项目转化为课程,用任务承载真实能力训练,学生完成任务即受能力训练,且培养的能力可在任务结果中体现并进行评价。当然,其难点在于如何将企业的真实任务或者项目与专业基础课程知识真正融合,以构建一门与人才培养目标相匹配、内容适度的课程。在此实践逻辑基础上,学校以此类课程为起点,倒推整个课程体系的改革、调整和融合。产教融合型课程体系构建涉及学校及教职工的办学理念层面、工作系统方法层面、落实行为层面和办学效果评价反馈等,是一个复杂的系统工程。为构建这套全新的产教融合型课程体系,学校做了以下基础性改革工作。

一、抓住关键环节,重构人才培养体系

其一,大样本、全覆盖的专业岗位需求调研。由学校商学部人力资源专业团队牵头,专业设计调研方案,培训所有参与调研的专业负责人和教师。学校所有的专业负责人组队深入到学生就业的主要用人单位,开展产业、企业、岗位调研,利用调研数据

进行工作分析,最终建立就业数据库:产业—行业—企业分类标准、产业链人才需求标准、专业人才培养质量标准。学校编制了人才需求能力标签,构建了职位标签等,以便更精准地匹配人才与市场需求。学校紧跟产业需求,将这些标签全部纳入自主研发的数字化平台,形成产业、行业、用人单位就业信息数据库。这些标签都是企业人力资源部门熟悉的用人标签,用人单位后续能够在平台上更新和组合自己的就业数据标签,进而发布就业信息。开放的就业信息数据库能够吸引越来越多的用人单位进驻,逐步覆盖所有本科专业对应的岗位。各专业以此为基础,倒推形成自己的人才综合素质能力评价模型,为后续人才培养模式改革提供依据。

其二,采取课程立项的办法,全面推行大三年级的项目化教学课程建设工程。与项目式、案例式教学课程不同,项目化教学课程将企业真实项目"化"为课程项目任务,既可以无缝对接企业真实岗位要求,提升学生的岗位胜任力;又可以设计成学生是学习主体的项目化教学课程,让学生边做边学,成为学习的主人,成为课堂学习的共同设计者,充分激发学生的内在动力,开展有意义的学习。项目化教学课程的设计,以市场需求为导向,从岗位真实任务要求出发,先提取"职位群—岗位典型任务—工作项目",然后优化这些项目所需要的专业知识图谱,将专业知识图谱与工作项目融合,形成一种新型的项目化教学课程的知识图谱。在此基础上,确定课程教学目标、项目任务、教学内容、课上课下学习任务等。学校制定了项目化教学课程的建设标准:一是强调项目"真实性",必须是来源于企业的实际项目,可以是即时性项目或延时性项目,按照岗位任务逻辑,将项目任务、项目流程、项目能力、常见错误和解决办法编排成学习任务单元;二是建立对接企业行业的项目资源库,及时更新,确保项目的延续性和内容的有效性;三是制定以成果为导向、市场直接评价或仿真评价的三级评价标准,学生考核合格即能达到课程对应的岗位任务要求,胜任岗位工作。项目化教学课程是"2+1+1"产教融合型课程体系中的核心环节,具有承上启下的关键作用。这个环节不进行改革,其他课程改革都只是理念,无法真正落地实施。因此,学校将大三的项目化教学课程的改革作为整个课程改革的切入点,以分批立项的方式完成了大三所有的课程改革。

其三,依托数字化学习平台,基于知识建模、课程教学设计的技术方法全面重构课程体系。作为课程改革的突破口,学校在全面实施项目化教学课程后,开始倒逼前修专业基础课程改革,支撑大四的应用型课程建设。前修基础课程需在目标制定、内容选择、教学模式和评价考核等方面提供有力支撑,以确保知识的系统性和连贯性。同时,项目化教学课程也为大四学生直接参与用人单位的真实项目和工作,提供更具技术性和实用性的知识,以及解决实际问题能力和创新能力的基础。为此,学校邀请国家教育行政学院刘亚荣专家团队,以课程知识建模为基础,全面重构公共基础课程和专业基础课程。一是绘制所有课程的知识建模图。本科专业的全部课程绘制知识建模图为新型人才培养体系搭建坚实的知识体系基础。二是重构基础课程。从支撑项目化教学课程或后续专业基础课程的需要入手，倒推专业基础课和公共基础课的知识容量和结构，全面梳理项目化教学课程所需的知识、能力和素质，将知识点进行详细分解、重新组合，重塑现有的知识体系，对前修专业基础课程的知识、能力、素质主模块进行组合，形成新的专业基础课和公共基础课。三是明确课程建设标准，推动新版教学设计和课程大纲的制定。基于课程知识建模图，重新制定 1206 门本科课程的教学设计和课程大纲，每门课的教学设计都重新设计和匹配了"以学生学习为中心"的各种教学、学习资源，包括线上课程、作业练习、各种学习评价工具等。四是建设数字化学习平台系统。所有课程的教学、学习资源都实现了线上师生共享，有效满足了教师教学和学生学习对各种学习资源和工具即时性、便利性的需求；解决了公共基础课学生基数大、师生互动难等问题；也解决了教考分离、多维评价、客观证据翔实的教学和学习评价真实难题；真正实现了学生随时可学，不受限于学期和专业，学完即可结业的泛在学习理念。

其四，基于市场真实评价的应用型课程建设。作为学校"2＋1＋1"产教融合型课程体系的最后环节，应用型课程是对应用型人才培养效果的有效检验和直接体现。学校指导各本科专业开展高质量充分就业调研分析，通过定性与定量相结合，从知识能力素质要求、工作岗位经验、职业资格证书考取等维度对毕业生高质量充分就业的本质属性进行画像，提出高质量充分就业标准，并落实到应用型课程目标中。应用型课程的设计基于实际的产业发展和市场需求，由教师承接研发创新类等高质量真实市场项目，通过相应的教学设计（如学分、教学安排、课程考核等）赋予其课程要素，从而转换为课程。教师带领学生承接真实的市场项目，接受市场评价，产生经济与社会效益。在此过程中，教师的实践教学能力得以显著提高，逐步向"双师型"教师队伍转型。学生通过岗位任务从合格的入职者变成优秀的入职者，实现从"做成"到"做好"，直接实现高质量充分就业。

其五，建立优秀本科生荣誉体系。为引领学生积极进取、全面发展，持续提升学生德智体美劳综合素养，进而激励学生追求卓越、奋发向上，营造"逢一必争，逢金必夺"的优良校园氛围，学校以德智体美劳全面发展为导向重构本科生荣誉体系，促进学生成长成才。一方面，学校表彰在学习、创新创业等方面表现突出的学生。他们或项目成果获企业采纳，实现高质量充分就业目标；或创新创业能力强，勇启创业征程；或勤奋好学，有一定学术成果。学校为他们颁发"全能英才奖""创新创业奖""学业卓越奖"，激发学生的内在潜能和创新精神，促进学生更加积极主动地投入到学习和实践中，不断挑战自我，追求更高的目标。另一方面，学校表彰积极参与学校产教融合工作并做出努力和贡献的优秀毕业生。他们或积极牵线搭桥，为学校与企业搭建合作桥梁，不断拓展合作渠道；或参与学校课程设计，将企业实际需求与行业最新动态有机融入教学内容,助力学校构建贴合市场需求的人才培养模式;或为在校生创造大量实习与实践机会,促使学生在实践中茁壮成长。学校为他们颁发"杰出校友奖",对其做出的贡献和取得的成就给予充分肯定。同时,学校激励在校学生努力提升自己,力争成长为创新引领型人才。

黄河科技学院"2+1+1"产教融合型课程体系不同于传统学科逻辑下的本科人才培养体系,也不同于当前很多应用型大学倡导的校企合作的本科人才培养体系。三种人才培养体系对比分析见图2。传统高校人才培养体系根植于学科逻辑,偏重知识传授,为学生筑牢坚实的理论基础。然而,在对接企业实际工作所需的应用技能培养方面却极为薄弱,使得传统本科教育的毕业生大多呈现出"眼高手低"的特点,必须经过培训期后才能适应岗位任务要求。在知识匮乏、缺乏信息技术传播知识的时代,这种培养方式是大学的不二选择。但在信息技术时代,知识可以泛在获取,这种人才培养体系已经不能再作为任何大学人才培养的基本方式。

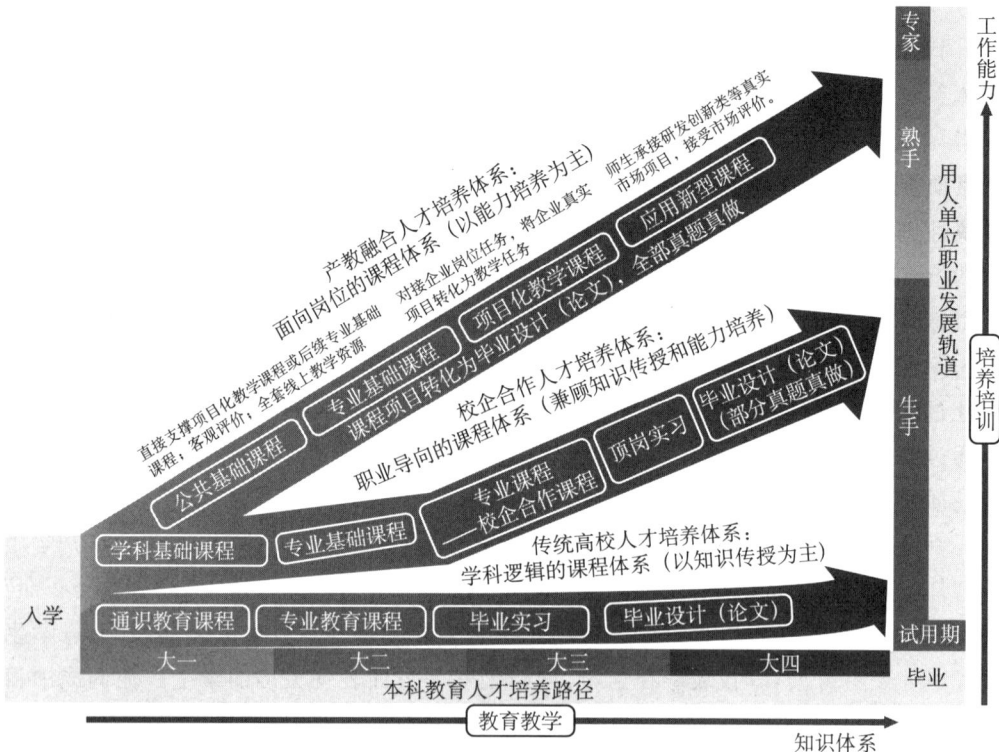

图 2 三种人才培养体系对比分析

校企合作人才培养体系以职业为导向,设置校企合作课程、顶岗实习及毕业论文真题真做等实践类课程和环节,既注重知识传授,又兼顾能力培养,尤其强调实践与应用,对提高学生实践能力和职业技能有较大帮助。但是也存在四方面的主要问题:一是课程体系内容衔接度不够。校企合作课程与前端的基础课程以及与企业真实岗位要求之间都缺乏有效衔接，导致课程体系连贯性欠佳，人才培养与市场需求不匹配。二是师资队伍实践应用能力不足。教师因缺乏行业经验与企业实践经验，难以有效解决企业实际问题。三是校企合作课程个性化程度不高。课程多由企业研发，雷同性强，与学校办学特色联系不紧密，无法满足学生的个性化发展需要和市场的多样化需求。四是校企合作课程覆盖领域不广泛。合作项目往往依托"订单式"人才培养开设，局限于企业所需的特定岗位，未能全面覆盖专业面向的所有岗位。

我校的产教融合人才培养体系，从锚定岗位需求出发，重新梳理了人才培养的学习逻辑。在未来的人才培养中，一旦产业中的工程师和学校的教师都具备课程领导力，便能够突破产业和学校的界限，随时将岗位的需求转化为培养的课程。届时，学校将成为任何产业人才随时获取学习机会的场所，也将成为产业孕育未来科技产品的场所。

二、强化支持保障，全面推进综合改革

人才培养体系改革是牵一发而动全身的系统工程，外部需要全社会方方面面的配合与支持，内部也涉及体制机制、数字化平台、课程建设、教学质量评价与持续改进等全要素多维度的支撑和保障。为此，学校主要从以下几方面进行了衔接配套改革。

其一，自主研发数字化平台，实现评价与建设全流程智能化。搭建集智能管理、智慧教学、数智评价于一体的课程建设数字化平台，统筹全校课程资源，对外实现各高校课程资源共建共享，对内实现课程数据与教师数据、学生数据互联互通，协同推进课程建设与评价、学生服务和师资培养；构建基于质量标准、全量化采集、大模型分析的智能化课程评价支持体系，通过统一规划、统一建设、统一管理、统一评价，优化课程结构、明确课程规格、分析课程目标达成度、智能化提供课程画像、过程性规范课程准入与退出，保障一流应用型课程的优质、高效、充足供给。

其二，评价牵引，推进课程高质量建设。学校与国家教育行政学院共同研创课程评价指标体系。分类研创教学设计、教学实施、教学产出评价标准，重点关注课程知识建模的完整性、教学活动目标与任务的一致性、师生交互过程的有效性、教学评价的客观性。聚焦教学设计、教学实施、教学产出三个关键环节，实现课程评估精准化。一是聚焦教学设计。考察OBE理念在每个任务和活动设计中的体现，强调选取活动的目标、交互、成果及评价标准的一致性，课程知识建模的完整性等。二是聚焦教学实施。评价教学过程与教学设计的一致性，重点考查学生是否进行高阶思考、是否积极参与各项学习活动、知识能力是否达到预期目标。三是聚焦教学产出。将课程考核评价标准、企业评价标准、企业采纳证明等纳入课程成果重点考察，将教师教学能力提升、课

改论文发表等作为教师成果进行评价,将学生考核结果、学生作品、创作等作为学生成果重点考察评价。学校充分利用大数据技术,将日常教学动态数据与专家评估相结合,建立线上线下相互支持,专业、学部、学校三级进阶式评价机制,实现常态化全覆盖"课程＋教师团队"评价。通过线上审阅课程资源和评审材料、深入课堂随机听课、组织课程答辩汇报、强化反馈改进四步骤,构建评价闭环,促进课程评价"反哺"课堂教学,推动全部课程锻优提质。评价结果打破职称定课酬惯例,实行优课优酬,最高给予5倍工作量奖励。

其三,深化体制机制改革,推动教学改革落地生根。学校充分利用体制机制灵活、行动决策迅速等优势,深入开展"大部制""学部制"体制机制改革,推动高校与产业、行业、企业资源共享、深度融合、协同发力、共同育人。在职能部门推行"大部制"改革,通过整合13个处级单位,成立教师中心、教育教学中心、学生中心三大中心,以及思政工作部、科技发展部、资源保障部等五个大部,提高职能部门服务教育教学工作的效能度和协同性。在教学单位积极推动"学部制"改革,打破原有的"校—院—系—教研室"多层级结构,将12个学院整合为工学部、艺体学部、商学部、医学部四个学部,依据专业集群下设科教中心,赋予其资源配置的自主权力。通过体制机制改革,充分汇聚学科、专业、师资、平台等各类优势资源,实现了以下三方面的提升。一是教师中心的成立,为教师提供了更专业的发展平台。鼓励教师深入企业实践,提升实践教学能力与专业素养,提供更多职业发展机会和激励机制,打造高素质、专业化、创新型教师队伍。二是教育教学中心的成立,有利于整合教育教学资源,推动产教深度融合。通过搭建教学平台,教师与企业专家共同设计与实施课程、共同制定并修订人才培养方案,促使专业设置紧密贴合产业需求,大幅提升专业与市场对接的精准度与紧密性。同时,引导教师将行业最新动态和技术及时引入课堂,促进教学方法创新,增强教学的针对性和实效性,为培养具有扎实专业知识和较强实践能力的应用型人才筑牢坚实基础。三是学生中心的成立,为学生提供了更多实践机会和职业发展指导。开展职业规划、职业咨询服务、优秀本科生表彰以及行业专家和成功校友经验分享等丰富多彩的活动,为学生在职业选择和发展中遇到的困惑提供个性化指导和建议,进而提升学生的就业竞争力和职业适应能力。

三、发挥改革效能,凸显人才培养成效

学校始终秉持"办一所对学生最负责任的大学"的办学愿景,全心全意为教师服务,全心全意为学生服务,人才培养新体系改革得到广大师生的高度认可和肯定。

学校采用调查问卷、访谈等多种形式开展了教育教学改革后的师生满意度调查。结果显示,总满意度高于98%。教师董菲菲分享村庄规划授课感悟时谈道:"当学生真正成为课堂的主人时,他们便不再是学习的被动承受者,而是积极投身于教学活动

之中,化身为学习的主动探索者与协同合作者。他们的学习热情空前高涨,思维也更加活跃。"教师杨颖分享道:"投身于学校课程改革实践,我深切认识到,卓越的教学绝非因循守旧,而在于大胆创新、勇于实践。身为一线教育工作者,我们不只是知识的传播者,更是变革的推进者。课改给予我宽广的舞台,使我能尝试新教学理念与方法。我将项目化、合作学习等理念融入课堂,激发学生兴趣与创造力,实现师生平等互动、共同发展。"学生崔锴洁分享了自己在服装与品牌设计课程中的体验:"在这门课程里,同学们模拟不同岗位,大家分工协作,展现出极强的团队协作精神和学习热情,我能深切地感受到有一股强大的力量推动着我在交叉创新的道路上不断向前。"学生司双颖谈道:"项目化教学课程风景园林规划与设计具有很强的实践性、应用性和挑战性。在一次次的项目构思与创作过程中,我被激发出全身心投入学习的热情,对这门课程产生了浓厚的兴趣。特别是当自己设计的园林方案被采纳并且最终得以建成的时候,之前所有的辛苦付出都转化为满满的成就感,那种激动和自豪难以用言语来表达,感觉所有的努力都是非常值得的!"

回顾6年的改革历程,学校聚焦人才培养模式改革、课程体系构建、课程开发、课程设计以及课程评价等关键环节,先后召开了主管教学部(院)长、科教中心主任、骨干教师等不同层面人员参与的研讨会300余场,投入3000余万元用于1300多门课程的建设。在此过程中,教师们对于人才培养模式改革理念、思路及步骤等有了更清晰、更深刻的认知。在全体师生的充分认可与深度参与下,全校上下已然凝聚起改革共识,产教融合持续走向深入,教师队伍的能力得到显著提升,人才培养与行业企业岗位需求的对接愈发紧密,课程教学质量有了明显提升。改革成果受到省内外高校和社会的广泛关注,130余所高校、240余家企事业单位等到校交流;受邀在中国高等教育学会、国家教育行政学院等举办的院校研究高端论坛,郑州大学、成都大学等高校做主题报告28次;成果在第61届、第62届中国高等教育博览会上展出,获得省内外高校教学管理人员和一线教师的高度好评;办学成效被中央电视台《新闻联播》、新华社、《光明日报》《中国教育报》等广泛报道。

斗转星移,岁月如梭,黄河科技学院在时光的长河中稳健前行。2024年5月,学校迎来了辉煌的四十华诞。值此之际,我们集结学校人才培养新体系改革成果,分专业出版"应用型高校本科专业产教融合型课程体系改革与实践"系列图书,为应用型高校深化教育教学改革、创新人才培养模式、优化课堂教学方式方法、开展常态化课程评价、全面提升育人水平提供有效借鉴和参考。这一本本沉甸甸的册子,凝聚着全校教师在课改历程中的智慧与汗水,折射出全体教师的睿智与灵性,更满溢着全体教师"以学生为中心"的教育理想与不懈追求。

此举,一为抚今追昔,以文字铭刻学校波澜壮阔的发展历程,为辉煌历史留存厚重见证;二为激励莘莘学子奋发图强,在知识的海洋中砥砺前行,以拼搏之姿努力成才,为未来铸就璀璨华章;三为鼓舞吾辈同人不忘初心,励精图治,以昂扬斗志勇攀高峰,在教育的新征程上再创佳绩,为国家培养更多栋梁之材,为时代书写更壮丽的教育诗篇。

回顾往昔,那些奋斗的足迹、拼搏的身影,皆是前行的动力源泉。展望未来,我们深感责任重大、使命光荣。我们定会牢记为党育人、为国育才的初心使命,不负重托,与时俱进,努力谱写无愧于前人、无负于时代的璀璨新篇章。

黄河科技学院执行董事、校长

杨保成

2024 年 10 月 16 日

◀ 前 言 ▶

　　随着社会的发展和经济的快速增长,社会对高素质人才的需求越来越强烈,尤其是在信息技术飞速发展的今天,如何培养出适应新一代信息技术和新工科融合需求的高素质电子信息工程专业人才,成为电子信息工程专业发展亟待解决的一个关键问题。

　　本书以应用型本科高校黄河科技学院电子信息工程专业为例,通过广泛深入的人才需求调研,总结出专业的核心职位岗位群及核心岗位任务,提炼出电子信息工程专业高素质应用型创新人才的核心能力和核心素质,将专业核心能力和核心素质模块化到各门项目化教学课程中,并通过项目化教学课程的各个子任务,对学生进行持续不断的锻炼和培养。同时,为了有效支撑项目化教学课程的教学需要,达成高素质应用型人才的培养目标,我院进行了由"学科中心"到"学生能力中心"的专业课程体系重构,对项目化教学课程和全部专业基础课程进行基于 OBE 理念的教学设计,并通过 3 年的人才培养系列改革和探索,取得了一些实践经验和成果。

　　本书介绍了黄河科技学院电子信息工程专业以人才需求、岗位任务和岗位能力为出发点,按照 OBE 教学理念,以项目化教学课程为载体,采用逆向倒推设计思路,以知识建模为手段,全面实施产教融合型课程体系改革与实践的探索成效。本书内容主要分为专业概况、专业课程体系构建、专业课程知识建模、基于 OBE 理念的教学设计四个部分,详细阐述了电子信息工程专业人才需求情况、主要岗位及岗位任务、基于主要岗位及岗位任务的项目化教学课程体系和整个专业的课程体系,重点展示了电子产品工艺与制作等 5 门项目化教学课程和电路分析基础等 10 门专业基础课程的知识建模图,以及基于 OBE 理念的详细教学设计。

　　本书不仅可以作为高等学校相关专业进行课程体系建设和教学改革的参考书,也可以作为电子信息工程专业学生全面了解专业、做好学习和职业发展规划的重要依据,同时也可作为电子信息工程专业从业人员全面了解市场人才需求的参考和指导。

　　本书由张具琴老师负责全书的结构设计、内容修改和校核工作,以及电子信息工程专业总体介绍和部分课程内容的编写；李海霞老师和蔡艳艳老师负责部分章节的校稿和审定工作，以及部分课程知识建模图、教学设计和教案设计的编写；本书中其他课程的知识建模图、教学设计和教案设计分别由乐丽琴、栗红霞、王二萍、司小平、王缓缓、贺素霞、赵春雨、李文方和李姿景9位老师提供，书中还引用了河南天之恒信息科技有限公司、郑州信盈达电子有限公司等诸多企业的真实产品案例，这里一并表示感谢！

由于作者水平有限，书中难免有疏漏之处，敬请广大读者和同行给予指正。

作　者

2024 年 5 月

目 录

第 1 章

电子信息工程专业概况

1.1 专业发展历程

黄河科技学院电子信息工程专业设立于 2000 年,是我校第一批获批开展本科教育的专业,经过 20 余年的建设和发展,目前是河南省一流本科专业。

2009 年,我校电子信息工程专业被评为河南省特色专业;2012 年,获批"通信与信息系统"重点学科;2014 年,获批河南省高等学校"专业综合改革试点";2016 年,电子信息工程专业培养体系改革成果"电子信息类专业岗位技能培养改革与实践"获河南省教学成果奖二等奖,"电子信息工程导论"课程团队获评郑州市优秀教学团队;2019 年,"电子信息工程教研室"被评为河南省优秀基层教学组织;2020 年,获批河南省一流本科专业;2021 年,"电子信息工程专业课程思政教学团队"获评省级优秀课程思政教学团队,电子信息工程专业获评河南省民办教育资助专业;2023 年,电子信息工程专业获批"电子信息"重点学科,获批新一代信息技术产业学院;另外,电子信息工程专业也是我校专业硕士点重点培育专业。

1.2 专 业 现 状

目前,电子信息工程专业有 22 名专职教师,其中,有正教授 5 人、副高级职称 16 人、讲师 1 人;有博士学位的教师 3 人,有硕士学位的教师 19 人,有双师双能型教师 15 人。该专业自开设以来,已经连续为社会输送高质量电子信息工程专业人才 3100 余人,目前在校生 620 人,近 5 年来专业就业率均在 98% 以上。

目前,电子信息工程专业拥有电子信息工程导论、数字电子技术、单片机原理及应用等 5 门省级一流课程,建设有河南省电子与通信工程实验教学示范中心、智慧农业物联网应用河南省工程研究中心、电子信息功能材料郑州市重点实验室等产教融合平台,拥有电子产品设计与制作、单片机与嵌入式技术、EDA 技术等全套专业实验实训室,并与汉威科技集团股份有限公司、郑州威科姆科技股份有限公司、河南大广电子科技有限公司等 30 余家企事业单位合作建立了实习实训基地。

电子信息工程专业依托合作企业和实习实训基地积极开展项目化教学,在人才培养过程中,全面落实"2+1+1"产教融合型培养模式,由校企共同商定专业人才培养方案,整合、优化专业课程体系,双向融合组成专兼职教师队伍,在学生大三学年的教学中,引入企业特色课程,共建专业项目化教学课程、共编教材与实验实训指导书、共同建设开放式教学资源平台、共同实施项目化课程教学;在学生大四学年的企业实践工作中,由教师带领学生承接研发创新类等高质量真实市场项目,赋予其课程要素,转换为应用型课程,将其成果的市场价值作为质量检验标准。推动学生能力从基础达标向卓越进阶,使学生实现从"做成"到"做好",通过岗位任务从合格的入职者变成优秀的入职者,并积极为学生推荐适合于自身实际的岗位工作,以实现学生的"毕业即就业、就业即上岗、上岗即上手"的零过渡。

1.3　专业发展趋势和展望

2023 年 9 月,习近平总书记在黑龙江考察时指出,要"整合科技创新资源,引领发展战略性新兴产业和未来产业,加快形成新质生产力";2024 年 3 月 5 日,习近平总书记在参加十四届全国人大二次会议江苏代表团审议时强调,"各地要坚持从实际出发,先立后破、因地制宜、分类指导,根据本地的资源禀赋、产业基础、科研条件等,有选择地推动新产业、新模式、新动能发展,用新技术改造提升传统产业,积极促进产业高端化、智能化、绿色化"。

各省地市都针对地方重点产业方向,通过加快新兴产业补链强链、未来产业建链成链,在多点发力、多维布局中跨越赶超,打造产业赛道新优势,发展新质生产力,推进新型工业化。电子信息工程专业以电子科学及信息技术为主,主流的行业是 IT 领域、计算机软件、互联网、电子半导体、高端仪器装备、新能源等,其对应的电子信息产业无疑就是新质生产力的关键赛道。

电子信息工程专业秉承学校的办学初衷,在专业建设过程中以工程教育认证标准为要求,以一流专业建设为指引,通过持续深入对接电子信息领域的企业行业需求,不断创新和改进产教融合型人才培养模式,以真实项目、真实场景、真实训练提升学生的创新实践能力和项目开发能力。我校积极推进系列教学改革和探索,持续优化专业课程体系建设;通过全面落实"项目化教学"培养学生的创新思维能力、实践能力和自主学习能力的提升;借助学校国家级创新创业平台等优势,积极打造"岗、课、赛、教、创"五位一体的产教深度融合的人才培养生态。经过 3 年的初步探索和实践,我校目前已逐渐形成规范化的教学与管理模式,所培养的人才既实现了高质量就业,又符合国家、社会及企业对应用型创新人才的要求。

在今后的专业建设与改革工作中,本专业将继续以国家对新工科人才的需求为导向,以工程专业认证为推动,以学生为中心,秉承持续改进的理念,在人才培养模式、课程体系、教学管理、师资队伍、课堂及实践教学等多个方面不断改革、不断优化,培养高度契合新技术、新业态和新发展需求的高质量应用型创新人才,助力新质生产力发展和地方新兴产业链及产业集群形成。

第 2 章

电子信息工程专业课程体系构建

2.1　人才需求分析

习近平总书记指出:"我们对高等教育的需要比以往任何时候都更加迫切,对科学知识和卓越人才的渴求比以往任何时候都更加强烈。"高等教育作为科技第一生产力、人才第一资源、创新第一动力的重要结合点,要立足于中华民族伟大复兴战略全局和世界百年未有之大变局,心怀"国之大者",把握大势,敢于担当,善于作为,为国家富强、民族复兴、人民幸福贡献力量。

高等教育的核心任务是立德树人。党的二十大报告指出,要坚持为党育人、为国育才,全面提高人才自主培养质量,培养德智体美劳全面发展的社会主义建设者和接班人。只有做好人才培养工作,才能支撑引领科技进步,服务经济社会发展,更加有力地实施科教兴国战略、人才强国战略和创新驱动发展战略。高等教育肩负着来自国家战略需求、区域发展需求、产业进步需求、民生改善需求的人才培养重任,是高校之所以成为大国重器的立足点,是高等教育启发民智、传播知识、服务社会、创造文明的出发点。

随着科技和经济的发展,对于人才的需求也在不断发生变化,尤其是在信息技术飞速发展的今天,如何培养出适应新一代信息技术和新工科融合需求的高素质电子信息工程专业人才,成为电子信息工程专业发展亟待解决的一个关键问题。

黄河科技学院电子信息工程专业结合学校高素质应用型人才培养定位,通过广泛深入地人才需求调研,分析专业人才市场发展的趋势、了解就业市场的需求、预测今后可能发生的变化;采用现场、网络、问卷、电话等多种形式,对 500 多个企业的招聘需求进行调研,经过黄河科技学院电子信息工程专业团队成员的 10 余次讨论和黄河科技学院学部 4 轮专家论证,最终总结出了电子信息工程专业的核心职位岗位群、核心岗位和岗位任务。另外,我们还基于核心职位岗位群、核心岗位和岗位任务提炼出电子信息工程专业高素质应用型创新人才的核心能力和核心素质;并将这些核心能力和核心素质模块化到各个项目化教学课程中,通过项目化教学课程的各个子任务,持续不断地进行锻炼和强化。为了有效支撑项目化教学课程的教学需要、达到高素质应用型创新人才的培养目标,我们对专业课程体系还进行了由"学科中心体系"到"学生能力中心体系"的重构,如图 2-1-1 所示。

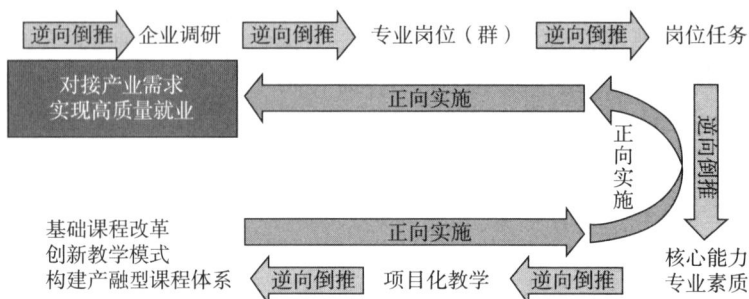

图 2-1-1　专业课程体系构建思路

本专业按照图 2-1-1 所示的设计思路进行了专业人才培养的探索和实践,也取得了一些实践经验和成果。

部分调研研讨现场见图 2-1-2。

（a）　　　　　　　　　　　　　　　　（b）

图 2-1-2　部分调研研讨现场

部分调研公司列表见表 2-1-1。

表 2-1-1　部分调研公司列表

序号	调研企业名称	联系人	联系电话
1	河南力生智能科技有限公司	谷××	1890383××××
2	河南绿之城环保科技有限公司	赵×	1826669××××
3	河南鑫众祥科技有限公司	邱××	1598280××××
4	郑州信盈达科技有限公司	周××	1553718××××
5	河南绿安检测技术有限公司	王××	1883802××××

序号	调研企业名称	联系人	联系电话
6	郑州创科制造科技有限公司	郭×	1581023××××
7	河南天之恒科技有限公司	倪××	1393710××××
8	河南独树数字科技有限公司	杨×	1823692××××
9	河南长润物联科技有限公司	陈××	1359887××××
10	河南省贝莱拉医疗器械有限公司	周××	1513897××××
11	郑州迈迪迅医疗科技有限公司	曾×	0371−5595××××
12	河南中琪盛谷数字科技有限公司	张×	1352349××××
13	中科威客科技(河南)有限公司	渠××	1551717××××
14	河南万政能源科技有限公司	陈××	1390386××××
15	雪城数智科技(河南)有限公司	王×	1763857××××

2.2　岗位任务分析

2.2.1　主要就业岗位

通过对省内外多家企事业单位进行多渠道、多方式调研分析可知:当今社会对应用型电子信息工程专业人才的需求主要集中在硬件开发工程师、软件开发工程师、测试工程师、技术支持工程师、电子产品销售员、产品和项目经理、通信技术与网格工程师7个核心岗位,见图2-2-1。

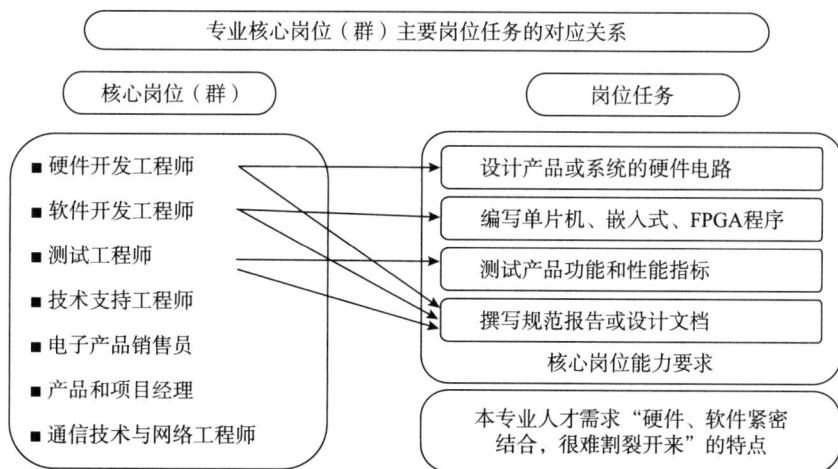

图 2-2-1　主要就业岗位和岗位任务关系图

2.2.2 主要岗位任务

硬件开发工程师:电子产品硬件电路设计与开发、硬件测试调试与维修。

软件开发工程师:根据硬件设计与功能需求,选用合适的编程软件,进行程序编写与调试。

测试工程师:根据产品需要和应用场景,搭建合适的测试环境,进行产品或系统功能和性能的测试。

技术支持工程师:负责运维平台框架设计、开发、测试、集成上线平台优化以及运维工程师培训。

电子产品销售员:能够拓展销售渠道、维护良好合作关系、策划和执行销售活动并完成销售指标。

产品和项目经理:能够通过市场或用户需求来设定项目对象,组织协调相关部门完成产品设计与开发。

通信技术与网络工程师:能够进行通信传输建设工程设计,网络方案定制,网络设备的安装、调试、维护,故障的判断、分析及解决。

2.2.3 岗位能力分析

硬件开发工程师:熟悉电子电路基础知识,具有一定的设计开发能力;具备电子元器件的对比与选型能力;熟练使用 AD 或 Cadence 等电路软件进行设计;熟练使用信号源、示波器等测试设备,完成系统调试和测试;精通多层板 PCB 制作和生产工艺要求,能够沟通相关 PCB 制作工程问题;熟悉电子电路的设计、安装和操作规范要求,能够制定、撰写规范化技术文档。

软件开发工程师:熟悉新型 FPGA 芯片的应用技术,具有选型、开发和优化设计的能力;熟练掌握 Verilog HDL/VHDL 硬件描述语言,熟悉 ModelSim SE 等仿真工具;具备 FPGA 板级验证及调试能力;精通 C 语言、C++语言,熟悉 DSP 开发工具、电子电路、单片机原理、嵌入式系统等;熟练使用 STM32 系列单片机及片上设备,具有一定的 linux 底层驱动开发经验;具有良好的英文听说读写能力,具备良好的文档阅读能力,具有一定的独立完成项目能力。

测试工程师:熟悉产品开发流程,掌握电子产品测试和调试的手段和方法,有一定分析问题的能力;熟悉 EMC 设计要求及 PCB 信号完整性分析;熟悉各类产品的结构和布局要求;熟练使用信号源、示波器等测试设备,完成系统调试和测试;熟悉电子电路的设计、安装和操作规范要求,能够制定、撰写规范化技术文档。

技术支持工程师:负责运维平台框架设计、开发、测试、集成上线、平台优化和运维工程师培训。根据公司的技术定位和战略发展方向,与营销人员紧密配合,完成各行业的售前技术服务工作,包括技术交流、方案制作、投标和演讲等。

电子产品销售员:具备专业的销售知识、良好的商务谈判能力和销售技巧,负责所辖区域的产品销售任务。善于沟通,能够维护良好的合作关系,能够策划和执行销售活动,完成销售指标。

产品和项目经理:能够通过市场或用户需求来设定项目对象,可以通过价格、利润率、质量目标、进度目标、性能指标等若干维度将项目对象表达出来,并通过对公司内外部资源的组织,实现达成成本(价格和利润率的计算结果)、性能及质量等的产品目标。

通信技术与网络工程师:熟悉通信传输建设工程设计流程;熟悉网络设备的配置;熟悉 TCP/IP 等常见的协议及主流产品技术;熟悉网络设备的安装、调试、维护,有一定的相关经验,具备网络方案定制、判断、分析能力;熟悉 Web 相关技术;掌握至少一种数据库;能够熟练使用 SQL 语言。

2.3　课　程　体　系

2.3.1　电子信息工程专业课程体系拓扑图

电子信息工程专业"2+1+1"产教融合型课程体系拓扑图见图 2-3-1。

2.3.2　电子信息工程专业课程知识结构体系

根据 7 个职位岗位群,可梳理出最为重要和基础的 3 大核心岗位群,即硬件工程师、软件工程师、测试工程师,再根据这 3 大核心岗位群梳理出单片机硬件工程师、嵌入式硬件工程师、layout 工程师、物联网硬件工程师、单片机软件工程师、嵌入式软件工程师、FPGA 软件工程师、嵌入式操作系统工程师、电子产品测试工程师、硬件测试工程师、EMC 测试工程师、物联网软件工程师 12 个具体的工作岗位,并结合电子产品设计和开发的复杂性和系统性,按照"软硬件紧密结合、逐层递进"的设计思路,构建了电子信息工程专业的项目化教学课程体系,设计出电子信息工程专业 6 门主要项目化教学课程,其中电子产品设计与系统开发Ⅳ和控制系统Ⅳ(智能互联)为系统级选修课程,详细构成见图 2-3-2。

各个项目化教学课程的层次和递进关系见图 2-3-3,这里要求所有项目化教学课程的项目案例均来源于企业的真实项目。

各项目化教学课程老师和专业基础课程老师经过共同的深入研讨,确定了各专业基础课程的主要知识模块,再根据知识的连续性和系统性要求,由专业基础课程老师进行了详细的教学内容重构和具体教学设计,以及教学考核形式设计,从而生成了新的、详细的专业课程知识体系图。部分专业课程知识体系图见表 2-3-1 和表 2-3-2。

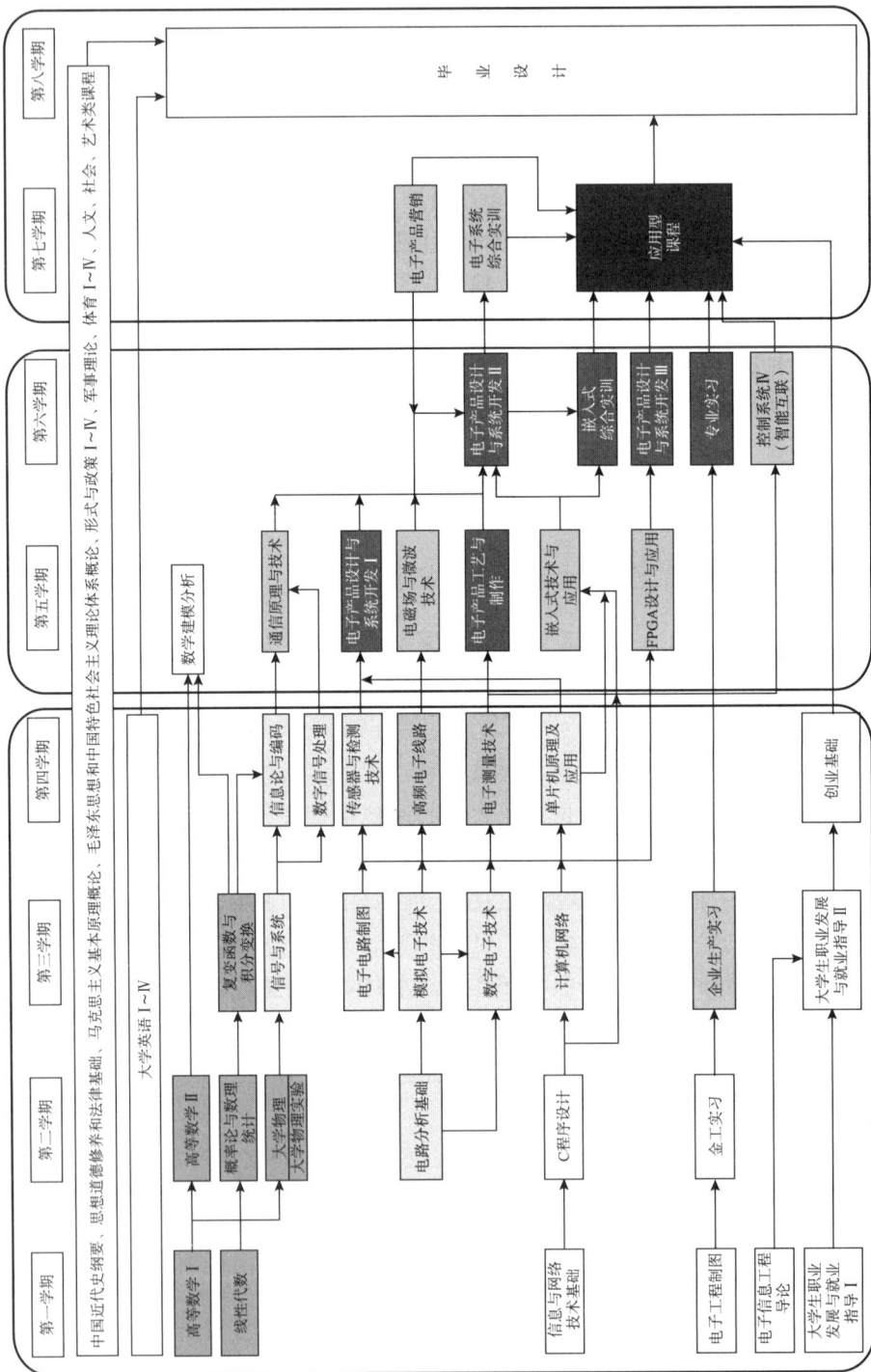

图 2-3-1　电子信息工程专业"2+1+1"产教融合型课程体系拓扑图

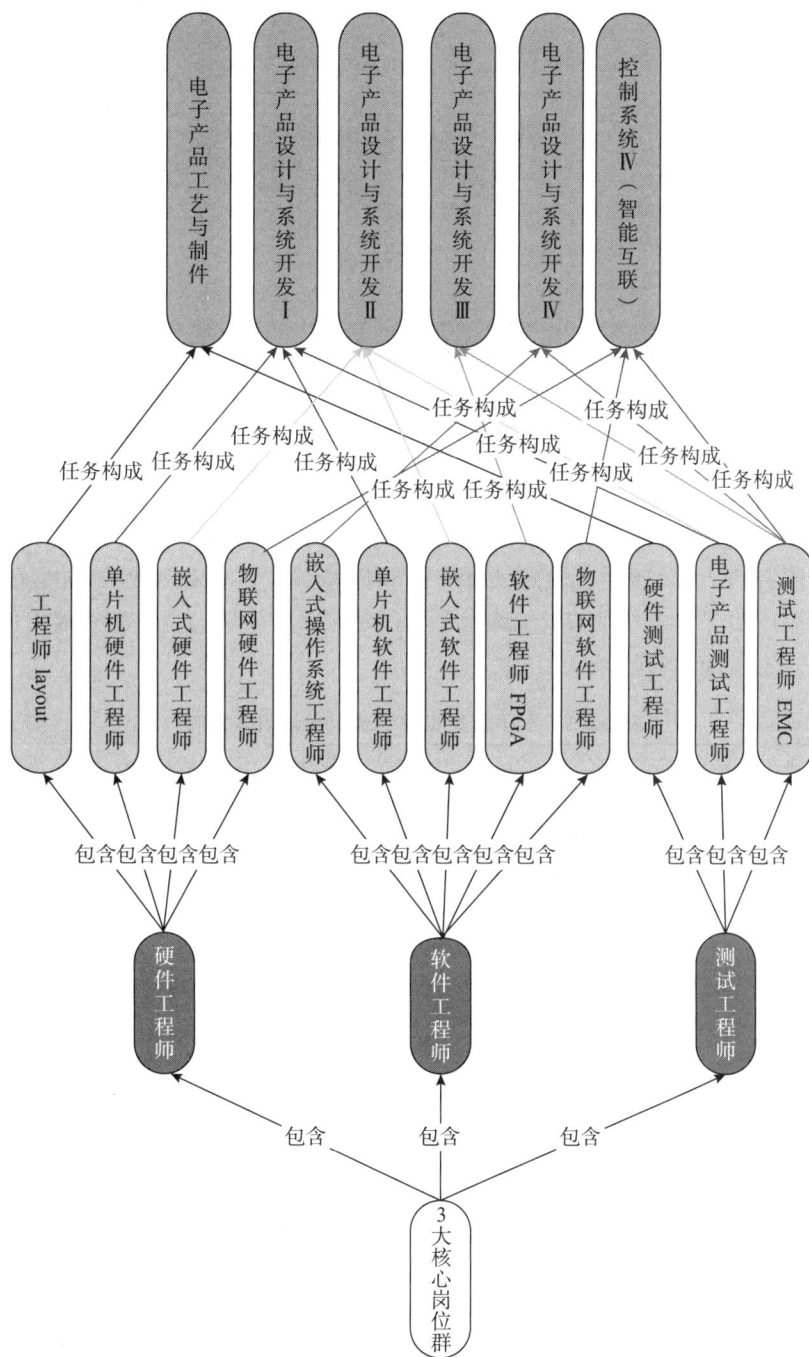

图 2-3-2　核心岗位群、工作岗位和主要项目化教学课程关系图

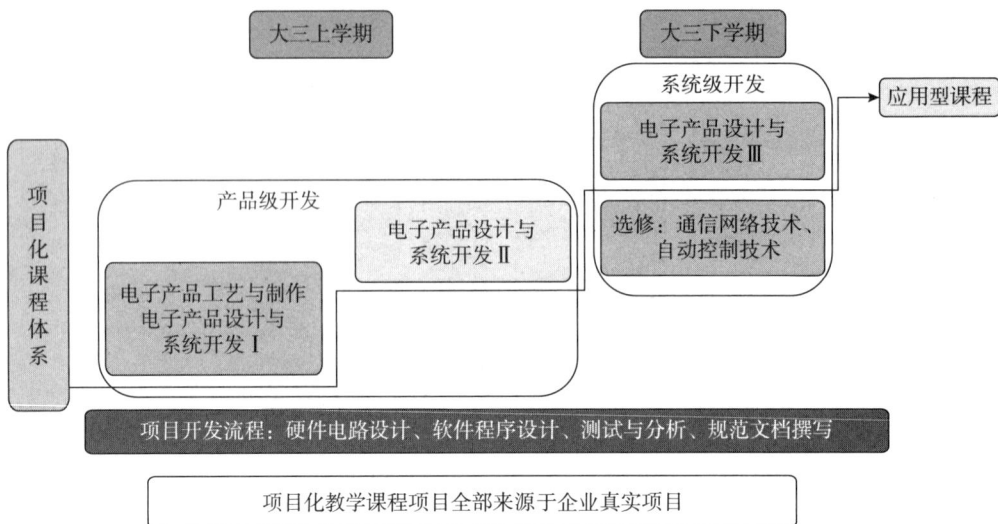

图 2-3-3 各个项目化课程的层次和递进关系图

通过系统、详细的专业知识体系重构和设计，对学生核心专业能力和实践创新能力的培养落实到从大一到大三的全过程，再配合大四学年时来自企业的真实项目、真实岗位的应用型课程及毕业设计，就形成了有效支撑培养学生创新实践能力的高质量应用型创新人才的课程体系。

表 2-3-1 电子信息工程专业课程知识体系①

| 职位群 | 岗位名称 | 岗位任务 | 项目化任务 | 学时 | | 标准要求 | 测试方法 |
				课内	课外		
硬件工程师类	单片机硬件工程师	单片机市场调研与行业分析	项目 X1：单片机应用市场调研 任务一：单片机类型选取（课内 2 学时；课外 4 学时） 根据实际项目，了解目前单片机类型、性能及其所使用产品的范围，确定单片机类型 任务二：数据手册应用（课内 4 学时；课外 8 学时） 对项目开发需求调研与分析；搜集单片机的数据手册、阅读翻译数据手册、学习常用功能引脚特性和常用外围电路连接关系等	6	12	1. 能够根据实际项目要求，完成单片机选型 2. 独立完成单片机最小系统电路设计和分析	课程题库（随机）20%＋课堂研讨 30%＋项目作业 50% 其中项目作业包括：企业导师根据实际项目要求对提交项目进行客观评价占 60% 教师团队结合学生学习过程对电路和文档正确性、规范性进行客观评价占 40%

表 2-3-2　电子信息工程专业课程知识体系②

专业基础课程主模块	所需知识、能力、素质		学时		标准要求	测试方法
			课内	课外		
Z1 单片机类型选取	知识	Z1.1 单片机类型 (1) 主要单片机品牌、分类、选取原则	1	2	能根据设计任务书的类型合理安排设计规划	课程题库（随机）
		(2) 常用单片机的应用实例	1	2		
		Z1.2 单片机应用调研 (1) 调研的目的	2	4	清晰阐述设计调研的目的、内容，以及从哪里可以找到调研资料	调研资料库（运用网络、案例、文献、书籍等完成单片机类型和应用实例调研，完成调研资料库）
		(2) 调研的内容	2	4		
		(3) 一手资料和二手资料的整理	2	4		
		Z1.3 单片机内部资源梳理 (1) 常见单片机的内部资源梳理	2.5	5	独立完成设计，完成单片机选型	
		(2) 建立自己的单片机资源库	2.5	5		
		Z1.4 工程上对于控制系统的要求 (1) 控制系统的概念与分类	1	2	掌握所设计系统的类型，并对系统提出具体性能指标要求	课程题库（随机）
		(2) 工程上对于控制系统的要求	1	2		
	素质	具备耐心细致、精益求精的素质			能够从应用实例中提炼出单片机的主要应用场景、设计方法及注意事项	—
	能力	具备收集、分析和整理调研资料的能力；具备分析问题和解决问题的能力			能够根据设计任务书独立完成设计调研，形成前景分析报告	前景分析（利用调研资料，运用产品的需求度和应用前景分析，得出产品分析报告）

续表

专业基础课程主模块		所需知识、能力、素质	学时		标准要求	测试方法
			课内	课外		
Z2 数据手册应用	知识	Z2.1 数据手册的获取 (1) 官网、论坛、电子商城查找	2.5	5	准确查找选用单片机的数据手册,提交不少于5篇相关应用的参考文献分析和综述	数据手册和文献综述
		(2) 科研、学术期刊论文	2.5	5		
		Z2.2 数据手册阅读和翻译 (1) 数据手册阅读	1.5	3	熟练查找数据手册关键字段并进行功能说明	课程题库(随机)
		(2) 数据手册翻译	1	4		
		Z2.3 阅读和标注工具软件选取及使用 常见工具软件选取及使用	2	4	根据产品要求,选取及使用工具软件	课程题库(随机)
	素质	具备对信息获取、甄别和正确使用的综合素质			能够获取、甄别和正确使用相关数据、资料	
	能力	具备软件选取、安装和使用的能力			能够完成相应文档软件的选取、安装,并熟练使用	工作流程单(以图表形式展示,按照行业规范化流程完成方案框图和产品工艺图设计)

电子信息工程专业

产业需求和岗位任务的专业知识地图

2.4　电子信息工程专业人才培养方案

一、专业基本信息

专业名称：电子信息工程

专业代码（国标）：080701

专业代码（校标）：0102

专业开办年度：2000

学科门类：工学

标准学制：四年

授予学位：工学学士学位

二、培养目标

本专业旨在培养具有良好思想品德和人文科学素养，具备坚实的自然科学基础、工程科学基础知识和电子信息专业知识，有一定的国际视野，以及较强的创新实践、团队协作、交流、沟通、终身学习和一定的解决复杂电信工程问题的能力，能够在电子信息工程领域从事软硬件产品开发、应用系统设计、工程管理及维护等工作的德智体美劳全面发展的高素质应用型创新人才。

学生毕业五年左右后达到的目标具体如下。

目标1：具备良好的思想品德、人文素养和社会责任感，在职业生涯中能够遵守职业道德规范，积极服务于国家和社会发展。

目标2：能够综合运用所学知识，独立发现、分析与解决电子信息领域的工程设计、技术开发等核心问题，熟悉本行业国内外的技术发展趋势和应用前景，具备一定的工程创新能力。

目标3：能够在实际工作中适应不同角色，在团队中以独立或合作方式与国内外同行、客户和公众进行有效的沟通和协同工作，在团队中胜任技术骨干或组织、协调、领导角色。

目标4：能够在社会大背景下不断拓展自身的知识和能力，能够对电子信息领域中复杂工程问题的关键因素进行统筹管理、有效控制，并能够思考和评价其对环境和社会可持续发展的影响。

目标5：具有一定的国际视野，能够依据不断变化的国内外技术发展趋势，不断提高职业能力和综合素养，具备终身学习的能力和适应岗位迁移变化的可持续发展能力。

三、毕业要求

本专业要求学生以学习电子电路技术、信号采集与处理技术、微处理器技术和通信技术的基本理论为主,接受较系统的电子信息工程专业创新实践训练,具备一定的电路设计与开发、信息分析与处理、微处理器应用及综合知识应用能力,能够从事电子信息技术、计算机技术和通信技术等相关领域或行政部门的系统设计与开发、产品制造、工程安装、调试、工程或技术管理、设备设施运维等工作,具有把新兴技术与传统电子信息技术紧密联系和交叉融合的创新能力,以及一定的解决实际复杂工程问题的能力,能够适应中原经济区建设和经济社会发展的需求。

毕业生应获得的知识和能力见表 2-4-1。

表 2-4-1　毕业生应获得的知识和能力

毕业要求	指标点分解
毕业要求 1——工程知识:能够适应现代信息技术发展,融会贯通工程数理基本知识和电子信息工程领域专业知识,将数学、自然科学、工程基础和专业知识用于解决电子信息工程领域的复杂工程问题	指标点 1.1:掌握数学和自然科学的基本知识,具有将其运用到信息工程技术领域中的能力 指标点 1.2:掌握电子信息工程和专业基础知识,具有对电子信息领域中复杂工程问题的系统需求、技术性能指标和关键环节等问题的分析能力 指标点 1.3:能够将数学、自然科学、工程基础和专业知识运用到对电子信息工程领域复杂工程问题的归类与描述中
毕业要求 2——问题分析:能够应用数学、自然科学和工程科学的基本原理,识别、表达、分析电子信息工程领域的复杂工程问题,并通过文献研究获得有效结论	指标点 2.1:能够运用数学、自然科学和工程科学的基本原理,对电子信息工程领域中的复杂工程问题的关键环节、参数和技术性能指标进行表述 指标点 2.2:能够运用数学、自然科学和工程科学的基本原理,对具体的电子信息工程领域中的复杂工程问题,分析关键环节的特性,并建立合适的识别模型 指标点 2.3:能够根据文献研究和模拟仿真结果进行综合分析,根据工程实践的需求得出有效结论,选择合理的模型,对整体方案进行工程化的表达
毕业要求 3——设计/开发解决方案:能够针对电子信息工程领域的复杂工程问题设计解决方案,设计满足特定需求的系统、单元(部件)或工艺流程,并能够在设计环节中体现创新意识,考虑社会、健康、安全、法律、文化以及环境等因素	指标点 3.1:能够针对电子信息工程领域中的复杂工程问题的需求,完成单元和部件设计,并以设计说明书、报告、原理图、电路板图的形式呈现 指标点 3.2:能够在设计开发过程中综合考虑社会、健康、安全、法律、文化以及环境等因素,确定系统解决方案 指标点 3.3:能够进行系统设计与优化,在设计中体现创新意识

续表

毕业要求	指标点分解
毕业要求 4——研究:能够基于科学原理并采用科学方法对电子信息工程领域中的复杂工程问题进行研究,包括设计实验和分析与解释数据,并通过信息综合得到合理有效的结论	指标点 4.1:能够基于电子信息学科相关原理和方法,根据对象特征选择研究路线,设计实验方案 指标点 4.2:能够根据实验方案,构建实验系统,安全开展实验,采集实验数据 指标点 4.3:能够对采集到的实验数据进行整理、分析和解释,并能通过信息综合进行优化
毕业要求 5——使用现代工具:能够针对电子信息工程领域中的复杂工程问题开发、选择与使用恰当的平台、技术、资源、现代工程工具和信息技术工具,包括对复杂工程问题的预测与模拟,并能够理解其局限性	指标点 5.1:了解现代工程工具和信息技术工具的使用原理和方法 指标点 5.2:能够选择和使用恰当的现代工程工具和信息技术工具,解决电子信息工程领域中的复杂工程问题 指标点 5.3:能够使用现代工具对系统及其关键环节进行设计、模拟和仿真。通过对实验数据的处理与分析,能够对复杂工程问题进行预测,并理解其局限性
毕业要求 6——工程与社会:能够基于电信工程相关背景知识进行合理分析,评价电子信息工程领域中的工程实践和复杂工程问题解决方案对社会、健康、安全、法律以及文化的影响,并理解应承担的责任	指标点 6.1:具有电子信息工程领域工程实习的经历,并获得相关的工程背景知识 指标点 6.2:了解电子信息工程领域相关的技术标准体系、知识产权、产业政策和法律法规,理解不同社会文化对工程活动的影响 指标点 6.3:能够分析和评价电子信息领域工程实践和复杂工程问题解决方案对社会、健康、安全、法律以及文化的影响,以及这些制约因素对项目实施的影响,并理解应承担的责任
毕业要求 7——环境和可持续发展:在电子信息领域实践中能够综合考虑环境与可持续性发展等因素,能够理解和评价电子信息领域中的复杂工程问题的工程实践对环境、社会可持续发展的影响	指标点 7.1:在工程实践过程中,具有环境保护和可持续发展的意识,掌握相关的法律法规和行业规定 指标点 7.2:能够根据相关的法律法规和行业规定,在具体的工程实践和复杂工程问题的解决方案中考虑环保因素,并选择符合环保要求的材料、器件、工艺流程进行环保设计 指标点 7.3:能够预测和评价工程实践和复杂工程问题的解决方案对环境和社会可持续发展的影响
毕业要求 8——职业规范:具有人文社会科学素养、社会责任感,能够在工程实践中理解并遵守工程职业道德和规范,履行责任	指标点 8.1:尊重生命,关爱他人,主张正义、诚信守则,具有人文知识、思辨能力、处事能力和科学精神 指标点 8.2:具有正确的价值观,了解国情,维护国家利益,具有推动社会进步的责任感 指标点 8.3:了解工程伦理的核心理念,了解电子信息工程专业工程师的职业性质和责任,在工程实践中能自觉遵守职业道德和规范

续表

毕业要求	指标点分解
毕业要求 9——个人和团队:具有健康的体格和良好的心理素质,具有一定的协调、管理、竞争与合作能力,能够在多学科背景下的团队中承担个体、团队成员以及负责人的角色	指标点 9.1:能够理解在多学科背景下的团队中不同角色的职责,在团队中做好自己承担的角色,具有团队合作精神和意识 指标点 9.2:能组织团队成员开展工作,胜任团队负责人的工作
毕业要求 10——沟通:能够就电子信息工程领域中的复杂工程问题与业界同行及社会公众进行有效沟通和交流,包括撰写报告和设计文稿、陈述发言、清晰表达或回应指令,并具备一定的国际视野,能够在跨文化背景下进行沟通和交流	指标点 10.1:能及时跟踪电子信息工程领域及相关行业的发展状况,并就当前的热点问题发表自己的见解 指标点 10.2:具有良好的表达能力和专业的描述方法,能与业界同行及社会公众进行准确、高效的沟通和交流 指标点 10.3:具有一定的国际视野,能够在跨文化背景下审视问题
毕业要求 11——项目管理:理解并掌握电子信息领域中工程管理的原理与经济决策方法,并能在多学科环境中应用	指标点 11.1:理解电子信息工程活动中的管理原理,把握资源分配和经济评估的原则,并掌握电子信息工程领域中复杂工程问题的决策方向和方法 指标点 11.2:理解多学科复杂工程问题的知识融合理念,能够胜任电子信息工程领域中的项目管理工作
毕业要求 12——终身学习:具有自主学习和终身学习的意识,有不断学习和适应发展的能力,拥有自主的方法和获取新知识提升自我的能力	指标点 12.1:具有自主学习和终身学习的意识,掌握自主学习的方法,了解拓展知识和能力的途径 指标点 12.2:能针对个人成长和职业发展的需求,采用合适的方法自主学习,适应不断变化的国内外形势和环境 指标点 12.3:具有终身学习的习惯和能力,能够通过继续教育或其他渠道更新知识,实现能力和技术水平的提升,积极主动适应不断变化的国内外形势和环境

四、主干学科及主干课程

主干学科:电子信息类

主干课程:电路分析基础、模拟电子技术、数字电子技术、数字信号处理、高频电子线路、通信原理与技术、电磁场与微波技术、信息论与编码、信号与系统、单片机原理及应用、嵌入式技术与应用、传感器与检测技术。

五、课程结构体系

1. 能力结构图

能力结构图见图 2-4-1。

核心能力	对应支撑课程				
政治思想、道德品质、人文素养、身心健康	中国近代史纲要	思想道德修养和法律基础	马克思主义基本原理概论	毛泽东思想和中国特色社会主义理论体系概论	军事理论
	体育 I~IV	人文、社会、艺术类课程			
外语应用能力	大学英语 I~IV	科技英语翻译			
数理能力	高等数学 I	高等数学 II	线性代数	概率论与数理统计	复变函数与积分变换
	大学物理	大学物理实验	数学建模分析		
电路分析和设计能力	电路分析基础	模拟电子技术	数字电子技术	高频电子线路	
信息采集与处理、传输能力	传感器与检测技术	信号与系统	数字信号处理	数据采集技术	无线传感网络
	信息论与编码	数字图像处理	电磁场与微波技术	通信原理与技术	
电子产品设计和开发能力	电子产品工艺与制作	电子测量技术	单片机原理及应用	电子产品设计与系统开发 I	FPGA技术与应用
	嵌入式技术与应用	电子产品设计与系统开发 II	电子产品设计与系统开发 III	控制系统 IV（智能互联）	
计算机应用能力	信息与网络技术基础	电子工程制图	电子电路制图	C程序设计	计算机网络
综合开发和设计能力	嵌入式综合实训	电子系统综合实训	专业实习	应用型课程	
自我发展能力	文献信息检索	批判性思维与研究方法训练	科技论文写作	电子产品营销	
工程应用能力	金工实习	企业生产实习			
职业发展和职业规划能力	电子信息工程导论	大学生职业发展与就业指导 I	大学生职业发展与就业指导 II	创业基础	电子工程师认证培训

综合应用能力和就业适应能力毕业设计

图 2-4-1 能力结构图

2. 课程拓扑图

课程拓扑图见图 2-4-2。

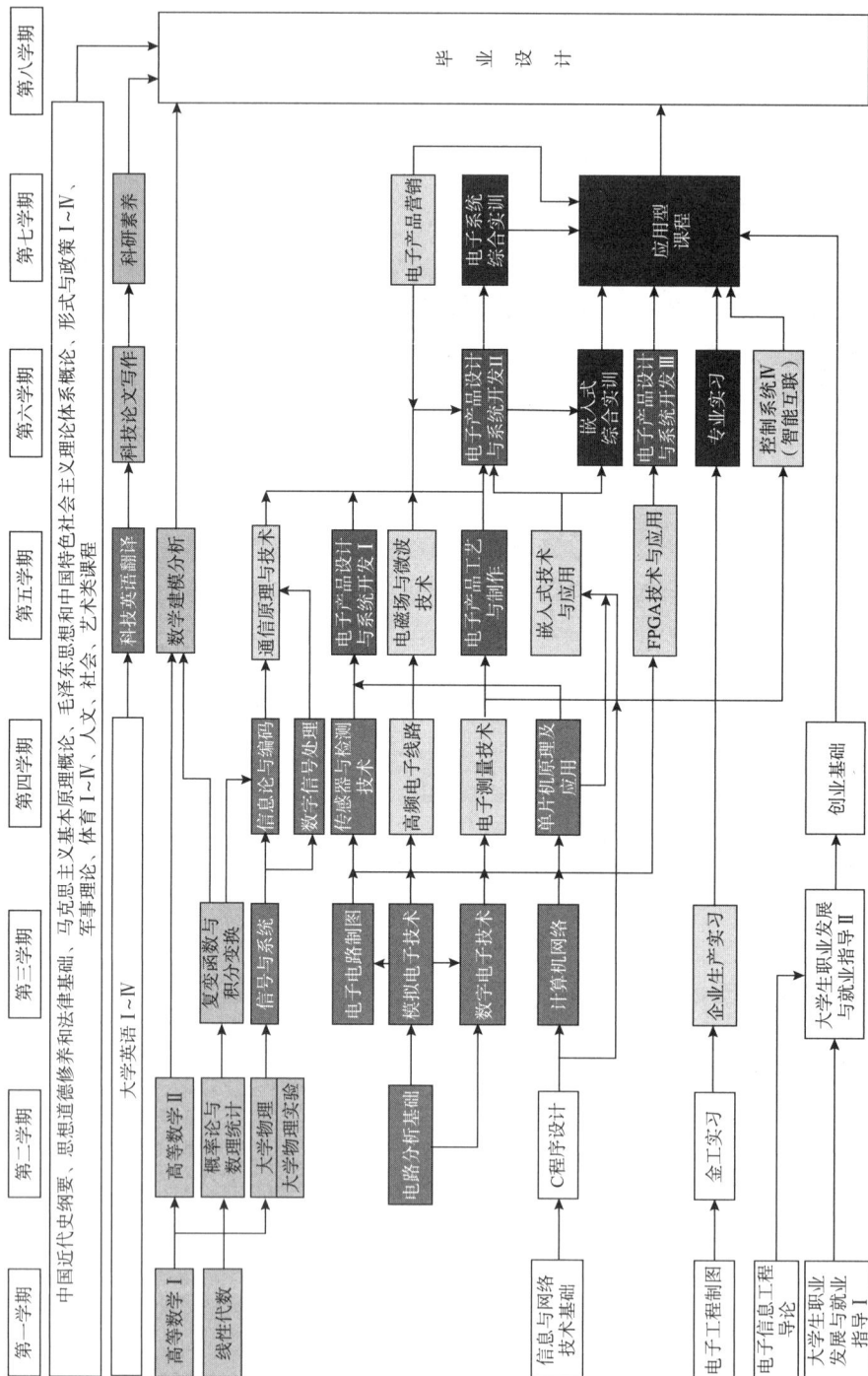

图 2-4-2 课程拓扑图

六、课程体系总体设计

课程体系总体设计见表 2-4-2。

表 2-4-2　课程体系总体设计

课程平台	课程类别	必修课程(学分)	选修课程(学分)	修读学分要求	学分比例
公共基础课程	思想政治	1. 思想政治理论课程(15);2. 形势与政策(2);3. 军事技能(2);4. 军事理论与国家安全(3)	—	22	77 学分 45.29%
	语言文学艺术	大学英语(16)	1. 艺术欣赏(2);2. 中华优秀传统文化概论(1)	19	
	数理基础	1. 高等数学(10);2. 大学物理(4);3. 大学物理实验(2)	—	16	
	计算机基础	信息与网络技术基础(2)	—	2	
	体育与心理	1. 体育(4);2. 大学生心理健康(2)	—	6	
	职业发展指导	1. 大学生职业发展与就业指导(2);2. 创业基础(2)	—	4	
	素质拓展	1. 大学生实验室安全教育(1);2. 劳动教育(2);3. 社会实践(1)	1. 科技论文写作(1);2. 文献信息检索(1);3. 创新实践(2)	8	
专业基础课程	专业基础课程	1. 线性代数 C(3);2. 概率论与数理统计 C(3);3. 电路分析基础(4);4. C 程序设计 B(3);5. 复变函数与积分变换(3.5);6. 信号与系统(4);7. 模拟电子技术(3.5);8. 数字电子技术(3.5);9. 数字信号处理(4);10. 信息论与编码(3);11. 高频电子线路(4);12. 通信原理与技术(4);13. 电磁场与微波技术(4);14. 单片机原理及应用 B(3)	—	必修学分 49.5 选修学分 0	57 学分 33.53%

续表

课程平台	课程类别	必修课程（学分）	选修课程（学分）	修读学分要求	学分比例
专业基础课程	专业拓展课程	—	1. 电子信息工程导论(1)； 2. 电子工程制图（3）； 3. 电子电路制图（2）； 4. 计算机网络（2）； 5. 传感器与检测技术C(3)； 6. 数据采集与处理（3）； 7. 数字图像处理（3）； 8. 嵌入式技术与应用(3)； 9. 电子测量技术（3）； 10. FPGA技术及应用(3)； 11. 电路仿真技术（2）； 12. 科技英语翻译（2）； 13. 无线传感网络（3）； 14. 电子产品营销（2）； 15. 自动控制原理(4)等	必修学分0 选修学分 ≥7.5	57学分 33.53%
项目化课程	就业方向	电子产品工艺与制作(4)	1. 电子产品设计与系统开发Ⅰ(3)；2. 电子产品设计与系统开发Ⅱ(3)；3. 电子产品设计与系统开发Ⅲ(3)；4. 电子产品设计与系统开发Ⅳ(3)；5. 控制系统Ⅳ（智能互联）(3)	必修学分4 选修学分≥8	12学分 7.06%
	应用研究方向	电子产品工艺与制作(4)	1. 电子产品设计与系统开发Ⅰ(3)；2. 电子产品设计与系统开发Ⅱ(3)；3. 控制理论综合(2)；4. 信息与通信工程基础综合(2)；5. 电子电路综合；6. 政治（3）；7. 数学（3）；8. 英语（3）		
集中实践	实践课程	1. 金工实习C(1)；2. 电子技术课程设计(1)；3. 单片机课程设计(1)；4. 认知实习(1)；5. 专业实习(2)；6. 毕业实习(2)；7. 毕业设计（论文）(12)	1. 电信行业市场调研(2)；2. 单片机应用技术综合组训(2)；3. 无线传感技术综合实训(2)；4. FPGA应用系统实训(2)；5. 嵌入式系统综合组训(2)等	必修学分20 选修学分≥4	24学分 14.12%
最低毕业学分要求合计				170	100%

七、课程学分结构与毕业基本要求

课程学分结构与毕业基本要求见表 2-4-3。

表 2-4-3　课程学分结构与毕业基本要求

就业课程平台	总学分	必修学分	选修学分	理论学分	实践学分	实践学分比例	备注
公共基础课程	77	70	7	53.5	23.5	30.52%	
专业基础课程	57	49.5	7.5	47.5	9.5	16.67%	
项目化教学课程	12	4	8	4	8	66.67%	
应用型课程	0	0	0	0	0	0.00%	
集中实践课程	24	20	4	0	24	100.00%	
毕业条件合计	≥170	143.5	26.5	105	65	38.24%	
其中实践教学学分占总学分比例[①]				37.10%			

升学课程平台	总学分	必修学分	选修学分	理论学分	实践学分	实践学分比例	备注
公共基础课程	77	70	7	53.5	23.5	30.52%	
专业基础课程	57	49.5	7.5	47.5	9.5	16.67%	
项目化教学课程	12	4	8	9.5	2.5	20.83%	
应用型课程	0	0	0	0	0	0.00%	
集中实践课程	24	20	4	0	24	100.00%	
毕业条件合计	≥170	143.5	26.5	110.5	59.5	35.00%	
其中实践教学学分占总学分比例[②]				35.00%			

注：①指所有的实践学分，包括课内的实验、上机、社会实践、实训以及专业集中实践课程。
②指所有的实践学分，包括课内的实验、上机、社会实践、实训以及专业集中实践课程。

八、课程设置与教学计划

（一）公共基础课程

公共基础课程设置与教学计划见表 2-4-4。

表2-4-4　公共基础课程设置与教学计划

课程平台	课程类别	课程名称	课程代码	课程性质	学分	理论学分	实践学分	学时	理论学时	实践学时	1	2	3	4	5	6	7	8	考试/考查	开课单位	备注
通识教育课程	思想政治	思想道德与法治	1920319001	必修	3	2	1	48	32	16		√							考查	马克思主义学院	
		中国近代史纲要	1920319002	必修	3	2.7	0.3	48	44	4	√								考试	马克思主义学院	
		马克思主义基本原理	1920319003	必修	3	2.7	0.3	48	44	4			√						考查	马克思主义学院	
		毛泽东思想和中国特色社会主义理论体系概论	1920319004	必修	3	2	1	48	32	16			√						考试	马克思主义学院	
		习近平新时代中国特色社会主义思想概论	2220319009	必修	3	3	0	48	48	0				√					考试	马克思主义学院	
		形势与政策Ⅰ	1920319005	必修	0.5	0.5	0	16	16	0	√								考查	马克思主义学院	
		形势与政策Ⅱ	1920319006	必修	0.5	0.5	0	16	16	0		√	√						考查	马克思主义学院	
		形势与政策Ⅲ	1920319007	必修	0.5	0.5	0	16	16	0					√	√			考查	马克思主义学院	
		形势与政策Ⅳ	1920319008	必修	0.5	0.5	0	8	8	0							√		考查	马克思主义学院	
		军事技能	2120559001	必修	2	0	2	0	0	2w	√								考查	军事理论教研室	
		军事理论与国家安全	2120559002	必修	3	3	0	48	48	0	√								考查	军事理论教研室	
		小计			22	17.4	4.6	344	304	40+2w	4	2	3	2	1	1	1	0			
	语言文学艺术	大学英语Ⅰ	1920329001	必修	4	3	1	64	48	16	√								考试	公共外语教学部	
		大学英语Ⅱ	1920329002	必修	4	3	1	64	48	16		√							考试	公共外语教学部	
		大学英语Ⅲ	1920329003	必修	4	3	1	64	48	16			√						考试	公共外语教学部	

续表

课程平台	课程类别	课程名称	课程代码	课程性质	学分	理论学分	实践学分	学时	理论学时	实践学时	1	2	3	4	5	6	7	8	考试考查	开课单位	备注
通识教育课程	语言文学艺术	大学英语Ⅳ	1920329004	必修	4	3	1	64	48	16				√					考试	公共外语教学部	
		艺术欣赏	19251GX001—8	限定选修	2	2	0	32	32	0		√							考查	公共体育艺术部	
		中华优秀传统文化概论	2110319001	选修	1	1	0	16	16	0		√							考查	马克思主义学院	
		小计			19	15	4	304	240	64	1	3	1	1	0	0	0	0			
	数理基础	高等数学(理)Ⅰ	2321990001	必修	5	5	0	80	80	0	√								考试	基础中心	
		高等数学(理)Ⅱ	2321990002	必修	5	5	0	80	80	0		√							考试	基础中心	
		大学物理	2321990013	必修	4	4	0	64	64	0		√							考试	基础中心	
		大学物理实验	2321990015	必修	2	0	2	32	0	32		√							考查	基础中心	
		小计			16	14	2	256	224	32	1	3	0	0	0	0	0	0			
	体育与心理	体育Ⅰ	1920539001	必修	1	0	1	32	0	32	√								考试	公共体育教学部	
		体育Ⅱ	1920539002	必修	1	0	1	32	0	32		√							考查	公共体育教学部	
		体育Ⅲ	1920539003	必修	1	0	1	32	0	32			√						考查	公共体育教学部	
		体育Ⅳ	1920539004	必修	1	0	1	32	0	32				√					考查	公共体育教学部	
		大学生心理健康	1920749001	必修	2	1.5	0.5	32	24	8		√							考查	心理健康教育教研室	
		小计			6	1.5	4.5	160	24	136	1	2	1	1	0	0	0	0			

续表

课程平台	课程类别	课程名称	课程代码	课程性质	学分	理论学分	实践学分	学时	理论学时	实践学时	1	2	3	4	5	6	7	8	考试考查	开课单位	备注
	职业发展指导类	大学生职业发展与就业指导I	1920569001	必修	1	1	0	20	16	4	√								考查	就业指导教研室	
		大学生职业发展与就业指导II	1920569002	必修	1	0.5	0.5	18	12	6						√			考查	就业指导教研室	3或4
		创业基础	1920759001	必修	2	1	1	32	16	16				√					考查	创业指导教研室	
		小计			4	2.5	1.5	70	44	26	1	0	0	1	0	1	0	0			
	信息技术类	信息与网络技术基础	1920529001	必修	2	1	1	32	16	16	√								考试	计算机基础教研室	
		小计			2	1	1	32	16	16	1	0	0	0	0	0	0	0			
通识教育课程		大学生实验室安全教育	2320097001	必修	1	1	0	16	16	0	√									工学部	
	信息技术类	文献信息检索	1920589001	选修	1	1	0	18	10	8					√					文献信息检索教研室	
		科技论文写作	2321990043	选修	1	0.5	0.5	16	8	8					√					工学部	
		劳动教育I	2020239001	必修	0.5	0.5	0	8	8	0	√									学生处	
		劳动教育II	2020239002	必修	1.5	0	1.5	24	0	24							√			学生处	
		社会实践	191990066	必修	1	0	1	4W	/	4W										工学部	
		创新实践		选修	2	0	2		0	0											
		小计			8	3	5	82	42	40+4W	2	10	5	0	2	2	1	0			
公共基础课程合计					77	54.4	22.6	1248	894	354+6W	11	10	5	5	3	2	2	0			

（二）专业课程

专业课程设置与教学计划见表 2-4-5。

表 2-4-5　专业课程设置与教学计划

课程平台	课程类别	课程名称	课程代码	课程性质	学分	理论学分	实践学分	学时	理论学时	实践学时	1	2	3	4	5	6	7	8	考试考查	开课单位	备注
	专业基础课程	线性代数 A	2321990007	必修	3	3	0	48	48	0	√								考试	基础中心	
		概率论与数理统计 B	2321990010	必修	3	3	0	48	48	0		√							考试	基础中心	
		电路分析基础	2321054102	必修	4	3	1	64	52	12		√							考试	电子中心	
		C 程序设计 B	2321990041	必修	3	2	1	48	32	16		√							考试	网络中心	
		复变函数与积分变换	2321990018	必修	3.5	3.5	0	56	56	0			√						考试	基础中心	
		信号与系统	2321054201	必修	4	3.5	0.5	64	54	10			√						考试	电子中心	
		模拟电子技术	2321990034	必修	3.5	3	0.5	56	48	8			√						考试	电子中心	
		数字电子技术	2321990035	必修	3.5	3	0.5	56	48	8			√						考试	电子中心	
		数字信号处理	2321054203	必修	4	3	1	64	48	16				√					考试	电子中心	
		信息论与编码	2321054204	必修	3	3	0	48	48	0					√				考试	电子中心	
		高频电子线路	2321054107	必修	4	3	1	64	48	16				√					考试	电子中心	
		通信原理与技术	2321054205	必修	4	3.5	0.5	64	54	10					√				考试	电子中心	
		电磁场与微波技术	2321054108	必修	4	4	0	64	64	0					√				考试	电子中心	
		单片机原理及应用 B	2321054431	必修	3	2	1	48	32	16					√				考试	电子中心	
		小计			49.5	42.5	7	792	680	112	1	3	4	2	4	0	0	0			

续表

课程平台类别	课程类别	课程名称	课程代码	课程性质	学分	理论学分	实践学分	学时	理论学时	实践学时	1	2	3	4	5	6	7	8	考试考查	开课单位	备注
专业基础课程	专业拓展课程	电子信息工程导论	2321054101	选修	1	1	0	16	16	0	✓								考查	电子中心	
		电子工程制图	2321054202	选修	2	2	0	32	32	0	✓								考查	电子中心	
		电子电路制图	2321054105	选修	2.5	0.5	2	40	10	30			✓						考查	电子中心	
		计算机网络 B	2321990038	选修	2	1	1	32	16	16			✓						考查	电子中心	
		信息前沿技术	2321054106	选修	0.5	0.5	0	8	8	0						✓			考查	电子中心	
		传感器与检测技术 C	2321054306	选修	3	2	1	48	32	16				✓					考试	电子中心	
		数据采集与图像处理	2321054110	选修	3	2	1	48	32	16						✓			考试	电子中心	
		数字图像处理	2321054206	选修	3	2	1	48	32	16					✓				考查	电子中心	
		嵌入式技术与应用	2321054111	选修	3	2	1	48	32	16						✓			考试	电子中心	
		电子测量技术	2321054112	选修	3	2	1	48	32	16						✓			考查	电子中心	
		FPGA 技术及应用	2321054113	选修	3	1	2	48	16	32				✓					考查	电子中心	
		电路仿真技术	2321054125	选修	2	1	1	32	16	16						✓			考查	电子中心	
		科技英语翻译	2321054126	选修	2	2	0	32	32	0					✓				考查	电子中心	
		无线传感网络	2321054321	选修	3	2	1	48	32	16					✓				考试	电子中心	
		电子产品营销	2321054135	选修	2	1	1	32	16	16						✓			考查	电子中心	
		自动控制原理	2321054310	选修	4	3	1	64	48	16					✓				考试	电子中心	
小　计					≥7.5	≥5	≥2.5	≥120	≥80	≥40	2	0	2	2	4	6	0	0			
合　计					≥57	≥47.5	≥9.5	≥912	≥760	≥152	3	3	6	4	8	6	0	0			

说明：专业基础教育课程应修满 57 学分，其中必修课 49.5 学分，选修课不少于 7.5 学分。

（三）项目化课程

项目化课程设置与教学计划见表 2-4-6。

表 2-4-6　项目化课程设置与教学计划

课程平台类别	课程名称	课程代码	课程性质	课程学分			课程学时			开课学期								考试考查	开课单位	备注
				学分	理论学分	实践学分	学时	理论学时	实践学时	1	2	3	4	5	6	7	8			
项目化教学课程 就业方向	电子产品工艺与制作	2321054137	必修	4	1	3	64	16	48				√					考查	电子中心	
	电子产品设计与系统开发 I	2321054114	选修	3	1	2	48	16	32					√				考查	电子中心	
	电子产品设计与系统开发 II	2321054115	选修	3	1	2	48	16	32						√			考查	电子中心	
	电子产品设计与系统开发 III	2321054116	选修	3	1	2	48	16	32							√		考查	电子中心	
	电子产品设计与系统开发 IV	2321054117	选修	3	1	2	48	16	32							√		考查	电子中心	
	控制系统 IV（智能互联）	2321054417	选修	3	1	2	48	16	32							√		考查	电子中心	
	小计			≥12	≥4	≥8	≥192	≥64	≥128	0	0	0	1	1	1	3	0			
应用型研究方向	信息与通信工程基础综合	2321054217	选修	2	2	0	32	32	0							√		考查	电子中心	
	控制理论综合	2321054418	选修	2	2	0	32	32	0							√		考查	电子中心	
	电子电路综合	2321054118	选修	2	2	0	32	32	0							√		考查	电子中心	
	电子产品工艺与制作	2321054137	必修	4	1.5	2.5	64	16	48			√						考查	电子中心	
	电子产品设计与系统开发 I	2321054114	选修	3	1	2	48	16	32					√				考查	电子中心	
	马克思主义哲学、政治经济学与科学社会主义概论	2320238001	限定性选修	1	1	0	48	48	0					√				考试	马克思主义学院	

续表

课程平台	课程类别	课程名称	课程代码	课程性质	课程学分			课程学时			开课学期								考试考查	开课单位	备注
					学分	理论学分	实践学分	学时	理论学时	实践学时	1	2	3	4	5	6	7	8			
		马克思主义中国化时代化的理论与实践	2320238007	限定性选修	1	1	0	48	48	0						√			考试	马克思主义学院	
		"二战"后国际格局演变与我国外交政策	2320238013	限定性选修	1	1	0	39	39	0							√		考试	马克思主义学院	
		高等数学的理论与应用	2320238004	限定性选修	1	1	0	64	64	0					√				考试	基础科教中心	
		高等数学的探究新思维	2320238012	限定性选修	1	1	0	64	64	0						√			考试	基础科教中心	
	应用型研究方向	高等数学综合素养提升	2320238018	限定性选修	1	1	0	52	52	0							√		考试	基础科教中心	
项目化教学课程		英文阅读与写作Ⅱ	2320238006	限定性选修	1	1	0	64	64	0					√				考试	公共外语	
		大学英语阅读精讲教程Ⅱ	2320238009	限定性选修	1	1	0	64	64	0						√			考试	教学部	
		大学英语综合教程Ⅱ	2320238015	限定性选修	1	1	0	52	52	0							√		考试	公共外语	
		小计			≥12	≥9.5	≥2.5	≥192	≥152	≥40	0	0	0	1	4	3	6	0			

说明:项目化课程中就业方向项目化课程必修课程为两个方向都必修的课程4学分,而就业方向项目化课程和应用型研究方向项目化课程则可以根据方向进行选修,各方向选修学分不低于8学分。

（四）应用型课程

应用型课程设置与教学计划见表 2-4-7。

表 2-4-7 应用型课程设置与教学计划

课程平台	课程类别	课程名称	课程代码	课程性质	课程学分			课程学时			开课学期								考试考查	开课单位	备注
					学分	理论学分	实践学分	学时	理论学时	实践学时	1	2	3	4	5	6	7	8			
应用创新课程	应用型课程	电子系统综合及应用	2321054122	选修	4	0	4	4w(120)	0	4w(120)							√		考查	电子中心	
合　　计					4	0	4	4w(120)	0	4w(120)	0	0	0	0	0	0	1	0			

说明：应用型课程根据每学期实际项目进行项目遴选开设，对学时和学分不做要求。

（五）集中实践课程

集中实践课程设置与教学计划见表 2-4-8。

表 2-4-8 集中实践课程设置与教学计划

课程平台	课程类别	课程名称	课程代码	课程性质	课程学分			课程学时			开课学期								考试考查	开课单位	备注
					学分	理论学分	实践学分	学时	理论学时	实践学时	1	2	3	4	5	6	7	8			
集中实践教学课程	实践必修课程	金工实习 C	2321990064	必修	1	0	1	1w(30)	0	1w(30)		√							考查	工程训练中心	
		电子技术课程设计	2321054119	必修	1	0	1	1w(30)	0	1w(30)				√					考查	电子中心	
		单片机课程设计	2321054122	必修	1	0	1	1w(30)	0	1w(30)					√				考查	电子中心	
		认知实习	2321054001	必修	1	0	1	1w(30)	0	1w(30)			√						考查	电子中心	

续表

课程平台	课程类别	课程名称	课程代码	课程性质	课程学分			课程学时			开课学期								考试考查	开课单位	备注
					学分	理论学分	实践学分	学时	理论学时	实践学时	1	2	3	4	5	6	7	8			
	实践必修课程	专业实习	2321054002	必修	2	0	2	2w(60)	0	2w(60)						√			考查	电子中心	
		毕业实习	2321054003	必修	2	0	2	2w(60)	0	2w(60)								√	考查	电子中心	
		毕业设计(论文)	2321054004	必修	12	0	12	12w(360)	0	12w(360)								√	考查	电子中心	
		小计			20	0	20	20w(600)	0	20w(600)	1	0	1	2	0	1	0	2			
项目化课程	实践选修课程	企业职业认证课程	1921065132	选修	4	0	4	120	0	120							√		考查	电子中心	
		工程综合训练与创新	1921065031	选修	2	0	2	2w(60)	0	2w(60)							√		考查	电子中心	
		无线传感技术综合实训	2321054318	选修	2	0	2	2w(60)	0	2w(60)							√		考查	电子中心	
		电子系统综合实训	2321054120	选修	2	0	2	2w(60)	0	2w(60)						√			考查	电子中心	
		嵌入式综合组训	2321054121	选修	2	0	2	2w(60)	0	2w(60)							√		考查	电子中心	
		小计			≥4	0	≥4	≥4w(120)	0	≥4w(120)	0	0	0	0	0	1	4	0			

说明：集中实践教学课程应修满 24 学分，其中实践必修课程 20 学分，实践选修课程不少于 4 学分。

九、毕业要求与培养目标关联矩阵

毕业要求与培养目标关联矩阵见表 2-4-9。

表 2-4-9　毕业要求与培养目标关联矩阵

目标	毕业要求 1	毕业要求 2	毕业要求 3	毕业要求 4	毕业要求 5	毕业要求 6	毕业要求 7	毕业要求 8	毕业要求 9	毕业要求 10	毕业要求 11	毕业要求 12
目标 1	√					√		√	√			
目标 2		√	√	√							√	
目标 3					√		√	√			√	
目标 4			√						√	√	√	
目标 5		√			√	√	√					√

十、毕业要求与课程体系关联矩阵

毕业要求与课程体系关联矩阵见表 2-4-10。

表 2-4-10　毕业要求与课程体系关联矩阵

课程名称	毕业要求 1	毕业要求 2	毕业要求 3	毕业要求 4	毕业要求 5	毕业要求 6	毕业要求 7	毕业要求 8	毕业要求 9	毕业要求 10	毕业要求 11	毕业要求 12
思想道德与法治					H	M			M			M
中国近代史纲要						M	H	M				
马克思主义基本原理					M			H				
毛泽东思想和中国特色社会主义理论体系概论					M			H				
习近平新时代中国特色社会主义思想概论								H				M
形势与政策							H			M		
军事技能								H	M			M
军事理论与国家安全								H	M			M
大学英语										H		
高等数学Ⅰ（理工类）	H											
高等数学Ⅱ（理工类）	H	H										
大学物理	H	M										
大学物理实验	M			H								

续表

课程名称	毕业要求 1	毕业要求 2	毕业要求 3	毕业要求 4	毕业要求 5	毕业要求 6	毕业要求 7	毕业要求 8	毕业要求 9	毕业要求 10	毕业要求 11	毕业要求 12
体育												H
大学生心理健康									H	H		
大学生职业发展与就业指导					H	H			H	H		H
创业基础							H			H		M
心理健康教育									H			
信息与网络技术基础					H							
线性代数 C	H	M										
概率论与数理统计 C	M	H										
C 程序设计 B		H	M			H						
电路分析基础	H			M	M							
复变函数与积分变换	H	M		M	M							
模拟电子技术	H	M										
数字电子技术	H	H										
信号与系统	M	M			M							
FPGA 技术及应用	H			M		H						
电子信息工程导论	H	H										
传感器与检测技术	H	H	M									M

续表

课程名称	毕业要求1	毕业要求2	毕业要求3	毕业要求4	毕业要求5	毕业要求6	毕业要求7	毕业要求8	毕业要求9	毕业要求10	毕业要求11	毕业要求12
数字信号处理	H	M										
自动控制原理	M	H	M									
高频电子线路		H	M									
通信原理与技术		M	H									
嵌入式技术与应用		H	M									
电子测量技术	M	H	H				L					
电子产品工艺与制作				H	M	M						
电子产品设计与系统开发 I					H	M	M					
大学生实验室安全教育							M				H	M
劳动课						M	H	M				
金工实习 C							H	H				
认知实习						H	H	M				
电子技术课程设计		H	M			H	H	M	H			
专业实习		H	M								M	
电子系综合实训		H	H							M		
毕业设计(论文)												H

注：H(强)、M(中)、L(弱)分别表示课程与毕业要求之间关联的强弱程度。

十一、与专业相关的职业资格考试介绍

与专业相关的职业资格考试介绍见表 2-4-11。

表 2-4-11　与专业相关的职业资格考试介绍

职业资格证书名称	级　别	考试机构	发证机关	考试时间及频次	报考对象
电子工程师	助理/中级/高级	电子通信行业职业技能鉴定指导中心	工业和信息化部	每年 9 月	专科以上学历
电子设备装配工	初级/中级/高级/技师/高级技师	人力资源社会保障部	人力资源社会保障部	1 次/年	专科以上学历
测量控制与仪器仪表工程师	国家级	中国仪器仪表学会和全国人才流动中心	中国仪器仪表学会和全国人才流动中心	每年一次,年底前考试,次年一月发证	本科、专科、硕士、博士
通信工程师	初级	人力资源社会保障部	人力资源社会保障部	1 次/年	通信本科
华为职业认证	高级	华为有限公司	华为有限公司	预约	信息类专业
全国计算机等级考试	二、三级	教育部	教育部	2 次/年	面向社会

十二、其他有关说明

（一）本专业可以参加的竞赛及置换学分的方法

本专业可以参加的竞赛有"全国电子设计大赛""蓝桥杯电子设计大赛""挑战杯电子设计大赛"等。国家级一等奖可置换 5 学分;国家级二等奖可置换 4 学分;国家级三等奖可置换 3 学分;省级一等奖可置换 4 学分;省级二等奖可置换 3 学分;省级三等奖可置换 2 学分。

（二）创新创业教育学分获得说明

本专业鼓励学生参加国内各级各类学科竞赛,以及学校"五个一工程"项目、大学生创新创业训练计划项目、教师科研项目,发表论文(第一作者),授权专利(发明专利比照国家级竞赛办法、实用新型专利比照省级竞赛办法),考取与专业相关的国家职业资格证书等,上述创新创业教育活动可按照学校相关规定直接获得学分或给予学分置换。

第 3 章

电子信息工程专业课程知识建模

3.1 项目化教学课程知识建模

3.1.1 电子产品工艺与制作课程知识建模图

本课程是基于模拟电子技术、数字电子技术、电子电路制图等课程知识体系之上的综合性应用。其所开设的两个项目涵盖了半导体器件、集成运放、555 定时器、烟雾传感器、PCB 版图绘制等知识,具有一定的综合性。学生以项目小组团队的形式独立完成两个电子产品的设计与制作,包括项目的硬件电路设计、PCBLayout 设计、产品制作与测试。PCBLayout 设计主要是采用 Altium Designer 软件进行原理图和 PCB 版图设计,支持后续 PCB 板制作。产品制作与测试主要包括 PCB 样板制作、电路焊接及调试、PCB 板升级和改进,可验证硬件电路设计的正确性。

电子产品工艺与制作课程的知识建模图见图 3-1-1。

3.1.2 电子产品设计与系统开发 I 课程知识建模图

电子产品设计与系统开发 I 课程是基于 C 程序设计、模拟电子技术、数字电子技术、电子电路制图、传感器检测技术及应用、单片机原理及应用等专业基础课程知识体系之上的综合性应用。

本课程以来源于企业真实项目为载体,对学生进行实际电子产品开发全流程的训练,主要包括产品需求调研、硬件方案设计及元器件选型、原理图和 PCB 设计、电路板文件输出与打样、硬件电路制作,再到软件设计、整机调试与优化等电子产品设计与开发的全流程。课程的具体实施过程是学生随机分组组成项目团队,完成项目相关课程内容的学习,按照课程教师下发的任务工单,自主完成项目的各个环节任务,提交设计作品,并接受来自课程教师、企业工程师及用户的多评价主体的客观性评价。

目前,本课程连续开设 4 个学期,积累了交通指挥棒设计、红外数字温度计设计、无线报警系统开发等 3 个课程项目案例库。下面以无线报警系统开发项目为例,对本课程的知识建模情况进行详细展示,具体知识建模图如图 3-1-2 所示。

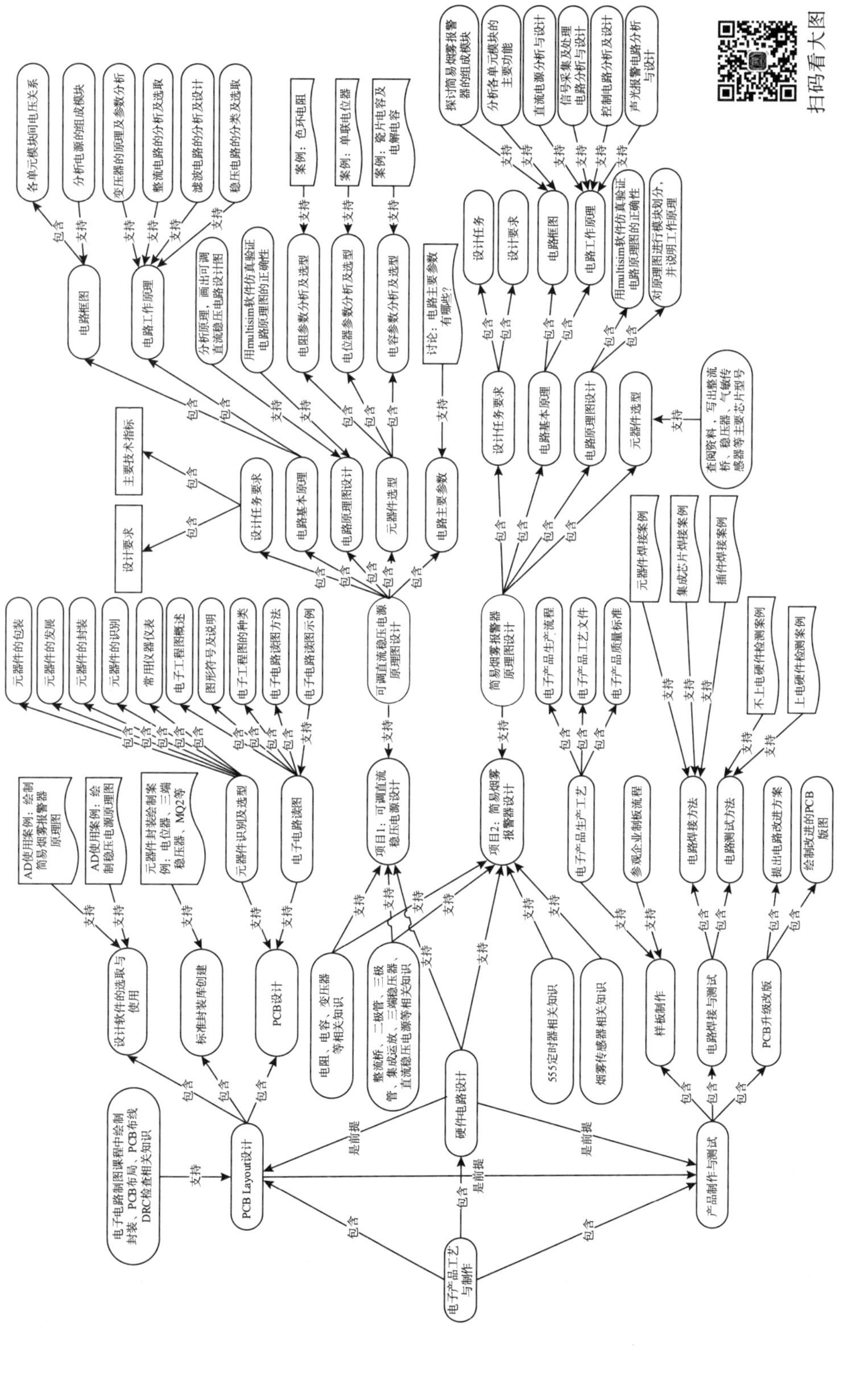

图 3-1-1　电子产品工艺与制作课程的知识建模图

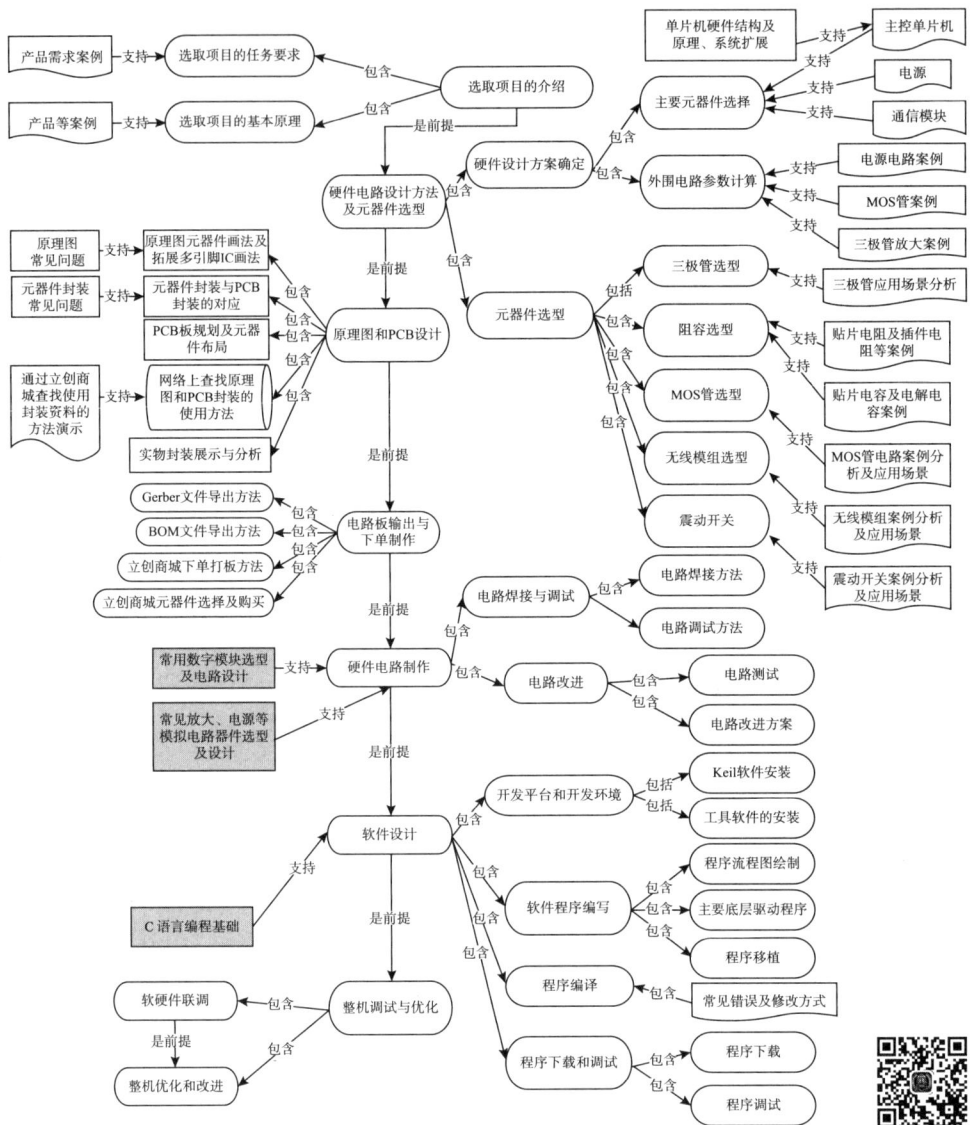

图 3-1-2 电子产品设计与系统开发Ⅰ课程的知识建模图 　　扫码看大图

3.1.3 电子产品设计与系统开发Ⅱ课程知识建模图

本课程是基于嵌入式技术与应用、电子电路制图、电子产品设计与系统开发Ⅰ等课程知识体系之上的综合性应用;所开设的项目涵盖了嵌入式技术、直流电源、传感器、C程序设计等知识,具有一定的综合性和高阶性。学生以项目小组团队的形式独立完成电子产品的设计、开发与制作,包括嵌入式技术应用调研、STM32 单片机选型、硬件电路设计、软件设计、产品制作与测试等。硬件电路设计包含设计方案论证、元器件选型、原理图和 PCB 版图设计;软件设计包含开发平台和开发环境搭建、程序代码编写、程序编译及下载调试;硬件电路设计和软件设计支持最后的产品制作与测试。

电子产品设计与系统开发Ⅱ课程的知识建模图见图 3-1-3。

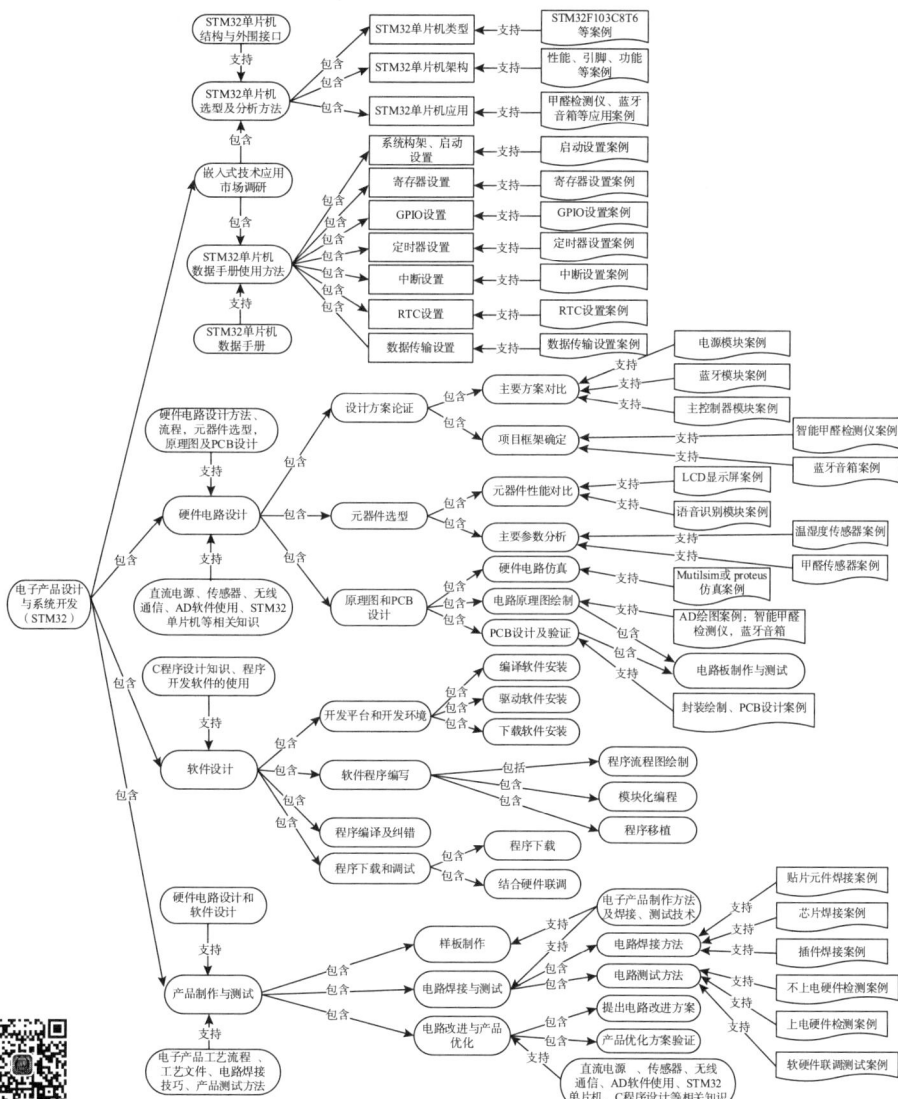

扫码看大图　　　　图 3-1-3　电子产品设计与系统开发Ⅱ课程的知识建模图

3.1.4　电子产品设计与系统开发Ⅲ课程知识建模图

该课程以企业的真实工程实践项目为载体,要求学生以项目小组团队的形式独立完成实际电子产品设计与开发(基于 FPGA)及市场化的全过程工作,主要包括电子产品需求分析、开发板选型、软件程序编写、底层电路模块设计、顶层电路设计、下载和调试等。

学生可以综合利用硬件描述语言、开发工具、FPGA 基础知识、硬件实验操作等核心内容,按照 EDA 设计流程完成工程实践项目。从基础知识到编程语言,再到开发工具的使用,最后到实际的硬件实验操作,学习过程逐步深入,直至项目功能的实现。由此,该课程能够培养学生分析、判断、设计、实施等解决实际问题的能力,提升学生的项目管理与团队协作等综合能力。电子产品设计与系统开发Ⅲ(FPGA)课程的知识建模图见图 3-1-4 所示。

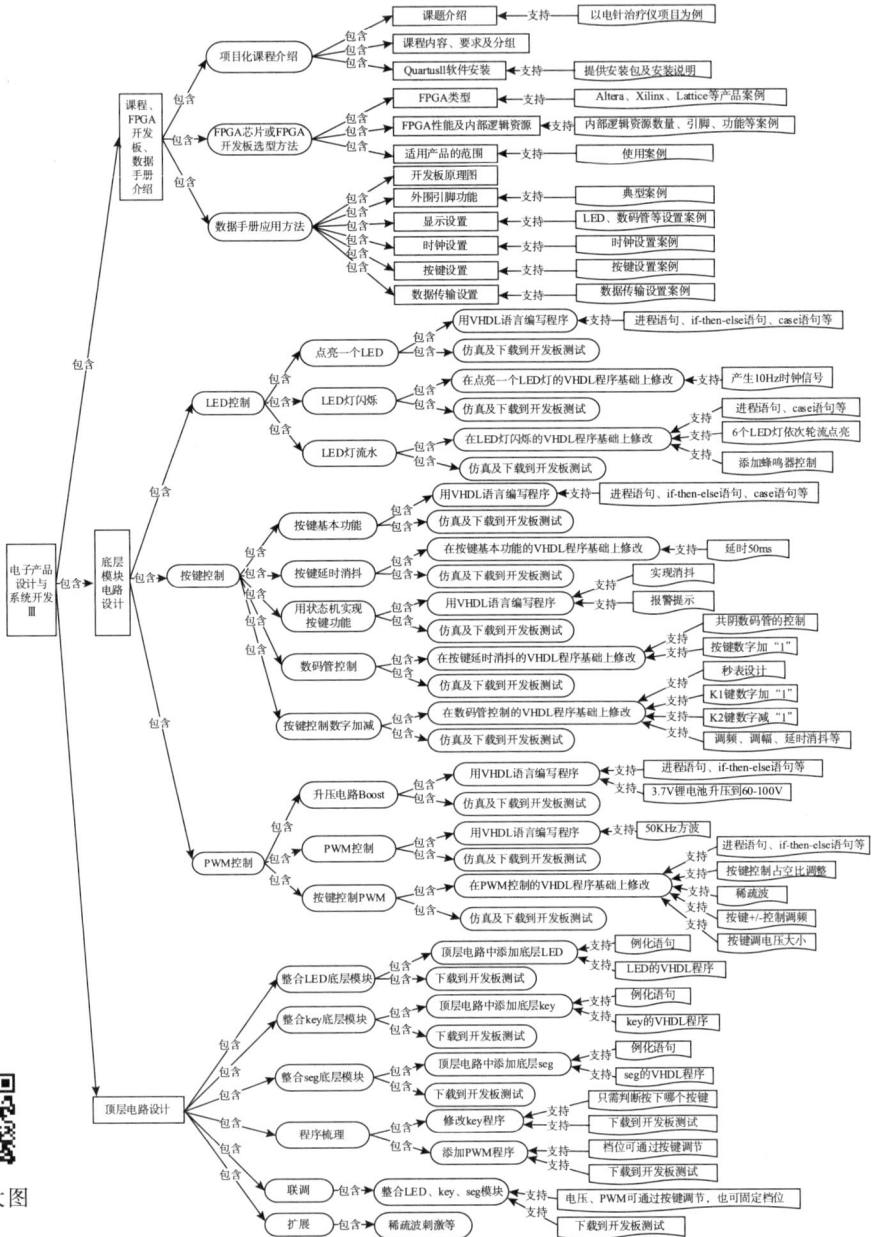

扫码看大图

图 3-1-4 电子产品设计与系统开发Ⅲ课程的知识建模图

3.1.5　电子产品设计与系统开发Ⅳ课程知识建模图

本课程的知识点主要包括项目的硬件电路设计、裸机开发，以及在操作系统下完成项目各个功能的运行。操作系统根据项目完成的功能，可进行温湿度检测、串口通信、LCD 显示灯任务的运行。本课程主要培养学生掌握 GPIO、串口、定时器以及其他基本外设接口的程序设计方法；掌握嵌入式操作系统的基本知识和技能；掌握嵌入式实时操作系统在 STM32 上的移植与多任务应用程序的设计方法。电子产品设计与系统开发Ⅳ课程的知识建模图见图 3-1-5。

扫码看大图

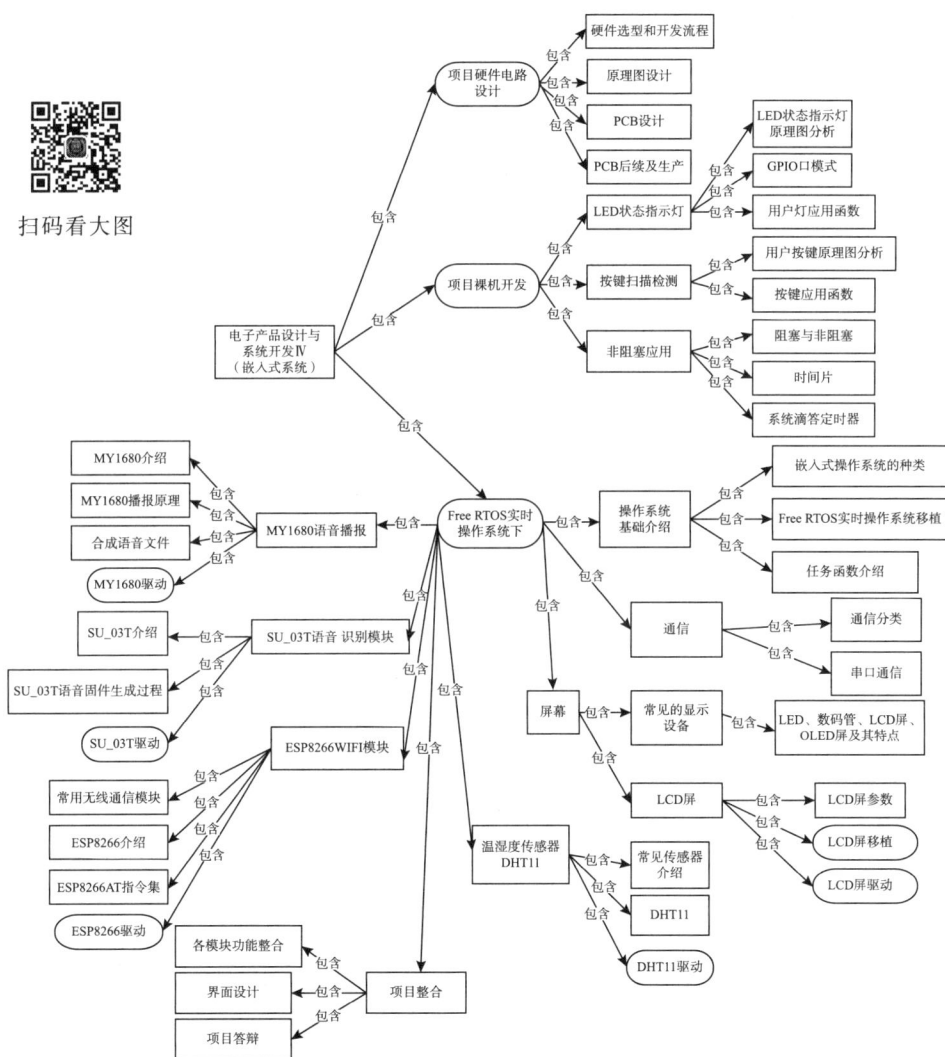

图 3-1-5　电子产品设计与系统开发Ⅳ课程的知识建模图

3.2 专业基础课程知识建模

3.2.1 电路分析基础课程知识建模图

本课程主要包括基本知识、电阻电路的等效变换、电路的基本分析方法、动态电路时域分析、正弦稳态电路、耦合电感电路、三相电路和选频网络等内容,电路分析基础课程的知识建模图见图 3-2-1。

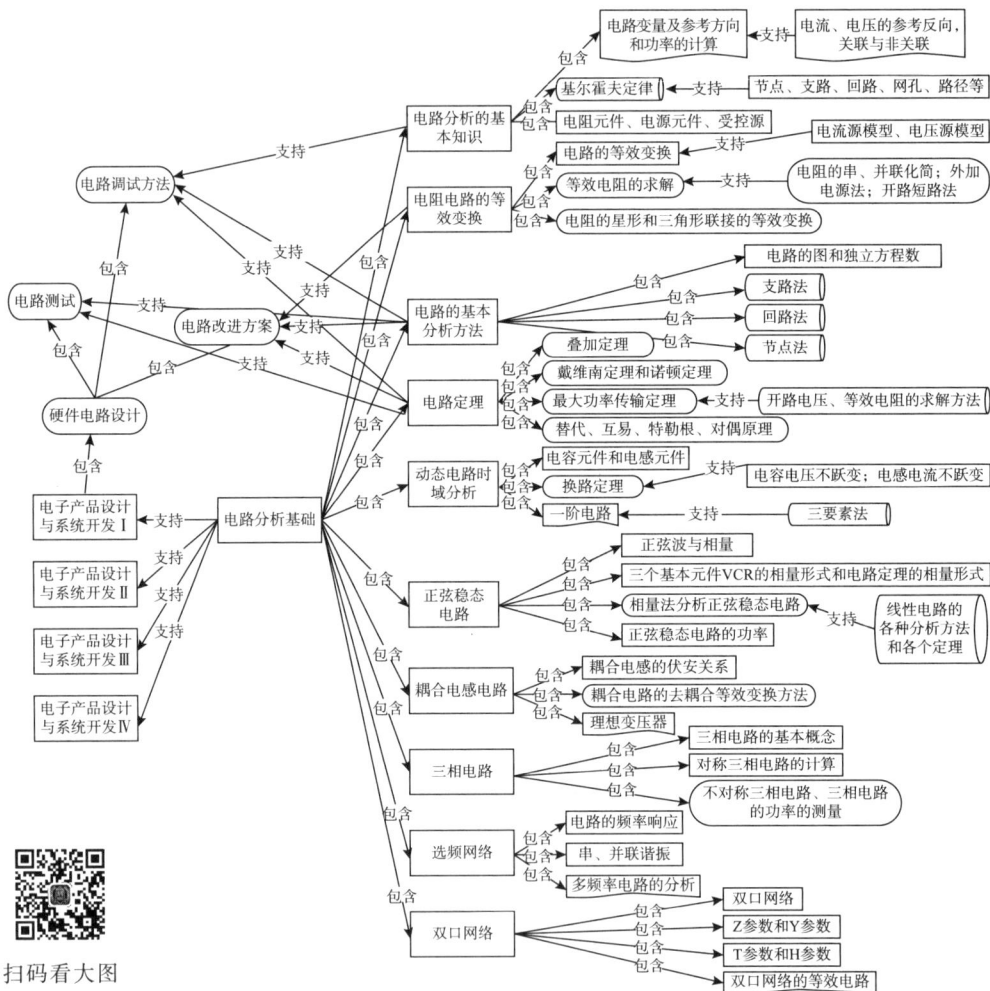

扫码看大图

图 3-2-1 电路分析基础课程的知识建模图

3.2.2 模拟电子技术课程知识建模图

模拟电子技术课程是电子信息工程和通信工程专业的一门专业基础课,在课程体系中起承前启后的作用,具有很强的实践性,是创新创业核心课程,对学生的创新能力和严谨的科学素养养成具有很重要的作用。本课程为数字电子技术、高频电子线路、电子产品设计与系统开发等项目化教学课程奠定了扎实的理论知识和实验技能基础。本课程主要包括半导体器件、基本放大电路、集成放大电路及应用等内容,重在培养学生独立发现、分析、解决电子信息领域中低频模拟信号的工程设计和技术开发问题的能力,以及创新和终身学习的能力。

　　模拟电子技术课程的知识建模图见图 3-2-2。

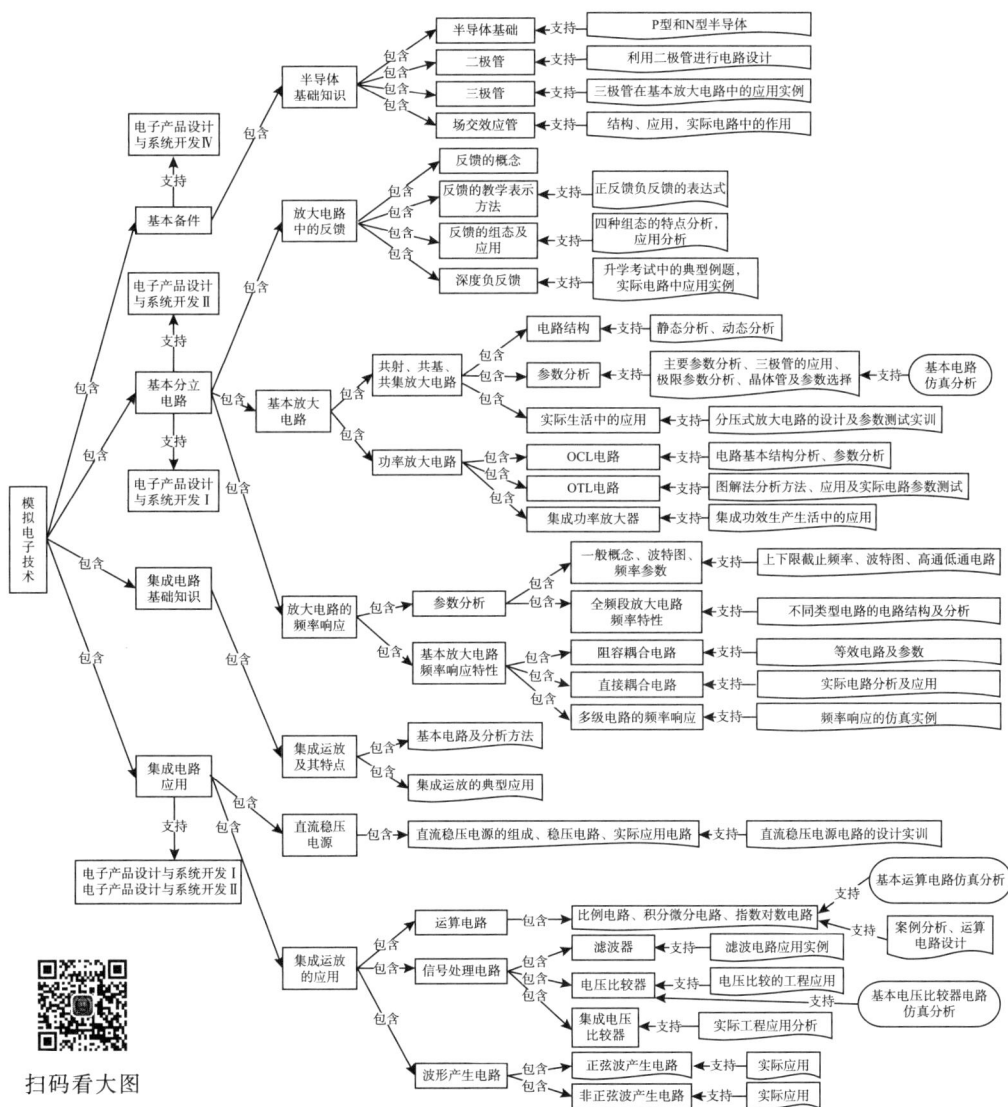

扫码看大图

图 3-2-2　模拟电子技术课程的知识建模图

3.2.3 数字电子技术课程知识建模图

数字电子技术课程围绕电子信息工程专业产教融合型课程体系,依据电子产品设计与系统开发系列项目化教学课程在知识、能力、素质方面的具体需求,设计出专业基础课程主模块,从而重构本课程模块化知识体系。本课程主要包括数字逻辑基础、数字逻辑器件芯片选型、组合逻辑电路、时序逻辑电路、独立功能电路五个主模块,并依据学科专业前沿集成电路技术及应用,设置多种类型范例性知识,同时构建课程知识建模图、设计创新互动教案,以支撑专业项目化教学课程体系。数字电子技术课程的知识建模图见图 3-2-3。

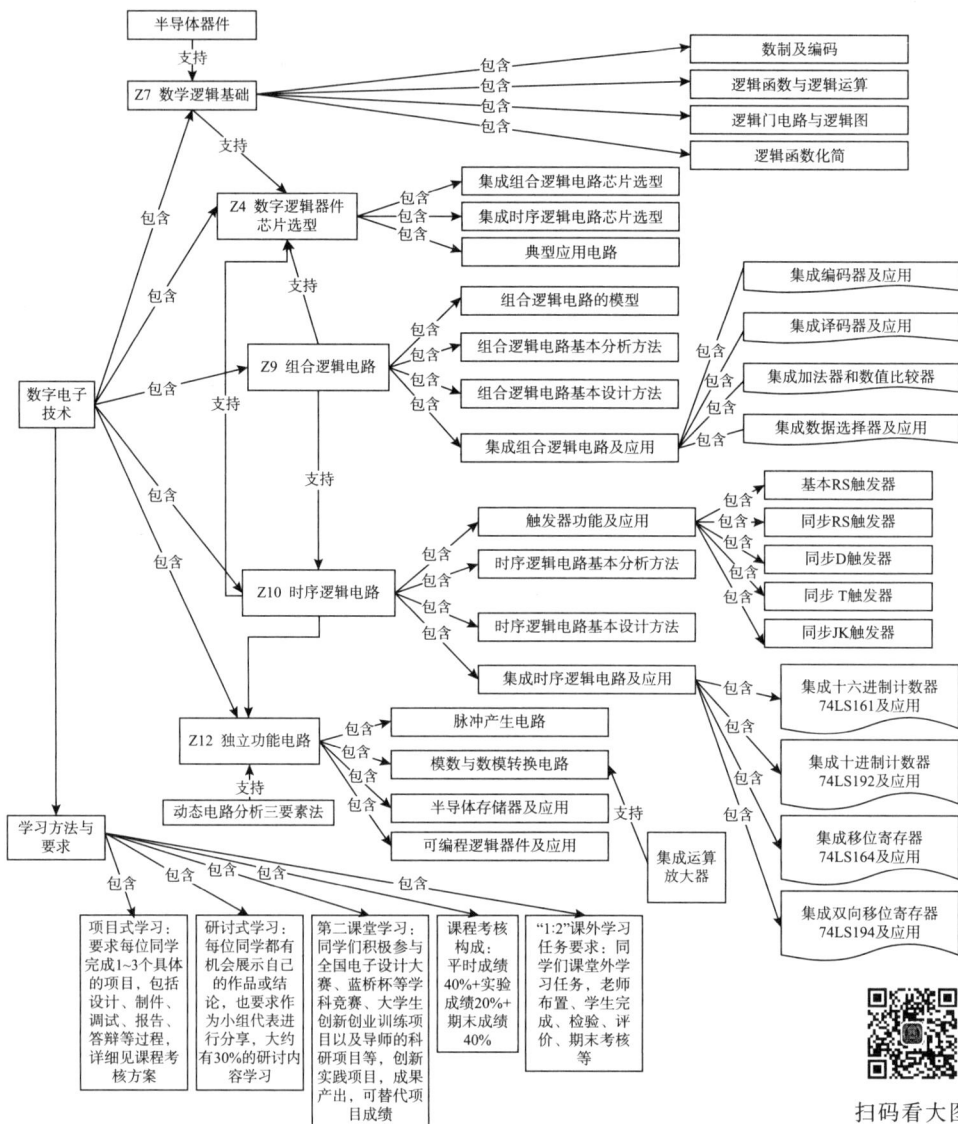

扫码看大图

图 3-2-3 数字电子技术课程的知识建模图

3.2.4　信号与系统课程知识建模图

本课程主要包括信号与系统的基本概念、信号与系统的时域分析、信号与系统的频域分析、信号与系统的复频域分析四个模块的内容，信号与系统课程的知识建模图见图 3-2-4。

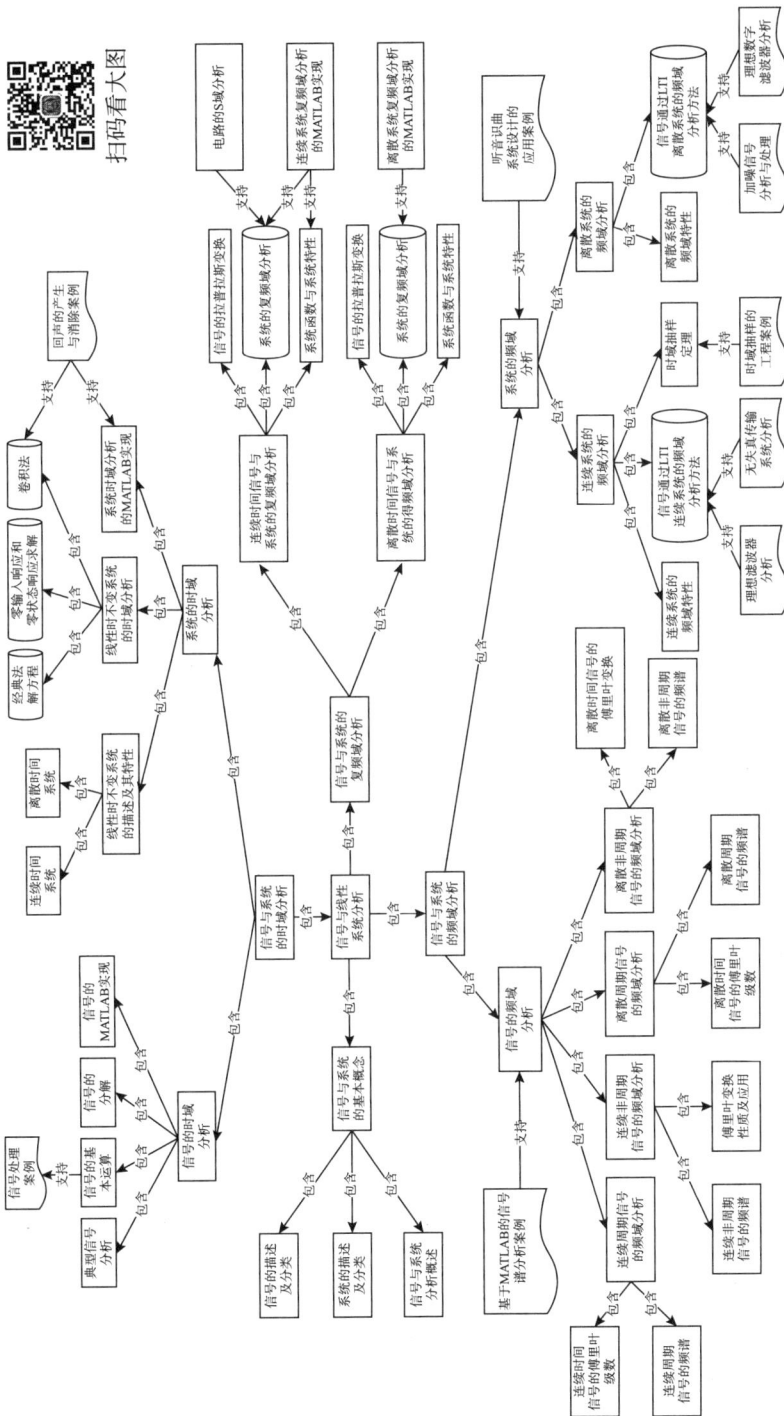

图 3-2-4　信号与系统课程的知识建模图

3.2.5　数字信号处理课程知识建模图

数字信号处理课程主要包括信号分析、系统分析、系统设计三个模块的内容,具体知识建模图见图 3-2-5。

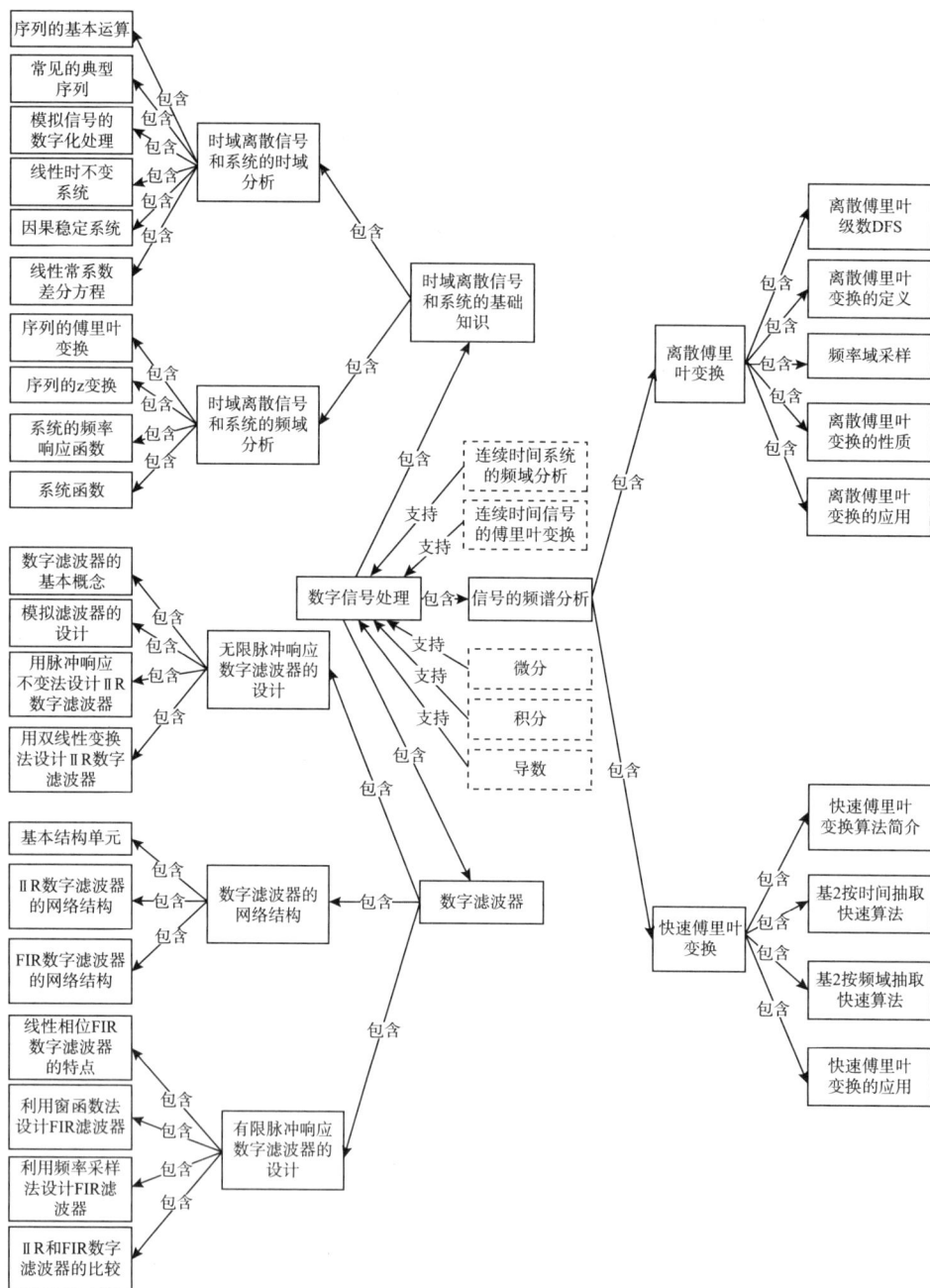

图 3-2-5　数字信号处理课程知识建模图

3.2.6　通信原理与技术课程知识建模图

通信原理与技术的课程主要包括基础知识、模拟调制传输、信源编码、数字传输技术四个部分的内容,具体知识建模图见图 3-2-6。

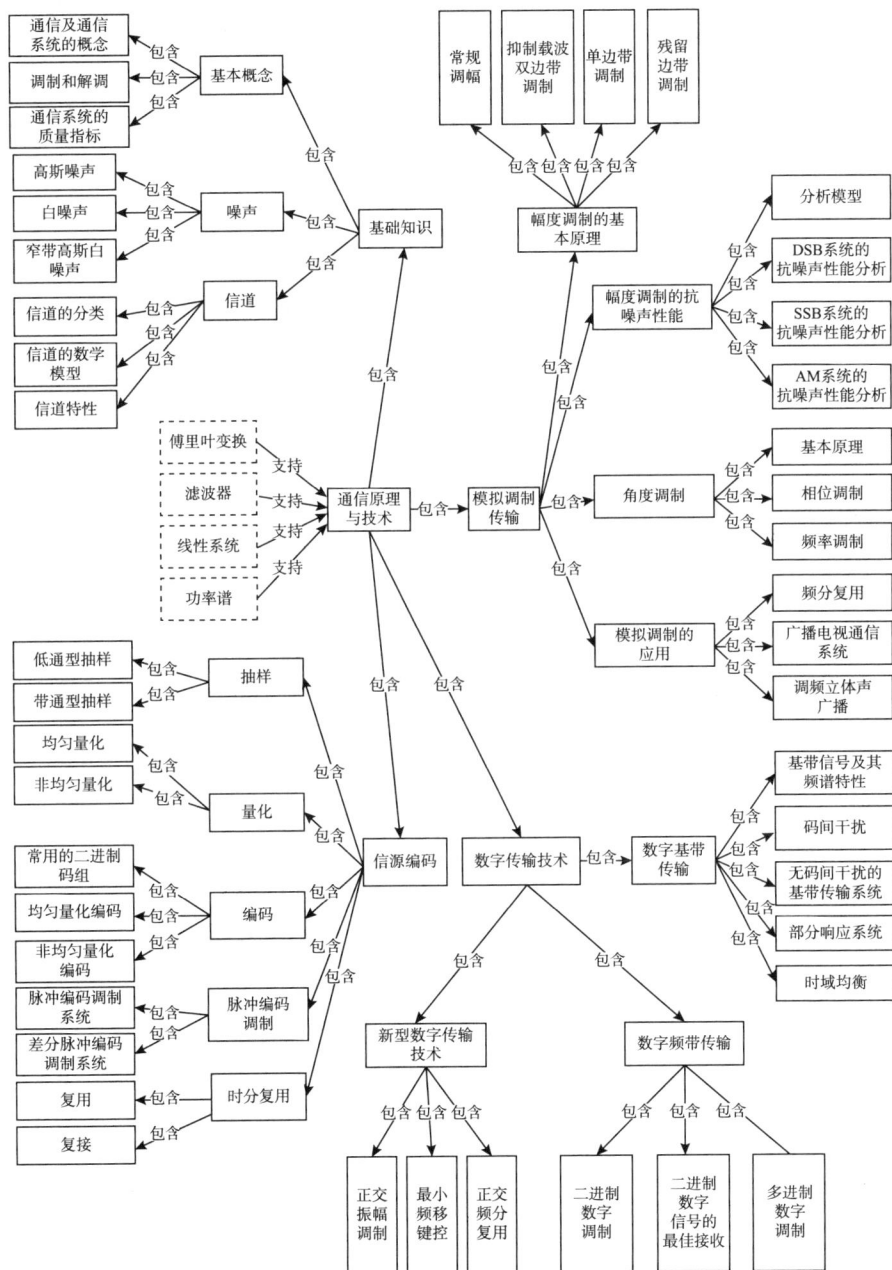

图 3-2-6　通信原理与技术课程知识建模图

3.2.7 嵌入式技术与应用课程知识建模图

本课程主要包含嵌入式系统的基本概述、ARM 指令系统、STM32 技术基础知识、STM32 程序设计、STM32 的功能模块（比如 GPIO 接口模块、ADC 模块、中断模块、定时器模块、实时时钟模块、看门狗模块、USART 串行通信模块等）。

嵌入式技术与应用课程的知识建模图见图 3-2-7。

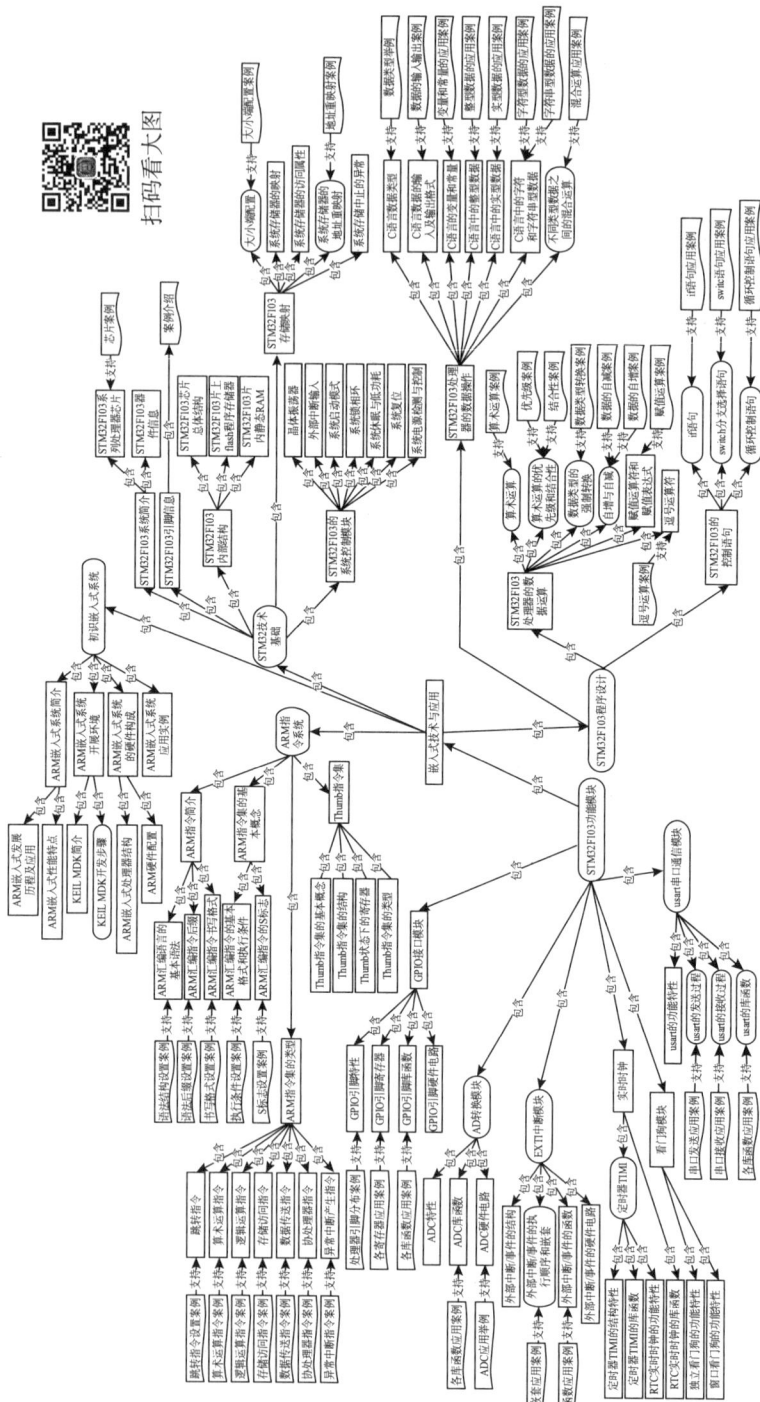

图 3-2-7 嵌入式技术与应用课程知识建模图

3.2.8　电磁场与微波技术课程知识建模图

电磁场与微波技术课程主要包括概述、电磁场的基本规律、传输线理论、金属波导理论、微波网络理论、微波元器件、天线与电波概述几个部分的内容,具体课程知识建模图见图 3-2-8。

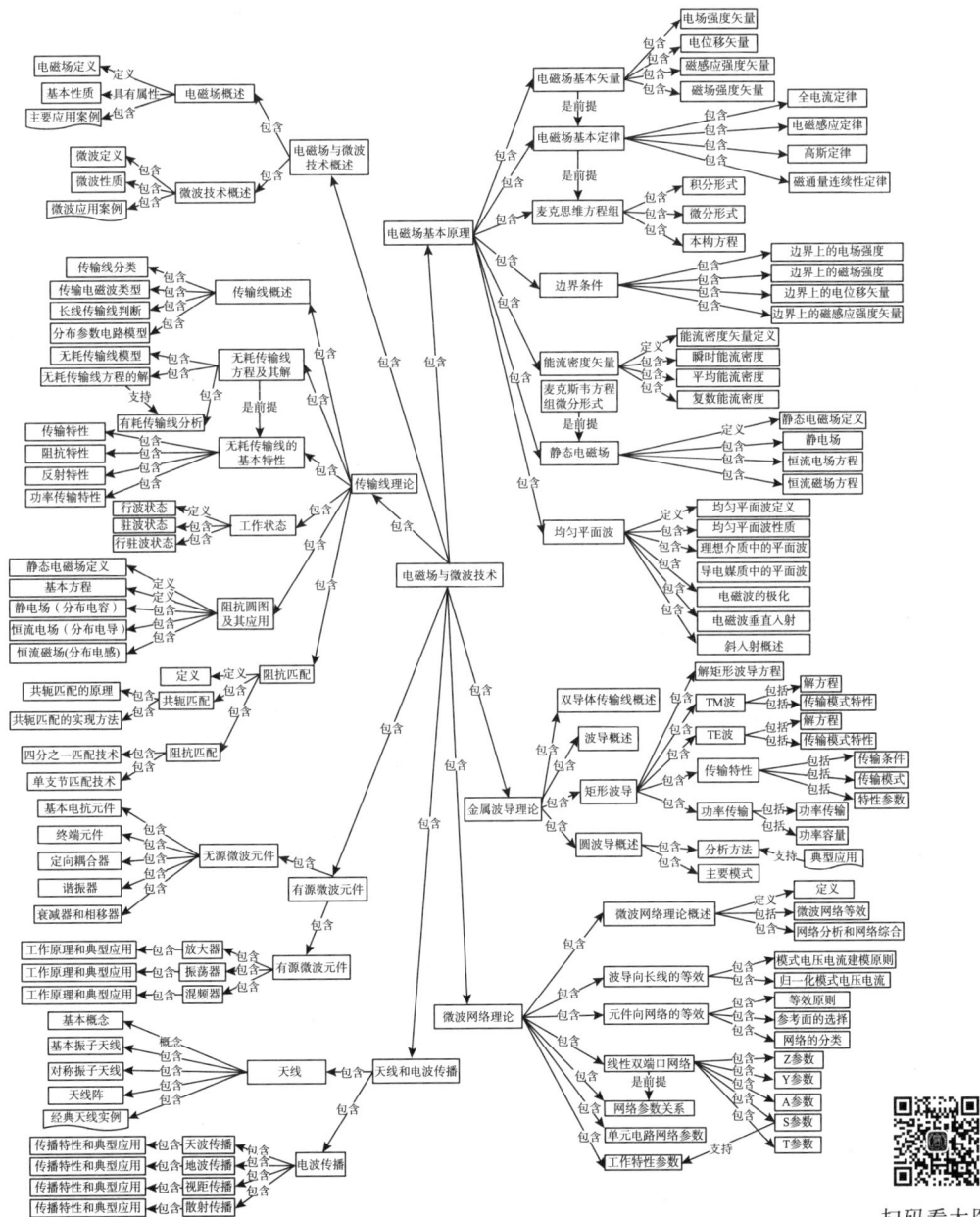

扫码看大图

图 3-2-8　电磁场与微波技术课程知识建模图

3.2.9　单片机原理及应用课程知识建模图

单片机原理及应用课程主要包括基本概念、硬件结构、软件设计、系统调试和单片机系统扩展几个部分的内容,具体知识建模图见图 3-2-9。

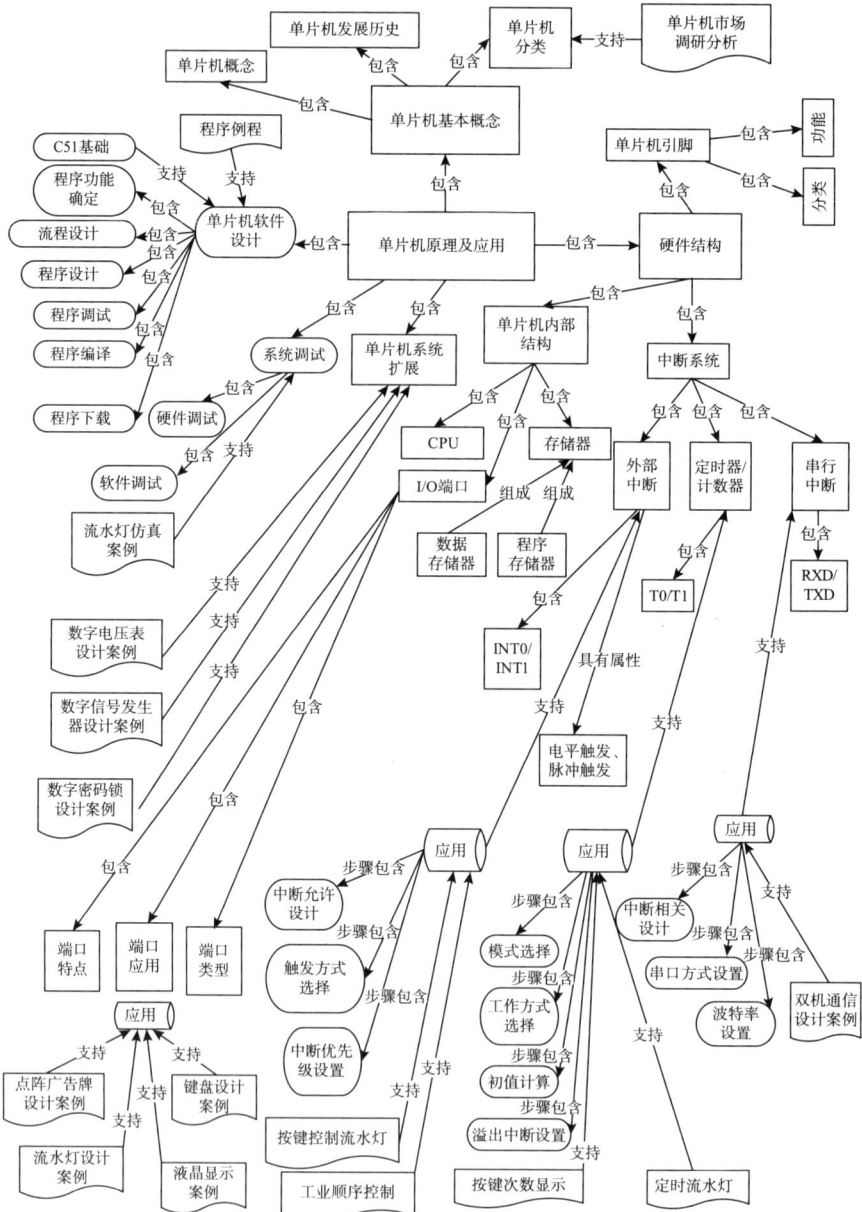

图 3-2-9　单片机原理及应用课程知识建模图

3.2.10　传感器与检测技术课程知识建模图

传感器与检测技术课程主要包括性能指标、选用原则、电阻式传感器、电感式传感器、压电式传感器、热电式传感器、光电式传感器等,具体知识建模图见图 3-2-10。

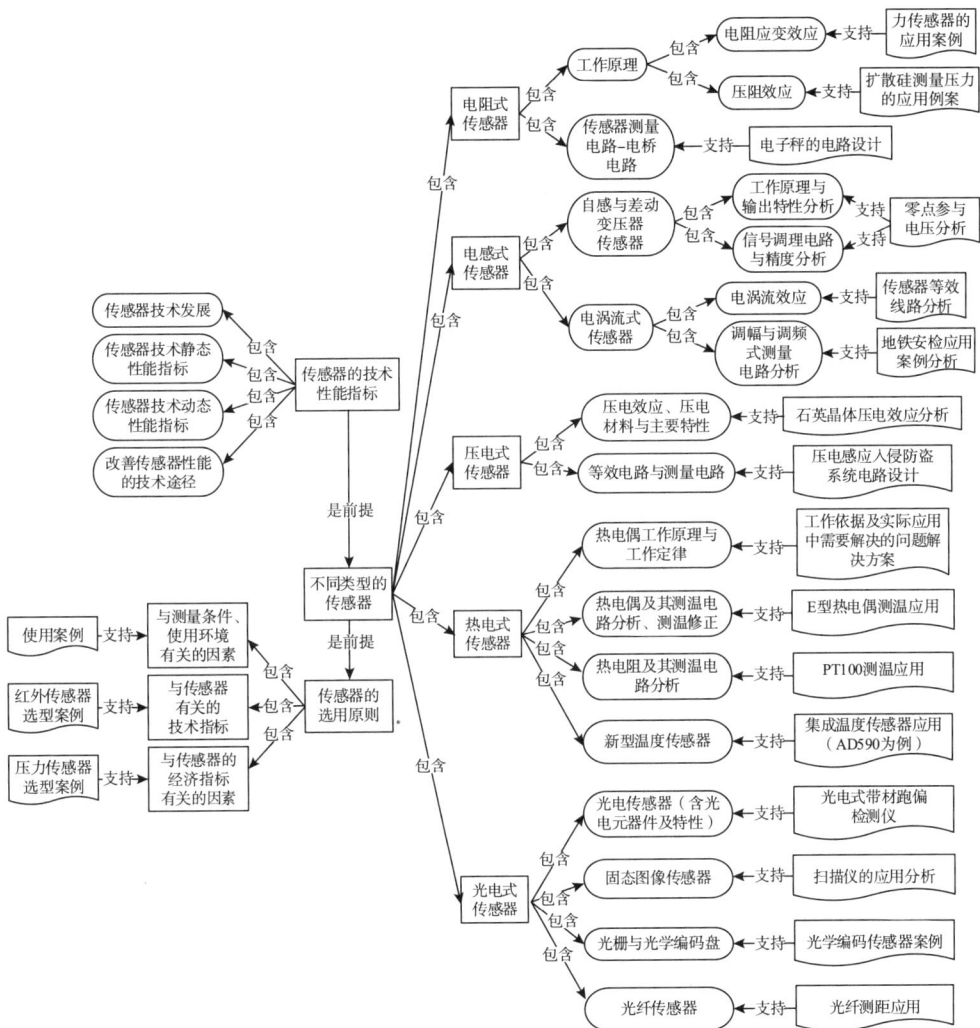

图 3-2-10　传感器与检测技术课程知识建模图

第 4 章

基于 OBE 理念的教学设计

4.1 以项目化教学为核心的教学设计思路

4.1.1 教学设计思路来源

1. OBE 教学理念与设计思路

OBE(outcome-based education,基于成果的教育)聚焦教学中的每一个环节,首先给出明确的教学目标,然后围绕目标完善教学环节,关注学生的学习过程,最终达到预期的教学效果。OBE 的核心是成果产出,实施 OBE 教育的途径为定义学习产出(defining)、实现学习产出(realizing)、评估学习产出(assessing)和使用学习产出(using)。简单来说,就是实施 OBE 教育的四个步骤,即制定教学大纲、确定教学方法、评价学习结果和应用学习内容。这四个步骤概括了 OBE 教育理念在课程设置中的具体实施过程。

"定义学习产出"是指明确学生毕业时应达到的能力和水平。对于课程学习来说,就是规定学习者预期要达到的总体目标,包括知识目标、素养目标和能力目标。"实现学习产出"即保证学生达到预期目标的措施,因为目标的实现是建立在教学的基础上的,所以教师需要通晓课程体系的特点和属性,确定各章节的教学内容,并针对不同内容采用适合的教学方法,课堂教学是这一步骤的呈现形式。"评估学习产出"是最能体现 OBE 特色的步骤,评估是多层面的,包括学校、专业和课堂教学的评估。"使用学习产出"是指学生在工作岗位上运用所学课程知识的情况,也就是学生在实践中把学到的技能发挥出来,完成工作岗位的实际需求。

从以上的四步骤法可以看出,OBE 教育模式设定教学和学习的核心是学习产出,学习产出贯穿于所有过程。也就是说,OBE 教育模式中的所有环节都是以产出为导向来设计的,产出既是目标也是结果,所有的教学模式设置都以最终的产出结果为依据,不管是教学内容和教学方法的选择,抑或是评价方式的建立,都必须对产出负责。如果教学内容和教学方法无益于培养学生的能力,无法完成对学生的既定培养目标,达不到实际产出,那就必须被放弃或者修改。

2. 电子信息工程专业教学培养目标

本专业旨在培养具有良好思想品德和人文科学素养,具备坚实的自然科学基础、工程科学基础知识和电子信息专业知识,有一定的国际视野,以及较强的创新实践、团队协作、交流、沟通、终身学习和一定的解决复杂电信工程问题的能力,能够在电子信息工程领域从事软硬件产品开发、应用系统设计、工程管理及维护等工作的德智体美劳全面发展的高素质应用型创新人才。

学生毕业五年左右后达到的目标具体如下。

目标 1:具备良好的思想品德、人文素养和社会责任感,在职业生涯中能够遵守职业道德规范,积极服务于国家和社会发展。

目标 2:能够综合运用所学知识,独立发现、分析与解决电子信息领域的工程设计、技术开发等核心问题,熟悉本行业国内外的技术发展趋势和应用前景,具备一定的工程创新能力。

目标 3:能够在实际工作中适应不同角色,在团队中以独立或合作方式与国内外同行、客户和公众进行有效的沟通和协同工作,在团队中胜任技术骨干或组织、协调、领导角色。

目标 4:能够在社会大背景下不断拓展自身的知识和能力,能够对电子信息领域中复杂工程问题的关键因素进行统筹管理、有效控制,并能够思考和评价其对环境和社会可持续发展的影响。

目标 5:具有一定的国际视野,能够依据不断变化的国内外技术发展趋势,不断提高职业能力和综合素养,具备终身学习的能力和适应岗位迁移变化的可持续发展能力。

4.1.2　电子信息工程专业课程教学设计

电子信息工程专业课程教学设计主要包括教学内容设计、教学方式方法设计和课程考核标准的设计三个方面。

(1) 根据专业调研结果,教师团队梳理出专业核心职位岗位群,并分析每种岗位的核心岗位任务以及完成这个岗位任务所需要的专业知识、技能和能力,形成项目化教学课程的各个模块;再从主要的项目化教学课程模块出发,构建项目化教学课程,形成项目化教学课程体系;最后基于项目化教学课程体系,梳理和重构专业基础课程的教学内容和教学目标,实现教学内容直接支撑人才培养目标的 OBE 理念中的第一步。

(2) 专业课程教师团队依据梳理和重构的专业课程教学内容、教学目标以及学生学情,合理拟定出课程的教学实施路径和教学方法,充分利用线上线下教学、第一第二课堂、课上课下学习任务、强化过程管理和效果跟踪等多种渠道和方法,通过课程产出和客观性评价标准的检测,达到各门专业课程的教学目标和育人目标,并将基于 OBE

理念的专业人才培养目标落到实处。

（3）在考核评价上，课程考核采用客观性评价和过程性评价相结合的方式，注重评价主体和评价形式的多样化，对于项目环节进行有机融合的三级评价（合格：产品较好地实现项目要求；基本合格：产品基本达到项目要求；不合格：产品未能达到项目预期要求）；对于专业基础课程增加非标准化测试及综合项目考核，增加了课程的挑战度。通过平时成绩、项目阶段考核等过程性考核，督促学生投入学习、产出成果，提升学生的学习内驱力，促使学生自主学习。

4.1.3 电子信息工程专业课程教学评价

本专业的课程体系由公共基础课程、专业基础课程、项目化教学课程、应用型课程和集中实践课程五部分构成，其中公共基础课程的建设由学校的公共基础部根据各个学部或学院的要求统一制定。从专业的角度来说，主要是完成专业基础课程和项目化教学课程的教学评价，这里根据这两类课程的差别，分别进行教学评价内容的介绍。

（1）项目化教学课程主要从课程标准、课程基础、教学设计与实施、预期成果四个方面进行评价。

① 要求课程标准符合新时代人才培养要求，坚持立德树人，知识、能力、素质有机融合，对接市场、行业、工作岗位群需求，以项目化形式培养学生解决复杂综合问题的实践能力，促进学生在真实项目实践中"做成、做好"，无缝衔接用人单位，并接受市场检验，助力学生高质量就业；课程团队与相关企业联系密切，工程实践能力强，双师双能型教师占比约70%，积极吸纳企业导师参与项目化教学课程建设；课程定位准确，与前修和后续的课程联系紧密，有良好的课程实施环境（场所、实验设备等）和软件等条件的保障。

② 学生前期学习获得的基础知识和技能，可以辅助本项目化教学课程顺利实施。除此之外，教师团队能综合使用智慧的教育方法与手段进行教学设计与实施，教学方法多样灵活，体现从"以教师为中心"向"以学生为中心"转变，从"以课堂为中心"向"以工作场景为中心"的转变。

③ 教师团队设计合理的项目化教学流程，达到学习任务明确、学生分组分工合理、学生项目实施计划科学，且项目成果能得到实际应用的结果。

④ 预期教学成果要制定客观的课程评价标准，建立以成果为导向，市场直接评价或仿真评价，且有与项目相对应的、可操作的评价体系，同时让学生取得的成果得到市场的检验和认可，建立对接相关行业和企业的项目资源库，为学生提供丰富的项目资源等。

（2）专业基础课程主要从课程目标、教学内容、教学方法与手段、预期成果等几个方面进行评价，但具体的评价方式和项目化教学课程指标有很大不同。

课程目标要符合新时代人才培养要求,坚持立德树人,知识、能力、素质有机融合,对接市场、行业、专业需求,紧密支撑后续项目化教学课程,培养学生的基本技能和专业素养,训练学生解决问题的能力和审辩式思维能力。

要将课程思政内容有机融入专业教学;注重提升课程的高阶性,引导学生进行深层次的进阶学习;突出课程的创新性,反映学科专业、行业先进的核心理论和成果,聚焦新工科、新医科、新农科、新文科建设,体现多学科思维融合、产业技术与学科理论融合;以提升学生综合应用能力为重点,重塑现有的知识体系,将知识点进行详细分解、重新组合,使基础知识的学习模块化、具体化,有效支撑后续项目化教学开展。

专业基础课程的教学方法与手段要突出以学生学习为中心的主体地位,注重因材施教,加强研究型、项目式学习;强化课堂师生互动、生生互动环节;要给学生留有不低于 2 倍课上学时的课下自主学习时间(相对课堂学习);可以采用线上教学和线下教学相结合的混合式教学模式。

专业基础课程的课程考核要体现课程的挑战度。考核方式应多元化,如丰富探究式、论文式、报告答辩式等作业评价方式,加强过程性、综合性等评价;注重学习效果评价,评价手段应恰当必要,契合应用型创新人才培养目标;积极探索标准化考试、职业资格考试、客观试题考试、技能测试、第三方评价等客观性考核知识和技能的方式,建立一个客观的评价标准。

4.1.4 基于 OBE 理念的课程教学评价标准

项目化课程评价参考标准见表 4-1-1,专业基础课程评价参考标准见表 4-1-2。

表 4-1-1 项目化课程评价参考标准

指 标	指 标 描 述	分值
课程 目标 10 分	课程目标符合新时代人才培养要求,坚持立德树人,知识、能力、素质有机融合,对接市场、行业、工作岗位群需求,以项目化形式培养学生解决复杂综合问题的实践能力,促进学生在真实项目实践中"做成、做好",无缝衔接用人单位,并接受市场检验,助力学生高质量就业	10
课程 基础 20 分	课程团队与相关企业联系密切,工程实践能力强,"双师双能型"教师占比 70% 以上,积极吸纳企业导师参与项目化课程建设	10
	选取市场真实性项目或虚拟仿真的项目作为支撑	5
	课程定位准确,与前修和后续的课程联系紧密,有良好的课程实施环境(场所、实验设备等)和软件等条件的保障。学生前期学习获得的基础知识和技能,可以辅助本项目化教学顺利实施	5

指标	指标描述	分值
教学设计与实施 40 分	项目设计:项目强调真实性,但也可以提供虚拟仿真的项目。针对岗位要求和岗位任务设计教学任务,充分发挥学生的主体作用,突出知识的综合性、过程的创新型和实践性。项目大小合适,学生经过努力能达成目标	10
	教学学时分配合理:理论课时不超过 30%,学生实践课时占 70% 以上。同时,要给学生留有不低于 2 倍的课下自主学习时间(相对课堂学习)	10
	项目化教学的基本流程设计:能综合使用智慧教育方法与手段开展教学,教学方法多样灵活。从"以教师为中心"向"以学生为中心"转变,从"以课堂为中心"向"以工作场景为中心"转变,设计合理的项目化教学流程,达到学习任务明确、学生分组分工合理、学生项目实施计划科学,且项目成果能得到实际应用的结果	10
	开展三级评价:以市场导向、成果导向、客观性评价、市场评价为原则,学生成果以交付市场使用的不同标准划分不同的等级,无缝衔接用人单位,并接受市场检验	10
预期成果 30 分	制定客观的课程评价标准,建立以成果为导向,市场直接评价或仿真评价,且与项目相对应的、可操作的评价体系。积极探索标准化考试、职业资格考试、客观试题考试、技能测试、第三方评价等客观性考核知识和技能的方式	10
	建立对接相关行业和企业的项目资源库,为学生提供丰富的项目资源	10
	通过项目实施,学生可以提升项目管理与团队协作能力,成果能够得到市场的检验和认可;教师的实践教学能力也可以得到进一步提升,成长为双师双能型教师,实现教学相长	10

表 4-1-2　专业基础课程评价参考标准

指标	指标描述	分值
课程目标 10 分	课程目标符合新时代人才培养要求,坚持立德树人,知识、能力、素质有机融合,对接市场、行业、专业需求,紧密支撑后续项目化教学课程,培养学生的基本技能和专业素养,训练学生解决问题的能力和审辩式思维能力	10
课程基础 15 分	课程团队整体水平高,人才培养和教学改革积淀厚	5
	已形成稳定的教学模式且教学效果较好	5
	案例库、视频、习题库、多媒体、自编教材等教学资源储备丰富	5
教学设计与实施 40 分	教学内容:将课程思政内容有机融入专业教学;注重提升课程的高阶性,引导学生进行深层次地进阶学习;突出课程的创新性,反映学科专业、行业先进的核心理论和成果,聚焦新工科、新医科、新农科、新文科建设,体现多学科思维融合、产业技术与学科理论融合;以提升学生综合应用能力为重点,重塑现有的知识体系,将知识点进行详细分解、重新组合,使基础知识的学习模块化、具体化,有效支撑后续项目化教学开展	10

续表

指标	指 标 描 述	分值
教学设计 与实施 40分	课程资源开发:体现教材、讲义、案例库、试题库等资源的丰富性和多样化	10
	教学方法与手段:从以教为中心向以学为中心转变,实施因材施教,加强研究型、项目式学习;强化课堂师生互动、生生互动环节;要给学生留有不低于 2 倍的课下自主学习时间(相对课堂学习) 线上教学:满足学生的在线学习诉求,这不是传统课堂的简单翻版。通过课程平台,按照教学计划和要求开展测验、作业、考试、答疑、讨论等教学活动,及时进行在线指导与测评。各教学环节要充分、有效 混合式教学:要安排 20%～50%的教学时间让学生进行线上自主学习,打破传统课堂"满堂灌"和沉默状态的教学方法,运用适当的数字化教学工具创新教学方式方法,有效开展线上与线下密切衔接的全过程教学活动	10
	课程考核:要体现课程的挑战度。考核方式应多元化,如丰富探究式、论文式、报告答辩式等作业评价方式,加强过程性、综合性等评价;注重学习效果评价,评价手段应恰当必要,契合应用创新型人才培养;积极探索标准化考试、职业资格考试、客观试题考试、技能测试、第三方评价等方式并通过这些客观性测试来考核学生的知识和技能,建立一个客观评价标准 混合式教学:考核评价严格。学生线上自主学习、作业和测试等评价与参加线下教学活动的评价应连贯完整 线上教学:在线考试难易度要适当且有区分度	10
预期 成果 35分	必须以学生成果为导向制定科学、合理的客观评价标准,将学生需掌握的知识模块和基础技能条目化、可评价化,便于检验学习效果(时间:1 个学期)	10
	必须搭建线上自主学习平台,向学生开放多样化和丰富的学习资源,内容更新和完善要及时,开展测验、作业、考试、答疑、讨论等教学活动提高学生在线学习响应度(时间:1～2 个学期)	10
	必须与项目化教改课程提高关联度,通过本课程的学习能够增加项目化教学课程的相关知识储备;课程设计和教学流程要标准化、规范化,从而形成一套可复制、可推广、可传承的教学文本资料(时间:1 个学期)	10
	具备与本课程密切相关的人才培养成效量化指标(如学生竞赛获奖等),或在其他方面定性或定量的成果	5

4.2 项目化教学课程教学设计实例

4.2.1 电子产品工艺与制作项目化教学课程教学设计实例

1. 电子产品工艺与制作项目化教学课程教学设计

1)课程简介

"电子产品工艺与制作"课程是针对电子信息工程本科专业开设的一门必修课,课程共 64 学时,其中理论 16 学时,实践 48 学时。本课程是基于模拟电子技术、数字电子技术、电子电路制图等课程知识体系之上的综合性应用;所开设的两个项目综合了半导体器件、集成运算放大器、555 定时器、烟雾传感器、PCB 版图绘制等多学科知识,具有一定的高阶性和挑战度。学生以项目小组团队的形式独立完成实际电子产品设计、制作及测试等全部产品开发和设计工作。

选取项目为企业的真实在售电子产品,通过真题真做、真实场景训练,学生能够系统化地完成电子产品的完整制作过程,并初步具备进行电子产品硬件开发的能力。

通过开设本课程,进一步强化前期学业阶段的基础知识和专业技能储备,锻炼学生项目调研、设计、制作、测试等解决实际问题的能力,提升学生的项目管理与团队协作等综合素质能力,为本专业后续系统性、综合性的项目化课程的开展与实施打下坚实基础。

2) 教学设计

针对岗位任务(电子电路读图),教师讲解常用电子元器件及其检测、电子产品制作准备工艺、焊接技术介绍、电子系统设计流程等知识,并布置对应的课下任务;学生通过自主学习,完成教师布置的课下任务;教师按照任务考核标准进行相应的考核。

针对岗位任务(硬件电路设计)选定两个项目,教师先讲解任务设计要求、基本原理及方法、注意事项等,给学生提供参考资料和学习资源;然后学生按要求进行团队内分工合作,完成具体任务,并按时提交成果;最后由教师进行进度检查、过程指导和答疑,并根据每次任务完成情况给出相应过程考核分数。

3) 课程实施过程

(1) 实施初期:确定项目课题,根据实际电子产品设计和制作流程,分解产品设计的阶段性任务,并制定合理的考核标准和多个阶段、多重循环的项目推进方案;发布课程实施方案及要求,让学生自由组队,成立项目团队(3 或 4 人一组)。

(2) 实施中期:分阶段逐步推进项目,主要包括以下几个方面。

① 电路方案设计及元器件选型:该环节包括电路方案设计与元器件选型两部分。主要步骤是查阅资料确定电路方案并画出电路框图;确定元器件选型;列出元器件清单并进行物料采购。

② 电路原理图设计:根据导师讲解的电路原理知识、电子电路设计流程和方法,设计完整的硬件电路,并用 Altium Designer(AD)软件画出原理图。

③ PCB 版图设计:根据实际元器件绘制元器件封装库,结合实际 PCB 制版工艺要求完成 PCB 版图绘制。

④ PCB 制作及焊接:将绘制好的 PCB 文件手工打样或发给企业进行 PCB 打样,

可到企业参观打板流程,学习实际电子产品制作工艺;打样完成后在导师指导下完成元器件焊接。

⑤ 产品测试及改进:导师指导各项目组学生严格按照测试准备、执行测试、缺陷管理等步骤完成产品测试,撰写详细的测试报告;企业进行优秀作品初步甄选。

以上各阶段都要求各项目组分工明确,且以团队协作形式完成。导师根据本阶段学生完成情况,给予评价指导,提出改进和提升意见,直至本阶段目标实现,然后进入下一阶段。

(3) 实施后期:主要包括以下几个方面。

① 各团队根据实际项目完成情况,提交相关的设计文档材料,主要有《产品需求分析说明书》《项目设计报告》《产品测试报告》等文档材料。

② 各组学生进行现场答辩,由来自本校的专业教师(3 人)和企业的专家(2 名工程师)组成答辩组进行现场指导,确定为优秀设计产品的,企业可以根据实际情况进行试产。同时,根据企业和学生双方意愿,可推荐部分学生到合作企业从事相关的带薪实习工作。

③ 课程总结和改进提升,结合课程开设过程中的经验与教训,及时进行课程总结和课程反思,为项目化教学课程后续的改进和提升积累经验,也为本专业后续系统性项目化教学课程的开展提供经验借鉴和参考。

4) 教学评价

本课程采用过程考核(40%)和成果考核(60%)相结合的方式进行评价。

(1) 过程考核主要是为了确保对全体学生的训练,尤其是对个别基础知识和学习能力较弱的学生,指导教师要加强项目跟踪和及时指导,尽量使每个学生都能够得到有针对性的训练和提升。

过程考核主要包括团队互评(10 分)、课堂参与(15 分)、项目答辩(15 分)。

(2) 成果考核主要包括项目设计开发(35 分)、材料规范性(15 分)、项目优化与改进(10 分)。

① 项目设计开发:从方案设计、硬件设计、印制电路板制作、功能调试与产品测试四个方面进行评价。

② 材料规范性:根据设计材料的规范性及齐全程度给分。

③ 项目优化与改进:根据改进方案是否合理,电路设计是否正确、产品测试是否满足设计要求给分。

计分形式:百分制转换成五级制,记入学生课程评价。

5) 教学内容设计

以"可调直流稳压电源"项目为例,教学内容设计见表 4-2-1。

表 4-2-1　教学内容设计

时间	整体任务	课上任务	课下任务
第一周	项目介绍、原理及功能简介、小组组队	① 电路原理 ② 硬件设计方法 ③ PCB 设计技巧	① 查阅资料,对比 2～3 种可调直流稳压电源的设计方案并分析,计划用时 2 小时 ② 对主要芯片的性能及参数进行复习巩固,计划用时 2 小时
第二周	市场调研及需求分析,电路设计方案	① 列出产品具体功能 ② 带领学生完成硬件功能框图 ③ 列出时间安排、进度管理及实施方案	① 进行市场调研,写出项目需求分析报告,计划用时 2 小时 ② 根据项目需求制定设计方案并画出方案框图,绘制硬件电路图,计划用时 2 小时
第三周	元器件选型、硬件电路设计	① 元器件选型 ② 搭建功能电路,讲解部分关键电路原理 ③ 电路原理图设计	① 根据项目方案设计硬件电路,计划用时 4 小时 ② 自学元器件选型相关知识 ③ 用 AD 软件绘制原理图
第四周	绘制元器件封装库、PCB 版图绘制及后续操作	① 绘制元器件封装库 ② 完成 PCB 布局及布线设计 ③ DRC 检查 PCB 版图	① 完善元器件封装库及 PCB 设计版图,并导出 Gerber files,计划用时 4 小时 ② 网络视频学习 PCB 设计技巧,计划用时 4 小时 ③ 完成 BOM 并计算成本 ④ 物料采买
第五周	电路板制作及焊接	① 制板 ② 元器件焊接	① 去企业参观学习 PCB 打样流程,写出心得体会及总结报告,计划用时 6 小时 ② 自行练习焊接技术(含贴片元器件的焊接),计划用时 6 小时 ③ 网络视频学习几种常用焊接技术的技巧,计划用时 4 小时
第六周	电路测试及改进	① 不上电检测,主要检测短路及虚焊 ② 上电检测,功能调试 ③ 测试技术指标并记录和分析	① 根据实践操作,总结电路板调试常见问题及解决方法,计划用时 4 小时 ② 根据调试结果找出存在的问题,提出电路设计及电路板制作的改进方案,计划用时 4 小时 ③ 通过网络视频学习常用电路板调试方法及注意事项,计划用时 4 小时

6）具体教学实施过程

按照项目开发流程,开展具体教学过程如下。

（1）任务要求

利用 LM317 设计一个可调直流稳压电源,使输出电压在 1.25～10V 连续可调,输出电流最大可达 1A;输出纹波电压小于 5mV,稳压系数小于 3%。设计及制作要求如下。

① 合理选择变压器、集成稳压器、整流桥及二极管的型号。

② 结合技术指标要求,计算部分电阻值并合理选择电阻及电容。

③ 完成电路理论设计,绘制电路图,自制 PCB 并进行焊接调试。

④ 产品的制作工艺和测试符合行业标准。

（2）电路方案设计

指导教师讲解可调直流稳压电源设计方案分析及论证方法、元器件选型原则,提供电路设计相关资料查询网站、元器件网站等学习资源。

学生团队内分工合作,以小组为单位完成并提交电路方案框图,教师根据完成情况打分。

（3）电路原理图设计

指导教师讲解可调直流稳压电源基本原理及电路设计方法,学生用 AD 软件绘制所设计的原理图并进行仿真验证。教师根据各小组具体完成情况打分。学生设计的原理图及仿真图见图 4-2-1 和图 4-2-2。

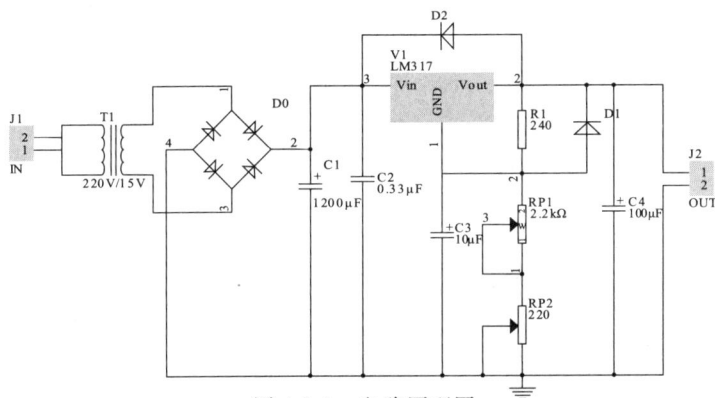

图 4-2-1　电路原理图

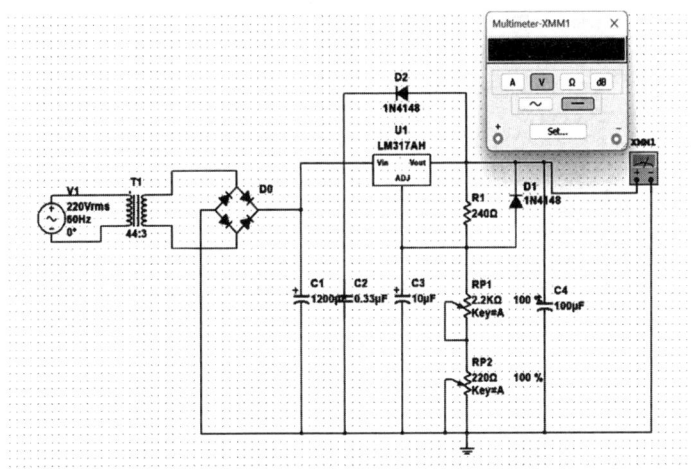

图 4-2-2　仿真电路图

（4）PCB 版图设计

指导教师讲解 PCB 设计技巧、DRC 检查方法及 PCB 设计常见问题分析。学生团队内分工合作，完成 PCB 版图绘制，教师全程指导答疑。教师根据考核标准打分。学生绘制的 PCB 版图见图 4-2-3 和图 4-2-4。

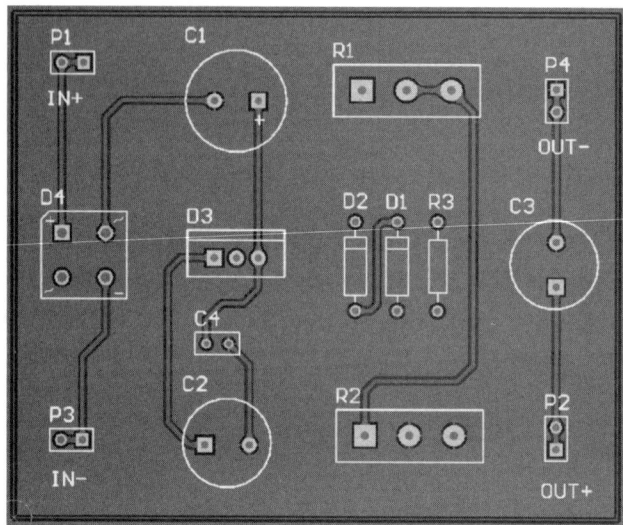

图 4-2-3　PCB 顶层视图

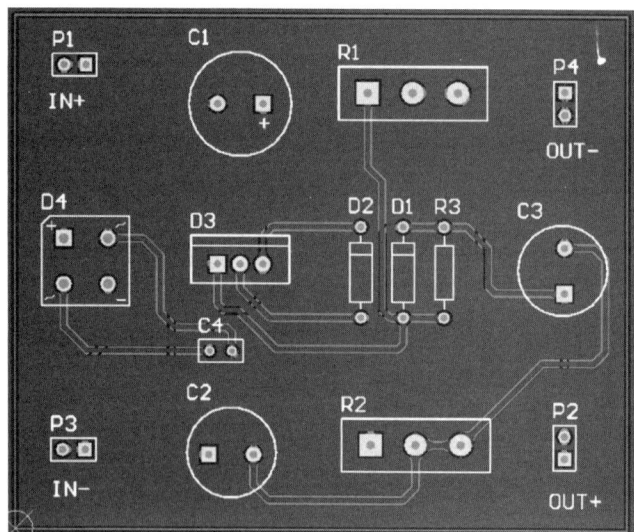

图 4-2-4　PCB 底层视图

（5）PCB 制作及焊接

指导教师讲解焊接方法及注意事项，学生分工合作，完成电路板焊接。教师根据学生完成的情况按标准给分。焊接产品实物见图 4-2-5。

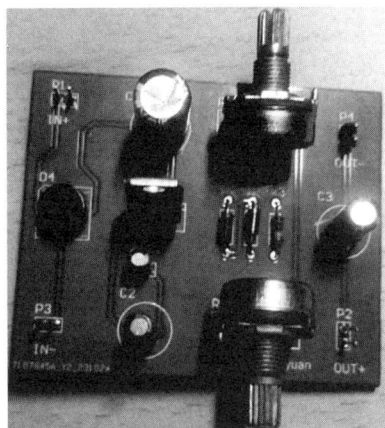

图 4-2-5　焊接产品实物

（6）产品测试

指导教师讲解技术指标的概念、测试方法、测试注意事项等。学生根据老师介绍的方法分工合作，排除问题和错误。教师进行指导答疑，直到测试成功，学生记录参数并进行计算验证。学生测试产品见图 4-2-6。

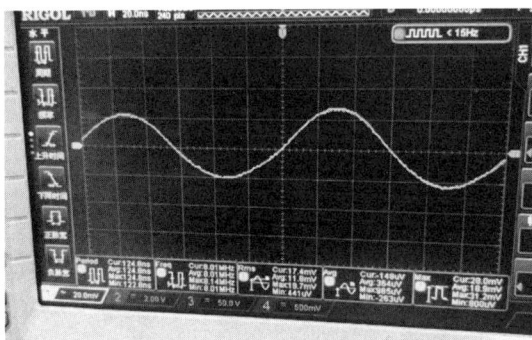

（a）输出波形图

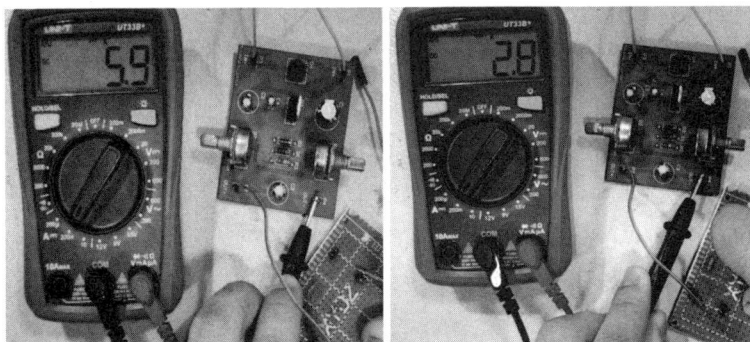

（b）输出电压测试1

（c）输出电压测试2

图 4-2-6　产品测试

（7）产品改进与优化

学生在完成电路基本功能测试的基础上，查阅资料、讨论学习、分工合作，提出对产品的改进与优化方案，教师按照完成情况给出本次任务的考核分数。

（8）编写规范的设计报告材料

学生按照老师提供的规范设计资料模板和撰写说明，完成产品设计过程中的各项规范材料的撰写。学生提交的设计报告材料（部分）见图 4-2-7。

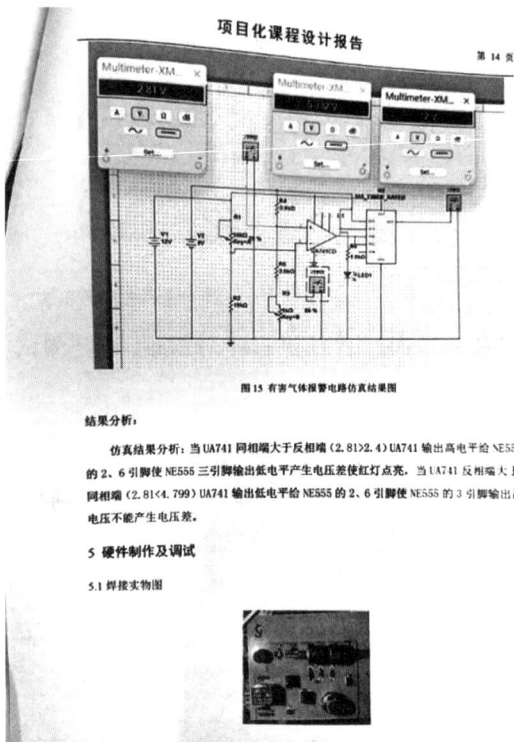

图 4-2-7　设计报告材料（部分）

（9）项目答辩

学生按照要求撰写答辩 PPT，并在规定时间内充分准备，讲解自己的设计过程、关键技术、问题与不足、改进及优化等。教师根据学生答辩情况进行指导和点评，并按照标准给出本次任务的考核分数。项目答辩现场见图 4-2-8。

本次项目化教学课程开设效果较好，24 个小组的 79 名学生全部参与了项目的所有环节，并提交了亲自完成的 24 个"可调直流稳压电源"产品，产品功能初次合格率达到 91.7%，符合产品设计初期合格率要求。

2. 电子产品工艺与制作项目化课程教案展示

本项目化课程具体教学设计详见表 4-2-2，由于篇幅限制，这里仅展示一次课的教案设计，更多教案设计详见本书的电子资源。

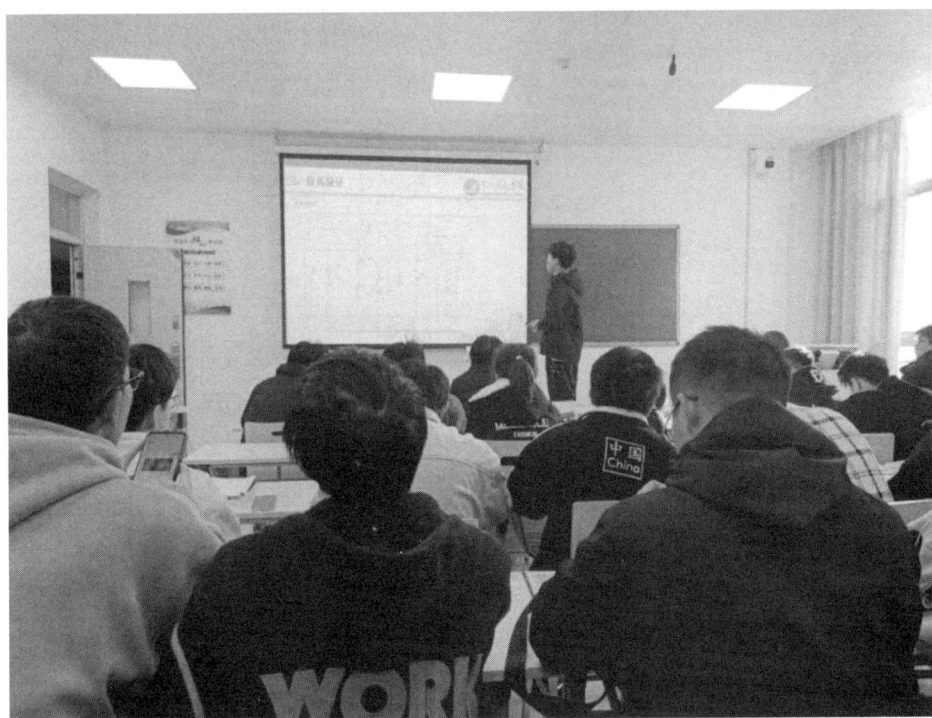

图 4-2-8　项目答辩现场

表 4-2-2　电子产品工艺与制作项目化课程教案设计表

第 4 次课

知识建模图

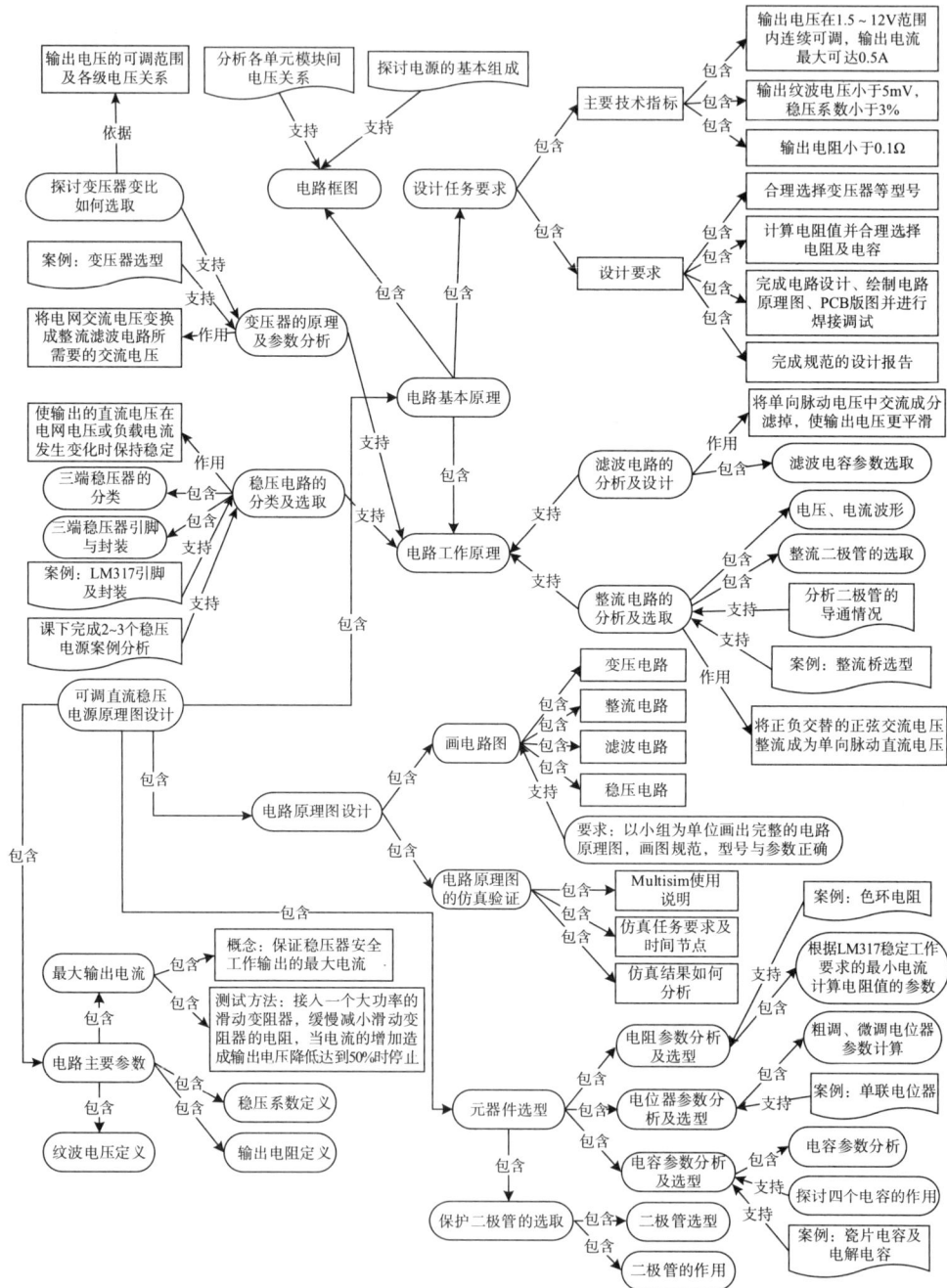

续表

	知识点(学习水平)	能力目标	素质目标
学习目标	设计任务要求(理解);可调直流稳压电源主要参数的概念(理解、记忆),为后续产品的指标测试打基础;可调直流稳压电源的工作原理(运用);电路原理图设计方法(运用);实际元器件选型(运用)	具备基本元器件的选型能力和硬件电路原理图设计能力	具备团队协作的意识、科学严谨的态度和精益求精的职业精神
学习先决知识	知识点(学习水平)		
	电阻的电压、电流关系(运用);电阻串联分压知识(运用);电容的特性(运用);吸收功率(运用);二极管的特性(运用);直流稳压电源相关知识:尤其是整流、滤波和稳压原理(运用);电源主要技术参数(理解、记忆)		
课上资源	① 教学课件 PPT 第四讲:项目设计实例 1 ② 教材:《模拟电子技术》第 10 章 ③ 任务工单(任务要求、任务安排、任务实施细则、任务评价标准)	课下资源	① 期刊文章 3 篇:可调直流稳压电源的设计 ② B 站:直流电源设计实例视频 2 个 ③ 元器件资料:立创商城
课上时间	100 分钟	课下时间	200 分钟

活动序列	任务的学习目标	地点	时间	学习资源
活动 1	设计任务要求(理解);电路基本原理—电路框图(运用)—电路工作原理(运用)	课上	45 分钟	课件、教材、视频
		课下	100 分钟	
活动 2	电路设计流程(运用);电路原理图设计(运用)	课上	10 分钟	课件、教材、视频
		课下	100 分钟	
活动 3	元器件选型—电阻选型(运用)—电位器选型(运用)—电容选型(运用)	课上	30 分钟	课件、教材、视频
活动 4	电路主要参数—稳压系数(理解、记忆)—最大输出电流(理解、记忆)—输出电阻(理解、记忆)—纹波电压(理解、记忆)	课上	15 分钟	课件、教材、视频

活动 1 知识建模图（课上＋课下）

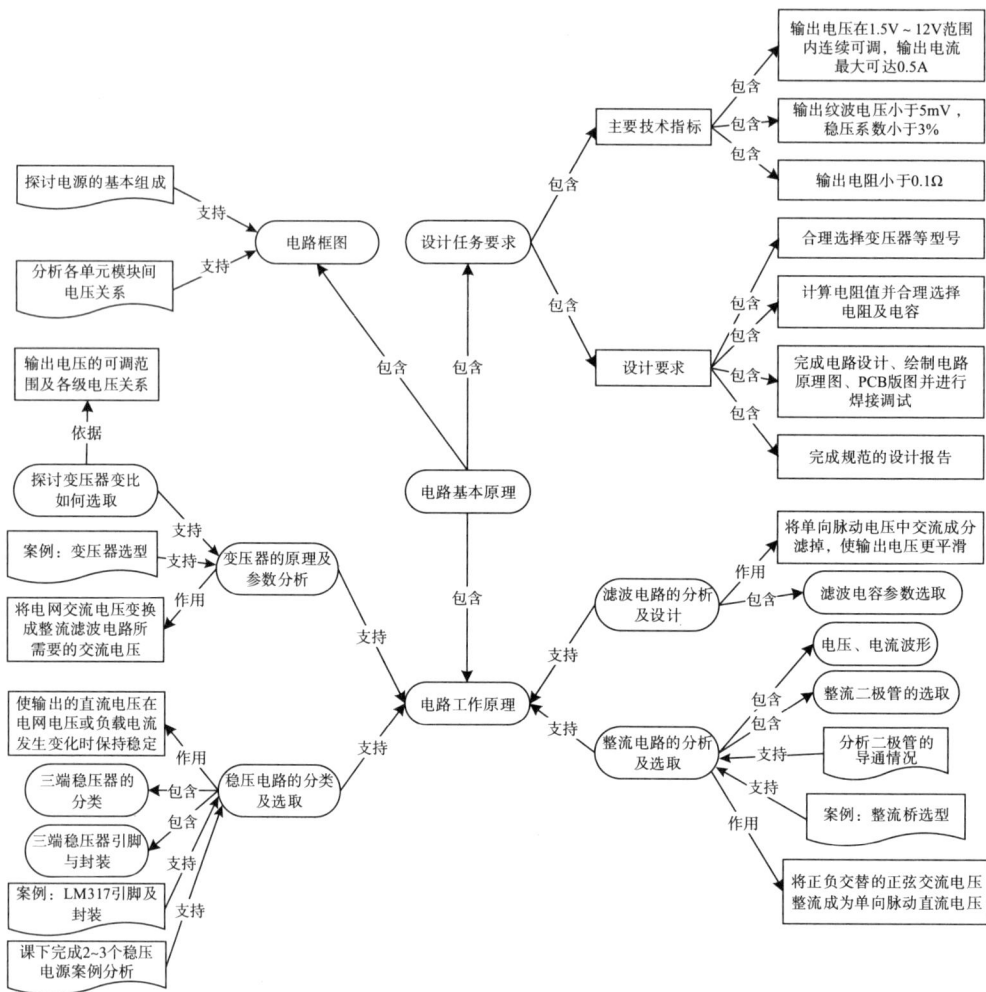

探讨电源的基本组成 —支持→ 电路框图

分析各单元模块间电压关系 —支持→ 电路框图

电路框图 ←包含— 设计任务要求

设计任务要求 —包含→ 主要技术指标

主要技术指标：
- 包含→ 输出电压在1.5V～12V范围内连续可调，输出电流最大可达0.5A
- 包含→ 输出纹波电压小于5mV，稳压系数小于3%
- 包含→ 输出电阻小于0.1Ω

设计任务要求 —包含→ 设计要求

设计要求：
- 包含→ 合理选择变压器等型号
- 包含→ 计算电阻值并合理选择电阻及电容
- 包含→ 完成电路设计、绘制电路原理图、PCB版图并进行焊接调试
- 包含→ 完成规范的设计报告

电路基本原理 —包含→ 电路框图（包含）设计任务要求

输出电压的可调范围及各级电压关系 ←依据— 探讨变压器变比如何选取

探讨变压器变比如何选取 —支持→ 变压器的原理及参数分析

案例：变压器选型 —支持→ 变压器的原理及参数分析

将电网交流电压变换成整流滤波电路所需要的交流电压 —作用→ 变压器的原理及参数分析

变压器的原理及参数分析 —支持→ 电路工作原理

电路基本原理 —包含→ 电路工作原理

滤波电路的分析及设计：
- 作用→ 将单向脉动电压中交流成分滤掉，使输出电压更平滑
- 包含→ 滤波电容参数选取

滤波电路的分析及设计 —支持→ 电路工作原理

整流电路的分析及选取：
- 包含→ 电压、电流波形
- 包含→ 整流二极管的选取
- 支持← 分析二极管的导通情况
- 支持← 案例：整流桥选型
- 作用→ 将正负交替的正弦交流电压整流成为单向脉动直流电压

整流电路的分析及选取 —支持→ 电路工作原理

使输出的直流电压在电网电压或负载电流发生变化时保持稳定 —作用→ 稳压电路的分类及选取

稳压电路的分类及选取：
- 包含→ 三端稳压器的分类
- 包含→ 三端稳压器引脚与封装
- 支持← 案例：LM317引脚及封装
- 支持← 课下完成2～3个稳压电源案例分析

稳压电路的分类及选取 —支持→ 电路工作原理

活动目标	设计任务要求(理解);电路基本原理—电路框图(运用)—电路工作原理(运用)

	活动任务序列(导入任务描述)
师生交互过程	① 课程引入:直流稳压电源的应用场合有哪些?引导学生探讨为什么要选择该实例作为设计项目 ② 学生回答:抽 3 名学生回答问题,教师点评,总结问题 ③ 教师陈述:如何设计一个实用的可调直流稳压电源?引导学生回顾模拟电子技术课程中学习过的电源相关知识,引出新课内容

活动任务序列(任务一)

任务一知识组块：

任务描述	采用讲授的方法,使学生理解可调直流稳压电源的设计任务及设计要求,理解主要技术指标概念
任务时长	10 分钟
学习地点	课上

教学方式 (或学习方式)	☑讲授 □小组讨论 □答疑 □实验 □实训 □自主学习 □翻转课堂 □其他(请填写)_____
师生交互过程	① 教师陈述:教师以 PPT 形式展示设计任务要求,主要技术指标为输出电压在 1.5～12V 范围内连续可调,输出电流最大可达 0.5A;输出纹波电压小于 5mV,稳压系数小于 3%;输出电阻小于 0.1Ω 设计要求为合理选择变压器、集成稳压器、整流桥的型号;结合技术指标要求,计算部分电阻值并合理选择电阻及电容;完成电路设计,绘制电路原理图及 PCB 版图,并进行焊接调试;完成规范的设计报告等文字材料 ② 学生认真听讲并记笔记
学习资源	① 教材:《模拟电子技术》第 10 章直流稳压电源部分 ② 教学课件 PPT:第四讲
学习成果及评价标准	无

活动任务序列(任务二)

任务二知识组块：

任务描述	采用讲授、讨论的方法,使学生通过讨论得出直流稳压电源的四个组成模块,并分析出各模块的主要功能和作用
任务时长	10 分钟
学习地点	课上

教学方式 (或学习方式)	☑讲授　☑小组讨论　☑答疑　□实验　□实训　□自主学习　□翻转课堂 □其他(请填写)_____
师生交互 过程	① 教师陈述:教师以 PPT 形式展示讨论题目:直流稳压电源一般由哪几部分电路组成? 要求:分小组讨论,画出直流稳压电源的电路框图 ② 学生讨论:学生分小组讨论,讨论时间为 5 分钟 ③ 学生汇报:3 个小组分别展示所画的电路框图,并说出各模块的主要作用;其余小组认真听讲,可以发表不同意见 ④ 教师点评:指出画图不规范之处,尤其是连线箭头
学习资源	① 教材《模拟电子技术》第 10 章直流稳压电源部分 ② 教学课件 PPT 第四讲
学习成果及 评价标准	无

活动任务序列(任务三)

任务三知识组块:

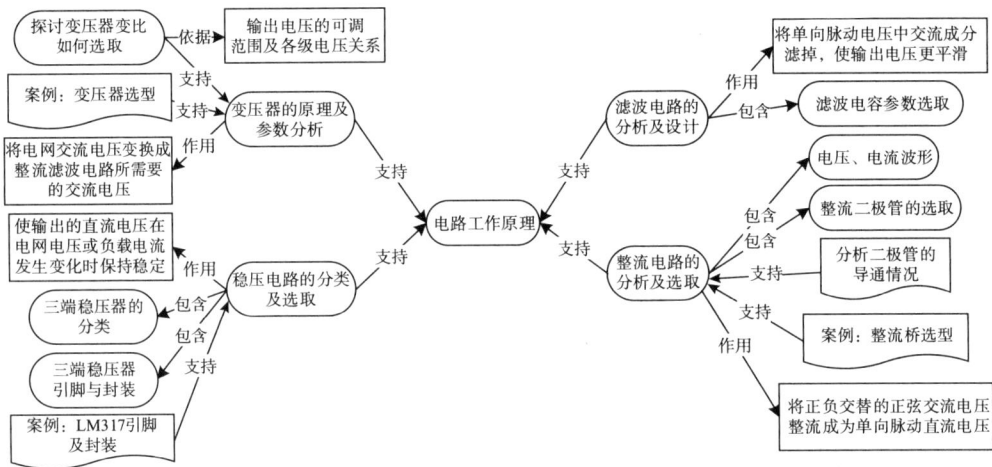

任务描述	采用讲授、讨论的方法,使学生理解各模块电路的工作原理,会分析相应参数,并能够合理进行元器件选型,并在规定时间内画出对应的电路原理图
任务时长	25 分钟
学习地点	课上
教学方式 (或学习方式)	☑讲授　☑小组讨论　□答疑　□实验　□实训　□自主学习　□翻转课堂 □其他(请填写)_____

师生交互过程	① 教师陈述:教师以 PPT 形式演示并分析各模块之间的电压关系、变压器的工作原理,引导学生进行变压器选型;教师提出讨论题目:变压器的变比选择多少合适? 要求:分小组讨论,根据输出电压的可调范围及级电压关系推导变压器次级输出电压,从而得出变压器的变比 ② 学生讨论:学生分小组讨论,讨论时间为 5 分钟 ③ 教师点评:教师抽查 2~3 个小组进行回答及点评,并确定变压器的型号及参数 ④ 教师陈述:教师以 PPT 形式演示单相半波整流和单相全波整流电路的基本工作原理,并对两个电路进行优缺点对比,引出桥式整流电路 ⑤ 教师提问:分析桥式整流电路中二极管 D1~D4 的导通情况,并抽 1 组学生回答问题 ⑥ 教师陈述:教师以 PPT 形式展示整流电路波形图,并分析各个参数;给出整流桥选型案例;同时补充整流二极管选型原则及注意事项;然后教师讲解滤波电路原理及电容的选取方法;最后讲解稳压电路的基本原理及三端稳压器的分类和选型 ⑦ 学生认真听讲并记笔记
学习资源	① 教材:《模拟电子技术》第 10 章直流稳压电源部分 ② 教学课件 PPT:第四讲 ③ 参考电路图:网上电源电路图 3 个 ④ 网站:电子元器件商城 ⑤ 视频:B 站电源知识讲解视频 2 个
学习成果及评价标准	学习成果:学生能正确计算出变压器的变比并进行正确的元器件选型,画出正确的电路原理图 评价标准:能正确计算出变压器变比并画出电路原理图的小组加 2 分,仅能正确画出电路图的小组加 1 分,画图错误和没有参与的小组不加分

活动任务序列(任务四)

任务四知识组块:

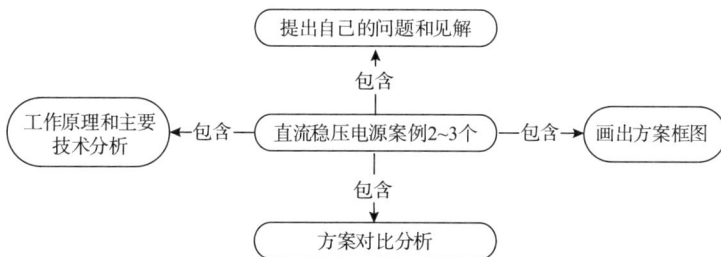

任务描述	采用小组讨论、自主学习的方法,要求学生查找资料,写出 2~3 种不同的设计方案,并对设计方案进行对比分析,提出自己的观点
任务时长	100 分钟
学习地点	课下

教学方式 （或学习方式）	□讲授　☑小组讨论　□答疑　□实验　□实训　☑自主学习　□翻转课堂 □其他（请填写）_____
师生交互 过程	① 教师陈述：教师布置课下任务，要求学生查找直流稳压电源相关资料，找出2～3种不同的设计方案，并对它们进行对比分析。除此之外，还要对电路基本原理和主要技术进行分析，提出自己的看法和观点，以小组为单位一周之内提交电子档文件 ② 学生自主学习：学生课下小组内讨论学习，按照要求完成任务并提交 ③ 教师反馈：教师批改作业并反馈给学生
学习资源	① 教材：《模拟电子技术》第10章直流稳压电源部分 ② 教学课件PPT：第四讲 ③ 参考电路图：网上电源电路图3个 ④ 网站：电子元器件商城 ⑤ 视频：B站电源知识讲解视频2个
学习成果及 评价标准	学习成果：学生查找的电路方案正确，分析合理，提出的观点正确 评价标准：查找的电路方案正确，分析合理，提出的观点正确的小组加2分，仅能查找并画出电路图，没有分析和提出观点的小组加1分，没有参与的小组不加分

活动2 知识建模图（课上＋课下）

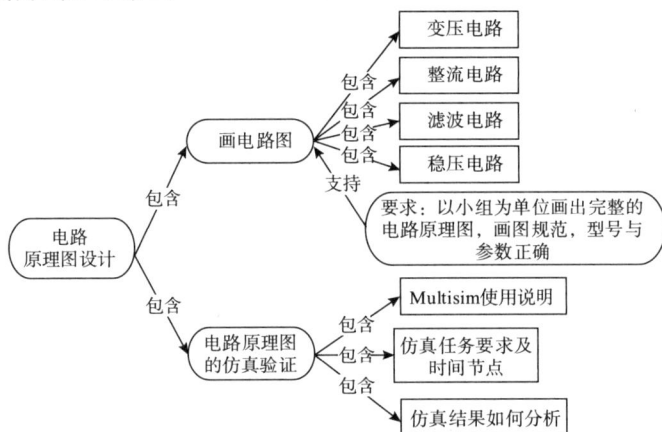

活动目标	电路设计流程（运用）；电路原理图设计（运用）

活动任务序列（导入任务描述）

师生交互 过程	① 课程引入：用什么软件能画出规范的电路原理图？引导学生探讨有哪些设计软件能画电路原理图 ② 教师提问：怎样规范画出电路原理图？ ③ 学生回答：用AD软件绘制电路原理图 ④ 教师陈述：说明手动绘制电路原理图的注意事项，引出本次活动的内容

续表

活动任务序列(任务一)

任务一知识组块:

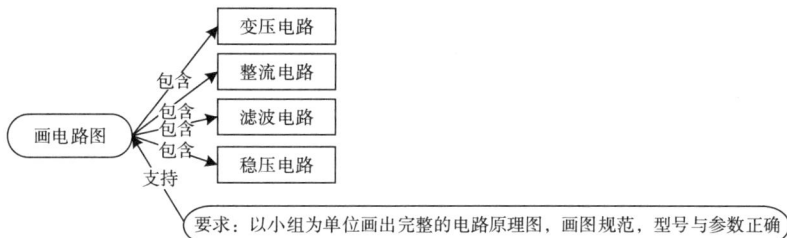

任务描述	采用小组讨论、课上练习的方法,使学生理解电路工作原理,并按照各模块电路连接关系,在小组内讨论并画出完整的电路原理图
任务时长	10 分钟
学习地点	课上
教学方式 (或学习方式)	☑讲授　☑小组讨论　□答疑　□实验　□实训　□自主学习　□翻转课堂 ☑其他(请填写)课上练习
师生交互 过程	① 教师陈述:教师以 PPT 形式提出课上任务要求,让学生根据电路框图,在规定时间内画出电路原理图,具体参数可先不写 ② 学生讨论:学生分小组讨论;完成电路图绘制并提交 ③ 教师点评:教师抽 2~3 个小组进行点评,指出共性问题和注意事项,尤其是画图时电路图符号的规范性及参数的标识
学习资源	① 教材:《模拟电子技术》第 10 章直流稳压电源部分 ② 教学课件 PPT:第四讲 ③ 参考电路图:网上电源电路图 3 个
学习成果及 评价标准	学习成果:学生能理解可调直流稳压电源的工作原理;能画出完整、正确的电路原理图 评价标准:正确画出电路原理图的小组加 2 分,画出的电路图有 2~3 处错误的小组加 1 分,电路图有 3 处以上错误和没有参与的小组不加分

活动任务序列(任务二)

任务二知识组块:

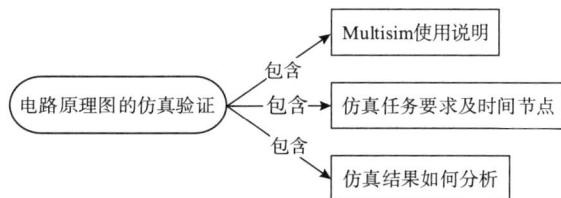

续表

任务描述	采用自主学习、小组讨论的方法,使学生通过电路设计软件对所设计的电路进行功能仿真验证
任务时长	100 分钟
学习地点	课下
教学方式 (或学习方式)	□讲授　☑小组讨论　□答疑　□实验　□实训　☑自主学习　□翻转课堂 □其他(请填写)_____
师生交互过程	① 教师陈述:教师以 PPT 形式演示课下任务要求,利用仿真软件 Multisim 完成电路原理图的仿真,每个人都需要在一周之内提交电子档文件 ② 学生自主学习:学生课下小组内讨论学习,按照要求完成任务并提交 ③ 课程思政引入:团队内成员间要相互配合、共同协作完成任务,对于所设计的电路要用仿真验证其正确性,要求学生具备科学严谨的态度和精益求精的职业精神 ④ 教师反馈:教师批改作业并反馈给学生
学习资源	① 教材:《模拟电子技术》第 10 章直流稳压电源部分 ② 教学课件 PPT:第四讲 ③ 软件:Multisim ④ 视频:B 站关于仿真软件的使用视频资源 2 个
学习成果及评价标准	学习成果:学生提交正确的仿真电路图,仿真结果及问题分析合理 评价标准:仿真结果正确,问题分析合理的小组加 2 分,仅能正确仿真电路,没有分析的小组加 1 分,仿真结果不正确和没有参与的小组不加分

活动 3 知识建模图(课上)

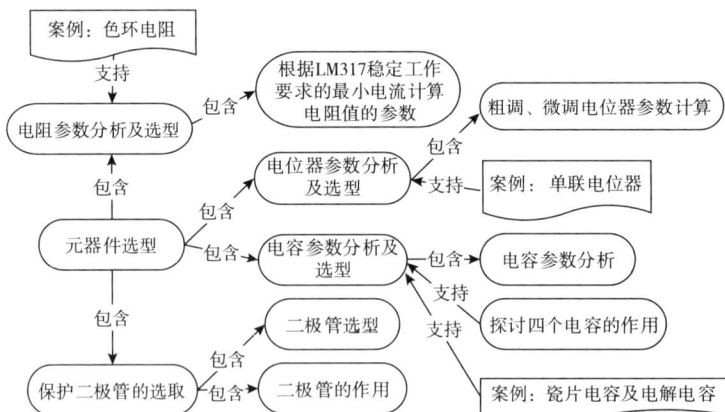

活动目标	元器件选型—电阻选型(运用)—电位器选型(运用)—电容选型(运用)

续表

活动任务序列(导入任务描述)

师生交互过程	① 课程引入:电路原理图中只画出元器件符号是否合理?引导学生探讨为什么要选择元器件型号及参数 ② 学生回答:还要标出元器件的型号和参数 ③ 教师陈述:元器件选型及参数计算要依据什么?引导学生回顾先决知识——常用电子元器件的识别及选型知识,以及模拟电子技术课程中学习过的参数分析及计算,从而引出新课内容

活动任务序列(任务一)

任务一知识组块: 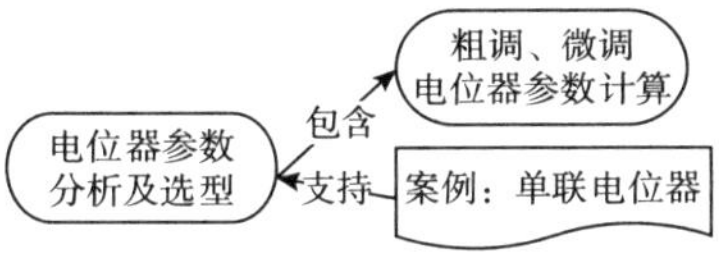 粗调、微调电位器参数计算 包含 电位器参数分析及选型 支持 案例:单联电位器	任务描述	采用讲授的方法,使学生理解输出电压与电位器电压之间的关系,并能够运用电位器的参数计算方法,合理选择电位器型号
	任务时长	5 分钟
	学习地点	课上

教学方式 (或学习方式)	☑讲授 □小组讨论 □答疑 □实验 □实训 □自主学习 □翻转课堂 □其他(请填写)_____
师生交互过程	① 教师陈述:教师以 PPT 形式演示讲解电位器电压与输出电压关系,推导出粗调电位器和微调电位器的参数范围 ② 学生认真听讲并记笔记 ③ 教师陈述:教师以 PPT 形式讲解元器件电位器选型原则,并给出单联电位器选型案例
学习资源	① 教材:《模拟电子技术》第 10 章直流稳压电源部分;《电路分析基础》第一章内容 ② 教学课件 PPT:第四讲 ③ 网站:立创商城
学习成果及评价标准	无

活动任务序列(任务二)

任务二知识组块: 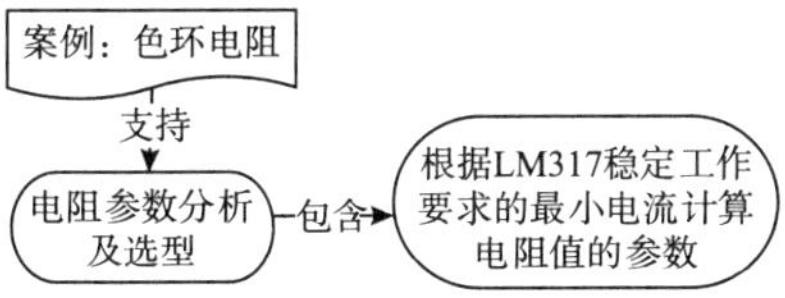 案例:色环电阻 支持 电阻参数分析及选型 包含 根据LM317稳定工作要求的最小电流计算电阻值的参数	任务描述	采用讲授方法,使学生掌握 LM317 稳定工作要求的电流值,并掌握利用欧姆定律推导电阻值的方法
	任务时长	5 分钟
	学习地点	课上

教学方式 (或学习方式)	☑讲授 □小组讨论 □答疑 □实验 □实训 □自主学习 □翻转课堂 □其他(请填写)_____

续表

师生交互过程	① 教师陈述:教师以 PPT 形式演示讲解电阻与稳压器输出电流的关系、并联分流特点、电阻选型原则和电阻实物案例分析 ② 学生记笔记
学习资源	① 教材:《模拟电子技术》第 10 章直流稳压电源部分;《电路分析基础》第 1 章内容 ② 教学课件 PPT:第四讲 ③ 网站:立创商城
学习成果及评价标准	无

活动任务序列(任务三)

任务三知识组块: 	任务描述	采用讲授、讨论的方法,使学生掌握电容的作用,理解电容常用参数,能够运用电解电容和瓷片电容的特性及封装
	任务时长	10 分钟
	学习地点	课上

教学方式 (或学习方式)	☑讲授 ☑小组讨论 □答疑 □实验 □实训 □自主学习 □翻转课堂 □其他(请填写)_____
师生交互过程	① 教师陈述:教师提出问题并进行讨论:电容 C1~C4 的作用分别是什么? ② 学生讨论:学生分小组讨论,讨论时间为 5 分钟 ③ 学生回答:教师抽查 2 个小组进行回答,C1:滤波;C2:抑制自激振荡;C3:滤波,用以减小输出电压的波纹电压;C4:滤波作用,使 U。中的波动减小 ④ 教师陈述:教师以 PPT 形式演示讲解电容的参数分析,电容型号的选取原则,并给出所选电容实物案例 ⑤ 学生记笔记
学习资源	① 教材:《模拟电子技术》第 10 章直流稳压电源部分;《电路分析基础》第 1 章内容 ② 教学课件 PPT 第四讲 ③ 网站:立创商城
学习成果及评价标准	无

活动任务序列(任务四)

任务四知识组块: 	任务描述	采用讲授、答疑、自主学习的方法,使学生理解二极管的作用,且能够运用二极管的特性及封装
	任务时长	10 分钟
	学习地点	课上

教学方式 （或学习方式）	☑讲授　□小组讨论　☑答疑　□实验　□实训　☑自主学习　□翻转课堂 □其他（请填写）_____
师生交互 过程	① 教师陈述：教师以 PPT 形式演示讲解二极管的型号及 D1 的作用；D1 选用 1N4001、1N4004 或 1N4007，作用是保护 LM317。并提出问题：D2 的作用是什么？ ② 学生回答：抽 2 名学生回答问题，教师总结：D2 提供一个泄放电流的通路（D2 正偏），从而保护 LM317 ③ 教师陈述：教师以 PPT 形式演示讲解二极管选型案例 ④ 布置任务：教师布置课堂任务，让学生在规定时间内按照模板独立完成元器件清单
学习资源	① 教材：《模拟电子技术》第 10 章直流稳压电源部分；《电路分析基础》第 1 章内容 ② 教学课件 PPT：第四讲 ③ 网站：立创商城
学习成果及 评价标准	学习成果：学生提交正确的元器件清单表，并熟练掌握所选元器件的特性、封装 评价标准：元器件清单正确的小组加 2 分，元器件清单有 2～3 处错误的小组加 1 分，元器件清单有 3 处以上错误和没有参与的小组不加分

活动 4 知识建模图（课上）

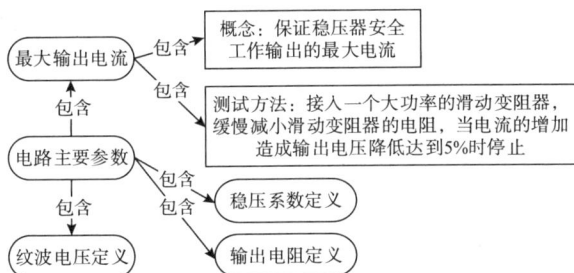

活动目标	电路主要参数—稳压系数（理解、记忆）—最大输出电流（理解、记忆）—输出电阻 （理解、记忆）—纹波电压（理解、记忆）

活动任务序列（导入任务描述）

师生交互 过程	① 教师提问：完成电路设计与制作后应怎样调试？除了功能调试外还需要调试什么？ ② 学生回答：参数指标测试 ③ 教师陈述：教师以 PPT 形式展示并说明调试时技术指标及主要参数的注意事 项，引出本次活动的内容

活动任务序列（任务一）

任务一知识组块：

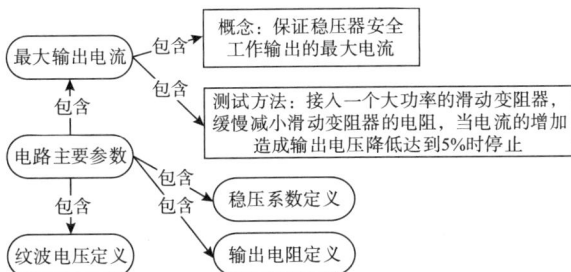

续表

任务描述	采用讲授、小组讨论的方法,使学生理解直流稳压主要参数概念,并能运用测试方法
任务时长	15 分钟
学习地点	课上
教学方式 (或学习方式)	☑讲授 ☑小组讨论 □答疑 □实验 □实训 □自主学习 □翻转课堂 ☑其他(请填写)课上练习
师生交互过程	① 教师陈述:教师提出问题并进行讨论:电源电路主要参数有哪些? 要求学生分小组讨论,结合设计任务要求,写出 4 个直流稳压电源的主要参数 ② 学生讨论:学生分小组讨论,讨论时间为 5 分钟 ③ 学生汇报:教师抽查 2 个小组进行汇报并点评 ④ 教师陈述:教师以 PPT 形式演示讲解最大输出电流、纹波电压、稳压系数及输出电阻的定义式 ⑤ 学生记笔记
学习资源	① 教材:《模拟电子技术》第 10 章直流稳压电源部分 ② 教学课件 PPT:第四讲 ③ 网络资源:电源电路参考图 2 个
学习成果及评价标准	无
课后反思	通过课堂知识点讲解、案例分析、项目小组讨论、课堂任务练习,学生对可调直流稳压电源的工作原理及设计方法掌握得比较理想,个别学生在课堂上不够积极,参与度不高,应多激发学生的兴趣,提高参与度

4.2.2 电子产品设计与系统开发 I 项目化教学课程教学设计实例

1. 电子产品设计与系统开发 I 项目化教学课程教学设计

1) 课程简介

电子产品设计与系统开发 I 课程是针对电子信息工程专业主要人才需求岗位中的电子产品设计和开发人员开设的,包括硬件工程师和软件工程师、生产和检测人员、技术支持人员、项目管理人员等。本课程为适应实际市场需求,以源自企业的延时性工程实践项目为载体,对学生进行真题真做、真实工作场景训练。通过本课程的学习,学生能具有扎实的专业基础知识和基本能力,以及电子产品的硬件电路设计、电子产品的软件程序设计、电子产品生产的工艺和制作、电子产品的测试和调试、专业技术报告撰写、团队协作和有效沟通等能力。

2）教学设计与考核标准

教师团队共 5 人：1 名双师型专职教师；2 名来自企业的工程师；2 名单片机原理及应用课程授课教师。来自企业的工程师担任指导教师，以线上线下相结合的方式对学生进行指导，参与频率不低于线下 1 次/周，线上 3～5 次/周，主要工作内容是课程项目化指导，并对学生作品进行测试与评价。

项目化教学课程的项目来源于企业的延时性工程实践项目；项目化教学课程的实施应按照企业真实项目开发和运行过程开展，且采用多阶段、多循环的项目推进方案，使每一位同学都能获得持续成长和提升的学习环境；项目化教学课程的评价采用全面、公正的校内外导师评价、组内评价、小组互评、企业答辩小组评价的复合式课程评价体系，同时以附加分的形式，鼓励学生积极引入真实用户评价；项目化课程的考核采用阶段性过程考核（65%）和结果考核（35%）相结合的方式，充分体现项目实施、过程管理和结果导向的工程理念；项目化教学课程的考核结果分为优秀、合格和基本合格三个等级。

3）课程考核内容及方式

成绩依据项目调研、项目设计开发、项目参与度和协作情况、材料规范性、设计答辩和产品的社会评价等完成情况进行评价，其中，过程评价占 65%，成果评价占 35%。按评价主体来说，教师（含企业工程师）评价占 70%，小组评价占 20%，社会评价（组间评价）占 10%。各考核项成绩具体占比如下。

（1）过程评价（65 分）。

① 项目调研（5 分）：教师根据调研目标是否清晰、调研方法是否正确，以及调研结果是否可行等角度进行评价。

② 项目设计开发（35 分）：教师根据方案设计（5 分）、硬件设计（10 分）、软件设计（10 分）、外观设计和装备（5 分）、功能调试和产品测试（5 分）等阶段性任务的完成情况进行评价。

③ 项目参与度和协作情况（25 分）：由教师对小组的课堂表现评价（5 分）和小组内部评价（20 分）构成。其中，组长对成员的评价占 10 分（包括课下自主学习的完成情况、讨论参与情况、基础知识的掌握情况），小组成员互评占 10 分（包括讨论参与情况和课题完成贡献度）。

（2）成果评价（35 分）

主要由产品功能测试、项目材料规范性、设计路演答辩和社会评价或代替性社会评价构成，评价结果采用三级评价形式，具体如下。

① 优秀（本项分值为 90～100）：设计产品功能齐全，性能符合规范和要求，表达准确，产品相关技术材料正确规范，可直接交付企业使用。

② 合格（本项分值为 70～89）：设计产品主要功能齐全，性能符合规范，表达比较清楚，表达方法和技术资料在基本符合规范，经修改后可交付企业使用。

③ 基本合格(本项分值为60~69):设计思路正确,实现部分功能,核心设计过程和技术材料基本符合要求。

4) 课程实施情况

课程的实施过程应严格按照企业项目开发的流程,以基于真实项目的具体子任务展开,具体流程如下。

(1) 任务一:项目调研与方案设计

学生进行项目调研和方案设计的情况见图4-2-9。

(a) 项目调研后的立项申报书(部分)

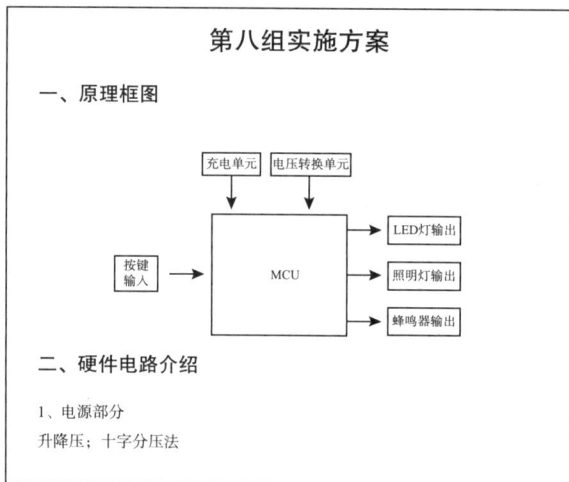

(b) 项目方案设计(部分)

图 4-2-9 项目调研后的立项申报书和方案设计(部分)

(2) 任务二:硬件设计

学生按照项目任务要求和设计方案进行具体的硬件电路设计。学生进行项目硬件设计的现场照片见图4-2-10。

图 4-2-10　硬件设计现场照片

（3）任务三：硬件制作与调试

各小组学生根据完成的电路设计进行电路的制板、焊接、测试和调试。学生进行项目硬件制作与调试的现场照片见图 4-2-11。

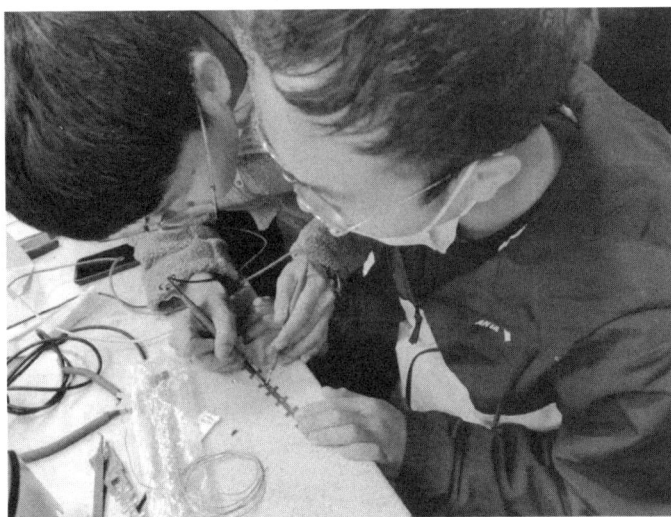

图 4-2-11　硬件制作与调试现场照片

（4）任务四：软件程序编写

各小组中负责程序编写的同学根据设计方案、产品功能和硬件电路，选取相应的软件开发平台，编写所设计的电子产品的软件程序。学生利用 Keil5 平台进行软件程序编写的截图见图 4-2-12。

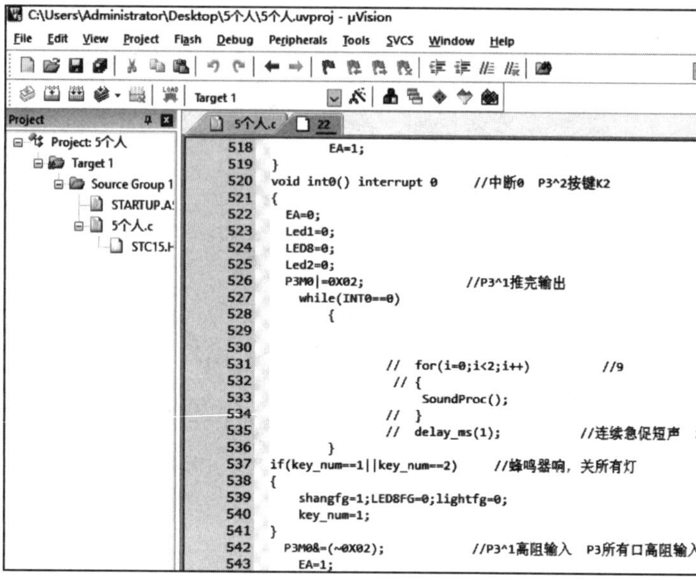

图 4-2-12　编写软件程序

（5）任务五：系统测试与调试

当硬件设计与制作和软件程序编写完成后，各组学生在指导教师和企业工程师的指导下，制定产品测试和调试方案，并进行产品的功能测试和调试。学生进行系统测试与调试的现场照片见图 4-2-13。

图 4-2-13　进行系统测试与调试现场照片

（6）任务六：改进与优化

各小组学生对测试与调试中出现的问题进行分析和研讨，对未实现的功能或功能及参数不理想的地方,提出性能优化和改进的方案,并与指导教师或企业工程师进行沟通,然后进行具体的产品改进与优化。学生通过跳线解决个别 LED 灯珠故障问题,并在后续工作中对硬件电路进行再次优化和改版的照片见图 4-2-14。

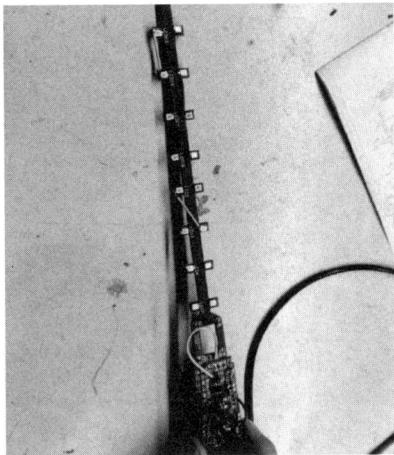

图 4-2-14　优化与改进方案照片

(7) 任务七:编写设计说明书及规范的设计材料

各小组学生根据项目设计情况、完成情况、规范设计报告模板和企业产品说明书模板,编写规范的设计说明书和用户使用手册等产品资料,指导教师或企业工程师应与学生多次沟通,并对学生进行指导。学生编写的设计说明书(部分)见图 4-2-15。

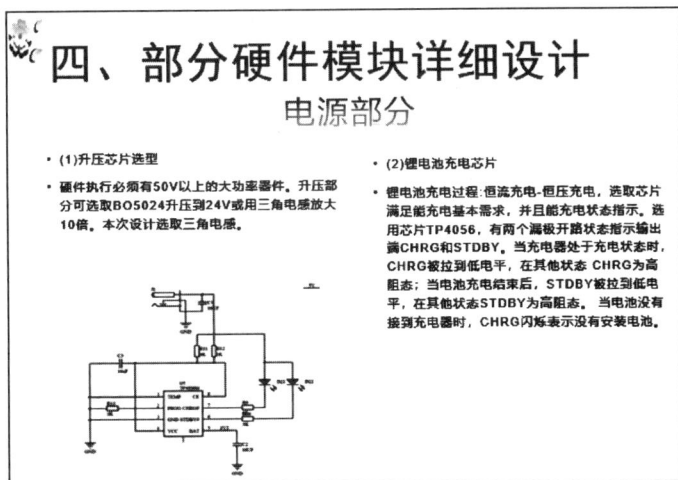

图 4-2-15　设计说明书(部分)

(8) 任务八:产品路演答辩

各小组学生对项目设计、完成情况、改进和优化方案等进行现场展示路演,并就指导教师或企业工程师提出的问题进行答辩。路演答辩现场照片见图 4-2-16。

图 4-2-16 路演答辩现场照片

2. 电子产品设计与系统开发Ⅰ项目化教学课程教案展示

本项目化课程具体教学设计详见表 4-2-3(本教案设计是基于无线报警系统项目进行的),由于篇幅限制,这里仅展示一次课的教案设计,更多教案设计详见本图书的电子资源。

表 4-2-3 电子产品设计与系统开发Ⅰ项目化课程教案设计表

2023—2024 第一学期第一周

知识建模图

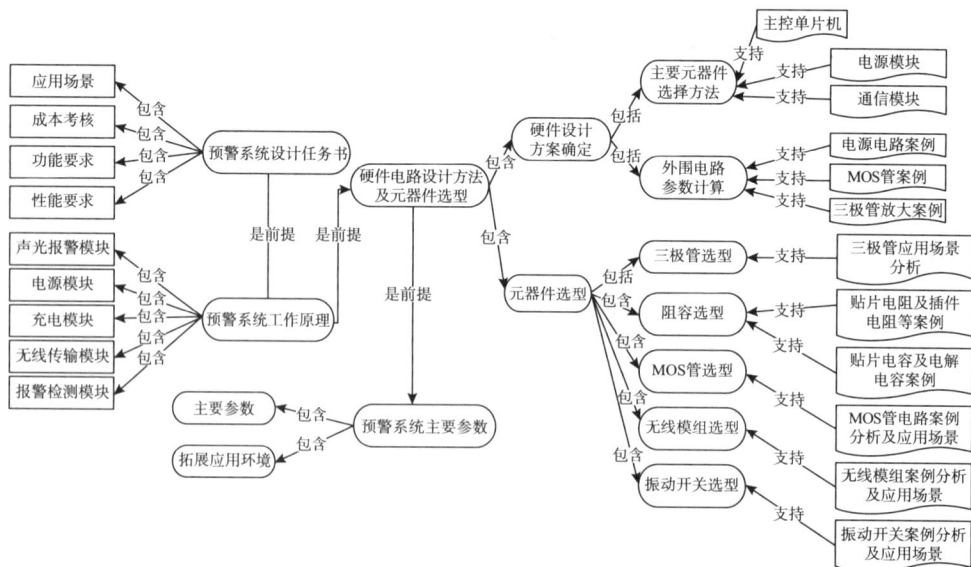

续表

	知识点（学习水平）	能力目标	素质目标
学习目标	设计任务要求（理解）；预警系统项目的工作原理（运用）；硬件电路设计方法；实际元器件选型（运用）；预警系统主要电路参数的概念（记忆）	具备完成项目方案设计和主要元器件选型的能力；具备初步的硬件电路设计能力	训练学生思考产品的经济价值、社会价值；严谨细致和精益求精的精神；大胆创新的精神

	知识点（学习水平）		
学习先决知识	掌握教材《电路分析基础》和《模拟电子技术》中外围电路参数的计算，如电阻的电压、电流关系，电阻串联分压知识，电容的特性；掌握教材《模拟电子技术》中三极管、MOS 管的特性等基本知识；掌握教材《单片机原理及应用》中 I/O 口、控制方法及各种通信接口的基本知识		

课上资源	文档、教案、网站资源	课下资源	期刊文章、AD 软件、网络资源等
课上时间	200 分钟	课下时间	450 分钟

活动序列	任务的学习目标	地点	时间	学习资源
活动 1	理解预警系统的设计任务要求，完成方案设计	课上	40 分钟	文档、电子版资料
		课下	80 分钟	
活动 2	理解预警系统的工作原理，具备方案设计基础	课上	40 分钟	文档、网络资源
		课下	80 分钟	
活动 3	掌握电路设计流程，根据任务要求和工作原理完成方案设计；根据不同使用场景选取相对应的元器件；初步完成硬件电路设计	课上	100 分钟	文档、网络资源
		课下	250 分钟	
活动 4	总结梳理预警系统项目的主要参数，拓展新的功能和应用场景	课上	20 分钟	文档、电子版资料
		课下	40 分钟	

活动 1 知识建模图

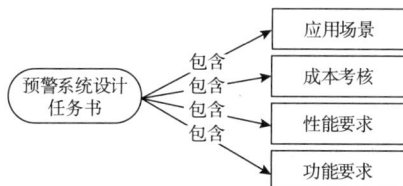

活动目标	理解预警系统的设计任务要求、产品功能和主要性能要求，训练学生思考产品的经济价值和社会价值，以及要有严谨细致、精益求精的精神

续表

活动任务序列（导入任务描述）

师生交互过程	① 教师提问："通过同学们的前修课程,发现同学们已经学习了电路分析、模电、数电和单片机、C语言,具有了电子产品开发的基础,那么,大家有没有自己进行过电子产品设计?" 学生回答（多数同学没有设计过） ② 教师总结："本次开设的项目化课程就是对前面学习知识的一次综合应用和检验,主要目的是训练同学们的项目开发能力,学好本门课程,同学们就具有了基于单片机的电子产品设计和开发的能力,可以参加如蓝桥杯、大创等项目,所以要不要学好这门课程?" 学生回答："要。"

活动任务序列（任务一）

任务一知识组块：		任务描述	要求学生了解预警系统设计的具体任务要求
预警系统设计任务书 —包含→ 应用场景 —包含→ 成本考核		任务时长	20分钟
		学习地点	课上

教学方式（或学习方式）	☑讲授 ☑小组讨论 □答疑 □实验 □实训 ☑自主学习 □翻转课堂 □其他(请填写)_____
师生交互过程	① 教师展示项目,提问："你认为交通预警系统一般应用在哪些场景?" ② 学生分小组讨论,上网查阅资料 ③ 教师抽查2～3个小组进行汇报,师生共同研讨和点评
学习资源	项目文档、PPT、网络资源
学习成果及评价标准	学生能设计出需求池,并根据SWOT(优势,劣势,机会,缺点)策略确定合适的需求

活动任务序列（任务二）

任务二知识组块：		任务描述	产品功能及性能要求设计
预警系统设计任务书 —包含→ 功能要求 —包含→ 性能要求		任务时长	20分钟
		学习地点	课上

教学方式（或学习方式）	☑讲授 ☑小组讨论 ☑答疑 □实验 □实训 ☑自主学习 □翻转课堂 □其他(请填写)_____
师生交互过程	① 教师提问："你认为交通预警系统应该具有哪些功能?"并下发预警系统设计任务书 ② 学生分小组讨论,上网查阅资料 ③ 教师抽查2～3个小组进行汇报,师生共同研讨和点评

续表

学习资源	项目文档、PPT、网络资源
学习成果及评价标准	在课堂上,学生能够根据应用场景,基本设计出项目功能及性能方案

活动任务序列(任务三)

任务三知识组块: 	任务描述	学生根据课堂学习和要求,课下对小组的设计方案进行改进和优化
	任务时长	80 分钟
	学习地点	课下

教学方式 (或学习方式)	□讲授　☑小组讨论　☑答疑　□实验　□实训　☑自主学习　□翻转课堂 □其他(请填写)_____
师生交互过程	① 教师布置任务:根据课堂对预警系统的应用场景、成本考核、性能要求和功能要求的介绍及方案设计方法的训练,请各小组课下进一步查阅资料、交流研讨、充分论证,并对本组的设计进行改进和优化 ② 学生分小组讨论,上网查阅资料 ③ 学生以小组为单位提交改进后的项目设计方案
学习资源	项目文档、PPT、网络资源
学习成果及评价标准	以小组为单位,提交改进和完善后的项目设计方案

活动 2 知识建模图

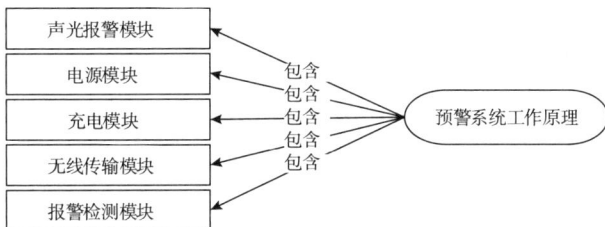

活动目标	理解预警系统项目的工作原理,具备方案设计基础

活动任务序列(任务一)

任务一知识组块: 	任务描述	理解电池管理模块、电量检测计模块原理,会查找资料
	任务时长	20 分钟
	学习地点	课上

教学方式 (或学习方式)	☑讲授　□小组讨论　□答疑　□实验　□实训　☑自主学习　□翻转课堂 □其他(请填写)_____
师生交互 过程	① 老师结合项目进行电源模块、充电模块功能及原理的讲解,介绍查找相关资料的方法 ② 学生学习和记忆电源及充电模块功能 ③ 学生能查找电源及充电模块资料
学习资源	教材《模拟电子技术》(第五版)(电源组成及各部分作用)、文档、网络资源
学习成果及 评价标准	学生查找的电源及充电模块资料

活动任务序列(任务二)

任务二知识组块: 声光报警模块 无线传输模块 →(包含) 预警系统工作原理 报警检测模块	任务描述	理解声光报警、通信、检测等功能模块原理,会查找资料
	任务时长	20 分钟
	学习地点	课上

教学方式 (或学习方式)	☑讲授　□小组讨论　□答疑　□实验　□实训　☑自主学习　□翻转课堂 □其他(请填写)_____
师生交互 过程	① 教师播放 PPT 并讲解;教师提出检测技术、无线传输及声光报警相关问题;学生讨论并回答;教师布置任务;学生分小组讨论,并上网查阅资料 ② 教师点评:教师抽查 2~3 个小组进行回答并点评
学习资源	PPT、文档资料、网络资源
学习成果及 评价标准	在课堂上完成各模块相关资料的查找、筛选和保存

活动任务序列(任务三)

任务三知识组块: 声光报警模块 电源模块 充电模块 →(包含) 预警系统工作原理 无线传输模块 报警检测模块	任务描述	学生根据课堂学习的内容和要求,课下对小组的设计进行改进和优化
	任务时长	60 分钟
	学习地点	课下

教学方式 (或学习方式)	□讲授　☑小组讨论　☑答疑　□实验　□实训　☑自主学习　□翻转课堂 □其他(请填写)_____
师生交互 过程	① 教师布置任务:通过学习课堂上下发的资料和自己查找的各模块资料,完成主要元器件选型,学习经典应用电路 ② 学生分小组讨论选型方案的合理性,上网查阅资料 ③ 学生以小组为单位提交改进后的项目设计方案和初步设计的原理图

续表

学习资源	项目文档、PPT、网络资源
学习成果及评价标准	以小组为单位,提交改进后的项目设计方案和初步设计的原理图

活动 3 知识建模图

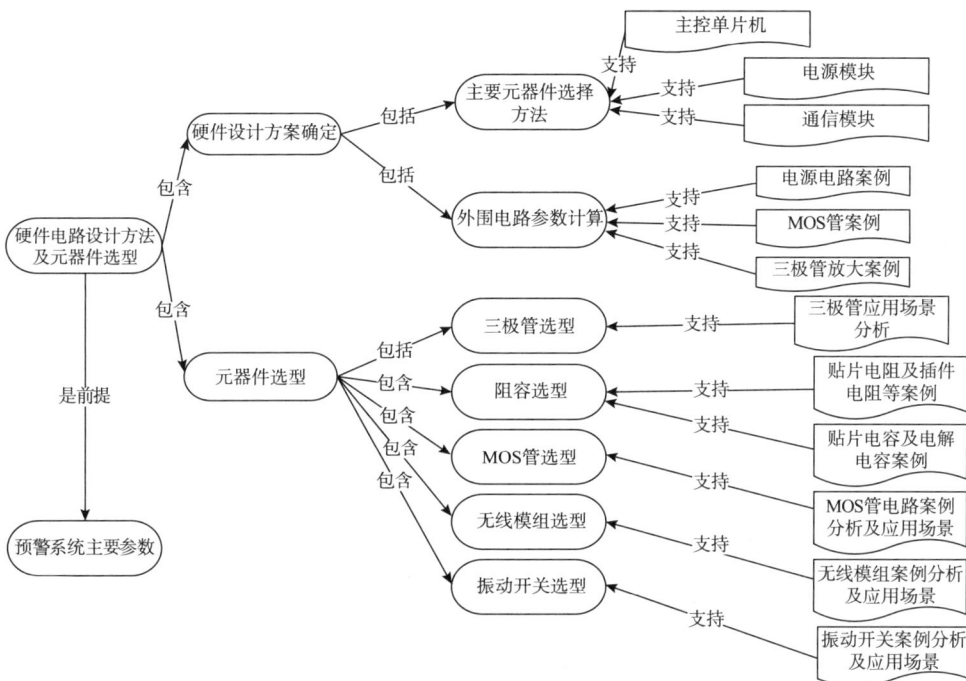

活动目标	根据电路原理分析并计算参数,对实际元器件进行正确选型并列出元器件清单

活动任务序列(任务一)

任务一知识组块:	任务描述	学习芯片选择方法,完成主控芯片选型(国产和非国产)
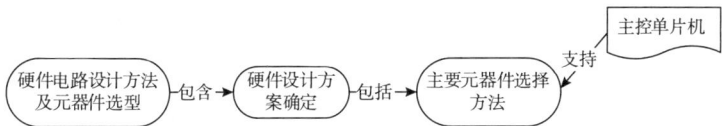	任务时长	20 分钟
	学习地点	课上

教学方式(或学习方式)	☑讲授 ☑小组讨论 □答疑 □实验 □实训 ☑自主学习 □翻转课堂 □其他(请填写)_____

续表

师生交互过程	① 教师讲解并展示主控芯片的类型和选型方法,要求同学们根据项目任务进行主控芯片的选型 ② 学生学习资料,分小组讨论,上网查阅资料 ③ 教师抽查2～3个小组进行汇报,师生共同研讨和点评
学习资源	PPT、单片机芯片资料手册、网络资源
学习成果及评价标准	学生能选出主控芯片,并说清楚选取原则和依据

活动任务序列(任务二)

任务二知识组块: 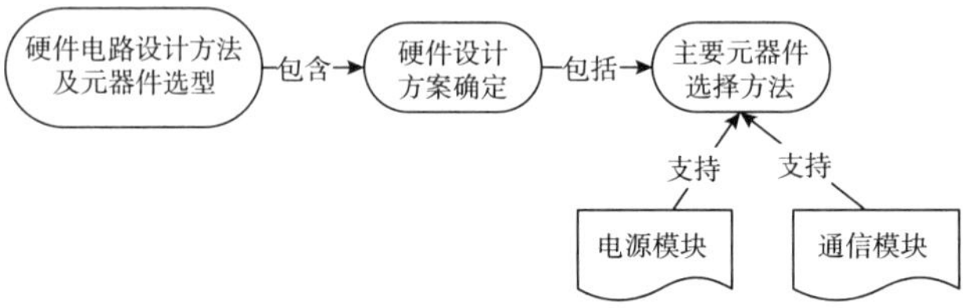 	任务描述	学习芯片选择方法,完成电源模块选型(根据通信模块与主控芯片要求选择合适的电源IC);完成通信模块选型(无线通信,有线通信)
	任务时长	20分钟
	学习地点	课上

教学方式(或学习方式)	☑讲授　☑小组讨论　□答疑　□实验　□实训　☑自主学习　□翻转课堂 □其他(请填写)_____
师生交互过程	① 教师讲解并展示电源和无线通信芯片的类型和选型方法,要求同学们根据项目任务进行芯片的选型 ② 学生学习资料,分小组讨论,上网查阅资料 ③ 教师抽查2～3个小组进行汇报,师生共同研讨和点评
学习资源	教材《模拟电子技术》(第五版)(稳压电路及滤波电路)、单片机芯片资料手册、网络资源
学习成果及评价标准	学生能选出电源芯片和通信方式,并说清楚选取原则和依据

活动任务序列(任务三)

任务三知识组块: 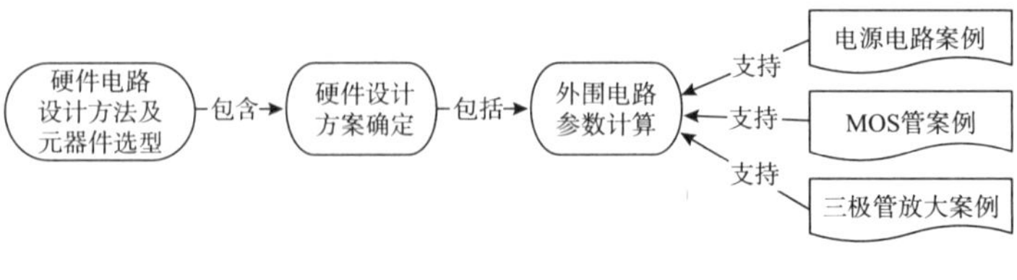 	任务描述	理解每个模块电路的工作原理,会根据电路进行参数分析和计算
	任务时长	30分钟
	学习地点	课上

教学方式 (或学习方式)	☑讲授　☑小组讨论　□答疑　□实验　□实训　☑自主学习　□翻转课堂 □其他(请填写)_____
师生交互 过程	① 教师演示并讲解各模块电路的基本工作原理,展示主要模块选型案例 ② 教师提出讨论题目:根据使用场景电源电路、MOS 管、三极管的工作电路应该是怎样的? ③ 学生学习材料,分小组讨论,上网查阅资料,进行分析计算 ④ 教师抽查 2～3 个小组进行汇报,师生共同研讨和点评
学习资源	文档,教材《模拟电子技术》(第五版)(熟悉三极管、MOS 管工作原理、直流电源电路),电源电路图,主要器件实物照片等
学习成果及 评价标准	学生能掌握电路参数的计算和设计方法

活动任务序列(任务四)

任务四知识组块:		
	任务 描述	根据参数计算结果,合理选择外围元器件及电阻电容等,完成元器件选型,最后在规定时间内完成对应的电路原理图设计
	任务时长	30 分钟
	学习地点	课上

教学方式 (或学习方式)	☑讲授　☑小组讨论　□答疑　□实验　□实训　☑自主学习　□翻转课堂 □其他(请填写)_____
师生交互 过程	① 教师讲解模块间的相互关系 ② 教师讲解元器件型号选取原则、封装等,并展示所选元器件实物照片 ③ 学生分小组讨论,上网查阅资料 ④ 教师提出问题:分析主控选型(51、32、NXP 等) ⑤ 教师抽查 2～3 个小组进行回答并点评;播放资料并讲解 ⑥ 学生记笔记
学习资源	文档、立创商城(元器件网站)
学习成果及 评价标准	学生理解各模块之间的相互关系,能写出正确的关系式,并熟练掌握所选模块的封装、特性

活动任务序列(任务五)

任务五知识组块:		
	任务描述	根据设计方案,完成元器件选型,绘制电路原理图
	任务时长	250 分钟
	学习地点	课下

教学方式 (或学习方式)	□讲授 ☑小组讨论 ☑答疑 □实验 □实训 ☑自主学习 □翻转课堂 □其他(请填写)_____
师生交互过程	① 教师布置课下任务,说明注意事项,下发任务工单 ② 教师线上答疑,指导学生完成课下作业 ③ 学生学习资料,上网查阅资料,分小组讨论,完成元器件选型和电路原理图设计,并提交设计文档
学习资源	课程资料、立创商城(元器件网站)、AD 软件
学习成果及评价标准	完成元器件选型和电路原理图设计,并提交设计文档

活动 4 知识建模图

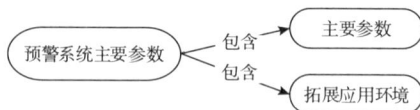

活动目标	总结梳理预警系统项目的主要参数,拓展新的功能和应用场景

续表

活动任务序列(任务一)		

任务一知识组块:	任务描述	要求学生理解并记忆预警系统中各个电路的作用和主要参数
	任务时长	20 分钟
	学习地点	课上
教学方式 (或学习方式)	□讲授　☑小组讨论　□答疑　□实验　□实训　☑自主学习　□翻转课堂 ☑其他(请填写)**教师提问**	
师生交互过程	① 学生分小组研讨,对预警系统主要参数进行梳理和总结 ② 教师抽查 2~3 个小组进行汇报,师生共同研讨和点评	
学习资源	PPT、课程资料、教材《模拟电子技术》	
学习成果及评价标准	学生能够总结出预警系统的主要参数,并进行介绍说明	

活动任务序列(任务二)		

任务二知识组块:	任务描述	要求学生掌握并记忆预警系统中各个电路的作用和主要参数
	任务时长	40 分钟
	学习地点	课下
教学方式 (或学习方式)	□讲授　□小组讨论　☑答疑　□实验　☑实训　☑自主学习　□翻转课堂 □其他(请填写)_____	
师生交互过程	① 教师布置课下任务,总结预警系统的主要参数和需要注意的事项,下发任务工单 ② 教师线上答疑,指导学生完成课下作业 ③ 学生根据主要参数完成元器件选型和电路原理图设计,提交设计文档	
学习资源	PPT、课程资料、教材《模拟电子技术》、立创商城(元器件网站)、AD 软件	
学习成果及评价标准	完成元器件选型和电路原理图设计,提交设计文档	

4.2.3　电子产品设计与系统开发 Ⅱ 项目化课程教学设计实例

1. 电子产品设计与系统开发 Ⅱ 项目化课程教学设计

1) 课程简介

电子产品设计与系统开发 Ⅱ 项目化课程于 2022 年 3 月立项,是针对电子信息工程本科专业开设的一门选修课,课程共计 48 学时。课程选取"智能甲醛温湿度检测仪""智能蓝牙音响"等综合性较强的项目,不仅可以巩固之前所学的内容,还可以为后续项目化课程——电子产品设计与系统开发Ⅲ的实施打下坚实的基础。

本课程实现了对实际产品开发过程的最大还原,确保真题真做、真实场景、真实训练。课程团队按照学校"2+1+1"人才培养模式中对于项目化教学课程的指导思想,充分结合电子信息工程专业的核心岗位任务(嵌入式硬件工程师、嵌入式软件工程师、硬件测试工程师)、岗位能力要求和学生的基本学习情况,在项目选取及实施、教学设计、教学方法、课程考核等方面进行了反复的研讨和细致的打磨,制定了切实可行的课程标准、实施措施及严格高效的过程监督和管理,最终取得了较好的教学效果。

2)教学设计

首先,教师讲解任务要求、基本方法、关键技术、注意事项等;其次,教师为学生提供专业的资料查询网站、元器件查找网站、芯片手册等学习资源,并演示相关资源的使用方法;再次,学生根据任务要求和老师介绍的方法,分工合作,完成具体任务,并按时提交任务;最后,教师以小组为单位进行逐一指导和点评,并根据每次任务完成情况给出相应的过程考核分数。

3)课程实施过程

(1)实施初期

① 根据企业给出的延时性工程实践项目,课程化拆解公司实际产品设计和开发流程,分解产品设计的阶段性任务和质量标准,给出产品的基本设计要求和注意事项。

② 分发课程实施计划、考核标准及要求,老师指导学生合理分组,成立项目团队(3~4人)。

③ 制订多个阶段、多重循环的项目推进方案。

④ 分解项目的阶段化任务后,分阶段下达任务:线上、线下讲解和指导→学生自主学习和完成任务→提交阶段性作品→导师评价指导→改进和提升设计→实现阶段目标→进入下一循环。

(2)实施中期

按照实际产品研发流程进行本项目化教学课程的实施。具体步骤如下。

① 市场需求分析:要求学生通过市场与实地调查分析,获取用户需求并分析、归纳、定义产品需求,主要内容包括需求获取,需求分析和需求定义。目的是打通用户与项目组之间的联系渠道,建立起对产品的共同理解。

② 硬件电路设计:该环节包括硬件方案设计与电路设计两部分。主要内容有硬件方案设计、硬件电路设计、物料采购、样板测试、结构设计与开发。本阶段要求各项目组分工明确,通过团队协作共同完成任务。对于结构设计与开发部分,学生可自行学习,或者向机械专业的同学请教,寻求帮助和指导。

③ 软件设计与开发:先结合硬件电路,完成产品软件体系结构、数据、接口和过程

设计等,并要求学生根据需求分析阶段确定的功能设计软件系统的整体结构、划分功能模块、确定每个模块的实现算法,以及编写具体的代码,在需求和代码之间建立桥梁;然后,对各单元进行测试,并检查优化代码等。

④ 样机联调:打样的各部件回来后,需完成产品样机联调,要合理安排联调的策略、顺序、人员及时间。

⑤ 产品测试:首先,导师指导各项目组学生严格按照测试准备、执行测试、缺陷管理等步骤完成产品测试;然后,撰写详细的测试报告;最后,企业初步甄选优秀作品。

(3) 实施后期

具体步骤如下。

① 提交文档材料:各团队根据实际项目开发完成情况,提交相关的设计文档材料,包括《用户需求说明书》《设计报告》《联调测试报告》等。

② 现场答辩和路演:各组学生进行现场答辩和路演设计,由来自行业的专家答辩组进行现场指导,确定为优秀的设计产品,企业可以根据实际情况进行试产或者量产,并通过线上、线下销售渠道将产品推向实际市场,实现产品的最终价值。

同时,根据企业和学生双方意愿,可推荐部分学生到合作企业从事相关的带薪实习工作。

4) 教学评价

本课程采用阶段性过程考核(60%)和结果考核(40%)相结合的方式进行评价。

(1) 阶段性过程考核:主要是为了实现对全体学生的训练,尤其是对于个别基础知识和学习能力较弱的学生,指导教师应加强对项目的跟踪和及时指导,尽量使每个学生都能得到一定程度上的训练和提升。

(2) 结果考核:主要是对项目完成情况的考核,分为完成、基本完成、主要指标完成和未完成四个等级。

具体课程评价结果由校内外导师评价(70%)、团队内评价(20%)、团队互评(10%)三个评价主体来实施,每个主体评价都要严格按照阶段性过程考核(60%)和结果考核(40%)的标准执行。具体内容如下。

校内外导师评价(70%):由校内外指导老师根据学生各阶段完成情况和提交的相关设计文档材料打分,取各阶段平均值为该主体评价最终得分。

团队内评价(20%):根据项目贡献率、团队精神等,项目负责人给团队成员评价打分,或者团队成员之间相互打分,要求有 3 个以上等级区分。

团队互评(10%):根据产品质量和答辩表现,通过限量投票的形式对其他团队的完成情况进行打分,代替性社会评价或采用真实用户评价可附加 5～10 分。

三个部分的加权得分构成了课程的最终得分,计分形式采用百分制转换成五级制,记入学生课程评价。

5）教学内容设计

以"智能甲醛温湿度检测仪"项目为例,教学内容设计见表4-2-4。

表4-2-4 教学内容设计

时间	整体任务	课 上 任 务	课 下 任 务
第一周	市场调研、需求分析和项目产品确定	① 项目介绍 ② 需求分析 ③ 功能简介 ④ 小组组队	① 市场调研,搜集行业标准 ② 确定最终需求,完成产品需求说明书 ③ 项目经理确定功能定义,制定时间安排
第二周	完成技术方案,确定实施方案,设计功能框图	① 列出产品具体功能 ② 完成硬件功能框图 ③ 列出时间安排、进度管理及实施方案	① 根据功能定义,自主学习相关知识 ② 完成嵌入式开发技术资料的查阅 ③ 确定实施详细方案
第三周	完成原理图和PCB设计,储备硬件知识	① 元器件选型 ② 搭建功能电路,讲解部分关键电路原理 ③ 电路原理图及PCB设计	① 自学元器件选型相关知识 ② 完成原理图设计 ③ 确定封装并完成PCB设计 ④ 完成BOM并计算成本
第四周	硬件焊接及调试	① 焊接注意事项 ② 硬件调试方法,电磁兼容知识介绍 ③ 分析项目中需要注意的技术点	① 物料采买 ② 制板 ③ 电路焊接 ④ 电路板测试
第五周	设计软件流程图,编写部分功能模块软件代码	① 学习绘制程序流程图 ② 搭建编译环境 ③ 设备说明与设备下载 ④ 模块化编程与非阻塞实现	① 根据流程图编写对应程序代码 ② 配置LED2、PC4,控制LED2灯1s改变一次状态 ③ 控制蜂鸣器500ms改变一次状态
第六周	编写部分功能模块软件代码,并进行子功能测试	① 按键检测、低功耗待机模式、串口通信技术、语音播报实现方法 ② 简单界面绘制 ③ 交流解答代码编写及功能测试的问题	① 缺陷分析,分析出软硬件中存在的缺陷并完善 ② 电脑上位机控制底层蜂鸣器,收到A,蜂鸣器打开;收到B,蜂鸣器关闭
第七周	编写全部功能模块软件代码,并进行整体功能测试	① 甲醛传感器、温湿度传感器、LCD屏显示技术 ② RTC实时时钟和甲醛历史数据存储实现 ③ LVGL界面设计	① 将自己设备中的RTC时间初始化为当前的真实时间,并在屏幕上实时显示 ② 实现一分钟保存一次数据 ③ 制作一个显示温湿度、甲醛浓度、对应的安全系数(危险、安全)的界面;在屏幕上显示自己的姓名和学号

续表

时 间	整体任务	课 上 任 务	课 下 任 务
第八周	项目功能整合,文件归档,项目答辩	① 项目功能整合讲解 ② 产品展示及答辩 ③ 产品需求说明书,原理图和PCB资料、代码以及设计报告等资料的归档	① 分析市场反馈 ② 根据市场的反馈提出优化产品的更新需求 ③ 总结产品立项—研发—测试—生产过程中的经验和不足 ④ 撰写规范的说明书和报告材料

6) 具体教学实施过程

按照项目开发流程,具体教学过程如下。

(1) 市场调研和需求分析

首先,企业教师给学生介绍市场调研的基本途径和方法;然后,学生通过网络调查、市场调研和用户采访等,进行市场需求分析,获取用户需求并定义产品功能;最后,结合调研结果,学生将需求分析、市场调研和同类产品调查、小组人员构成及分工、研究内容和创新点、经济效益可行性分析等形成书面材料。学生调研及需求分析见图 4-2-17。

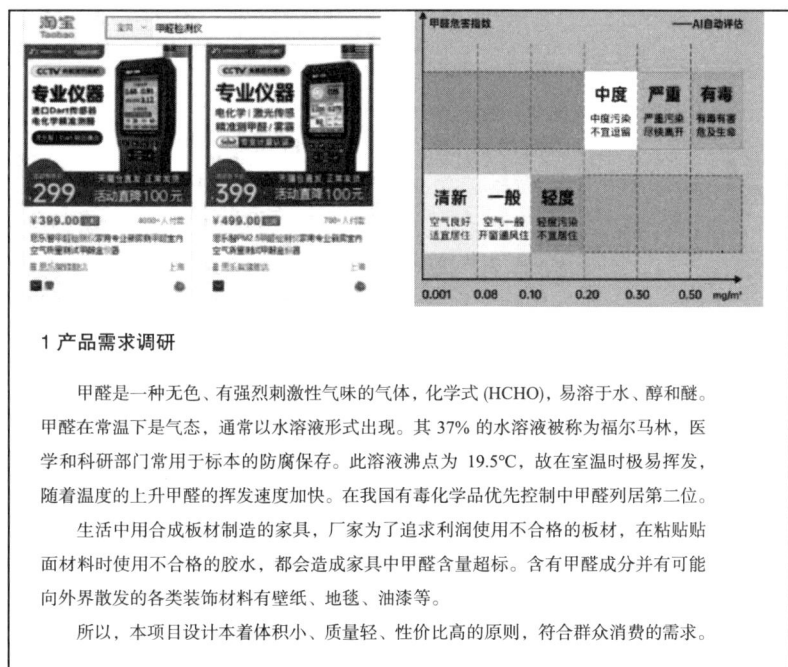

图 4-2-17　学生调研及需求分析

(2) 硬件设计

指导教师讲解硬件电路设计方法、各模块原理、元器件选型、环境搭建、原理图及PCB 绘制技巧等,并为学生提供专业资料查询网站、元器件查找网站等学习资源;然后介绍和分享实际设计经验。

学生根据课程任务要求和老师介绍的方法分工合作,完成并提交具体硬件电路设计任务,教师根据完成情况,以小组为单位进行逐一指导,直到该组任务达标。学生完成的硬件设计部分见图 4-2-18～图 4-2-21。

2 设计方案

硬件设计部分主要包括:（MCU、A/D、LCD、外围扩展数据RAM）等芯片的选择;硬件主电路设计、数据采集、模数转换电路设计、液晶显示电路设计、外围扩充存储器接口电路、时钟电路、复位电路、键盘接口电路等功能模块设计。

软件设计部分主要包括:编写语言的选择、主程序/子程序流程图的设计、功能模块程序的编写、软/硬件结合调试与演示。

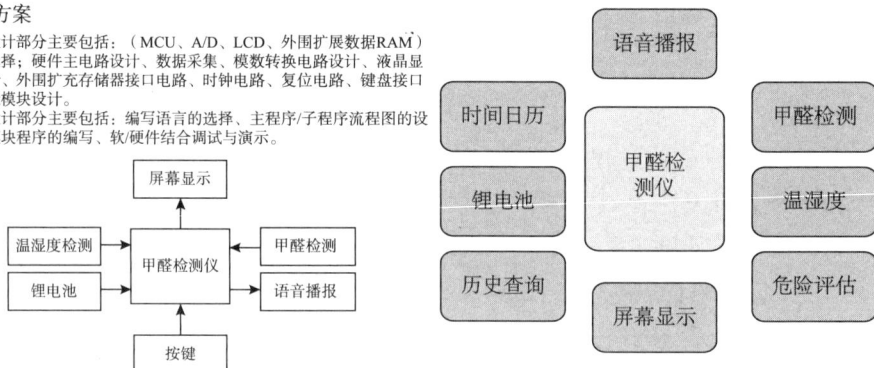

图 4-2-18　设计方案和项目框架

STM32F103C8T6 ST（意法半导体）
型号:STM32F103C8T6
品牌:ST（意法半导体）
封装:LQFP-48_7×7×05P
描述:CPU位数:32-Bit ROM 类

测量温湿度——DHT11传感器
数据显示——2.8寸显示屏
数据存储——AT24C02
报警——有源蜂鸣器报警
甲醛检测——ZE08甲醛传感器、SGP30传感器
蓝牙——HC05模块
串口通信一键下载——通过CH340N芯片

图 4-2-19　主要元器件选型

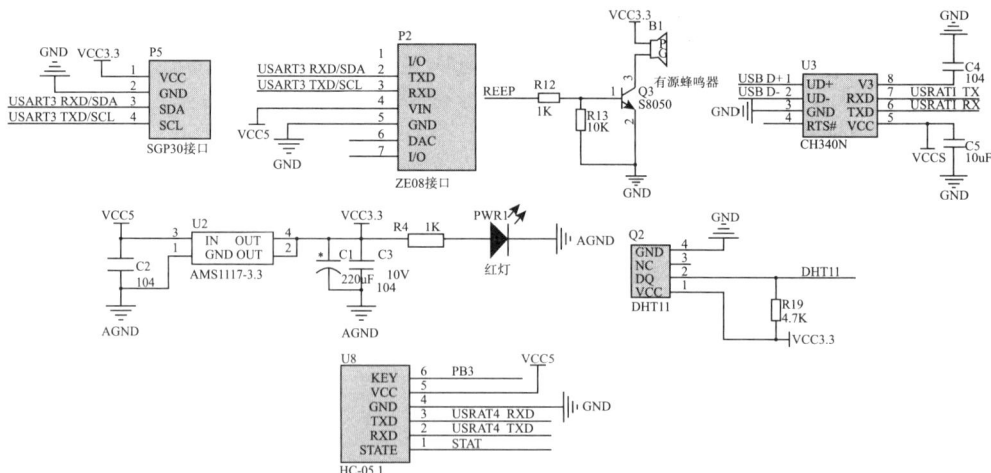

图 4-2-20　原理图（部分）

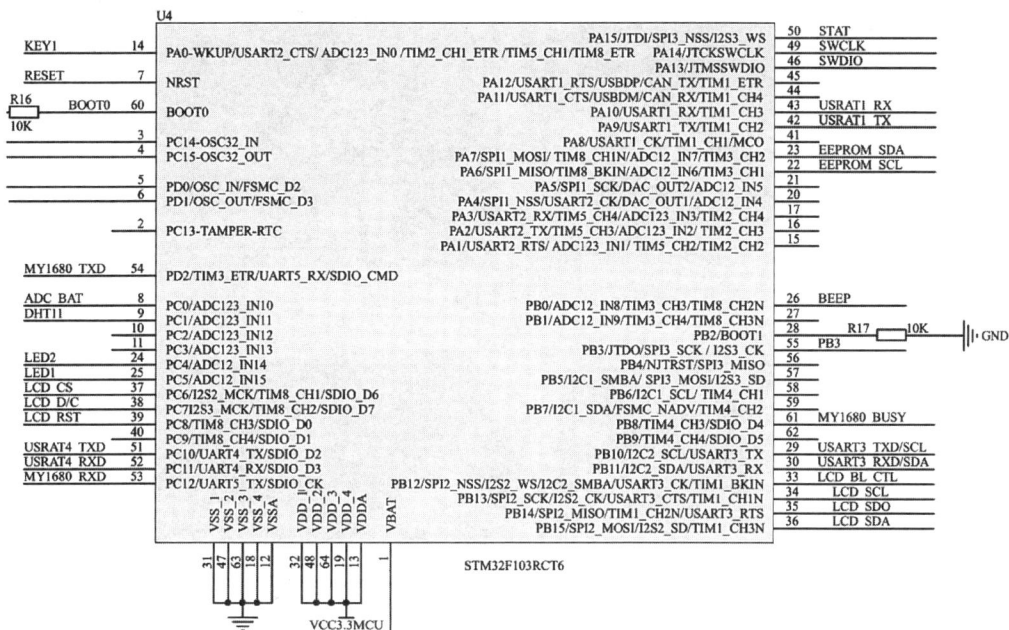

图　4-2-20（续）

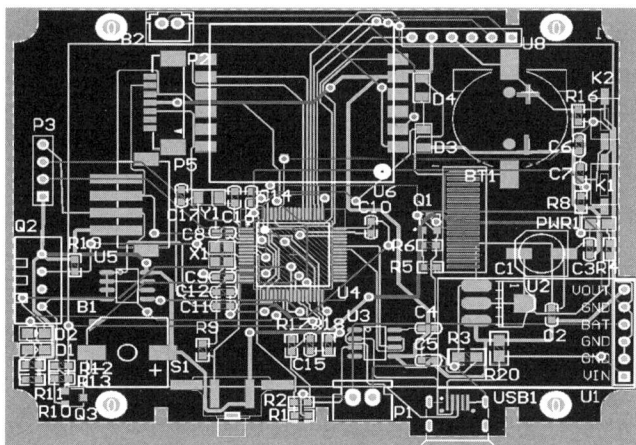

图 4-2-21　学生画的 PCB 版图

（3）硬件制作与调试

指导教师讲解并演示元器件的识别、焊接顺序及方法、硬件测试方法及注意事项等。学生根据任务要求和老师介绍的方法分工合作，完成硬件制作与调试。教师以小组为单位进行指导答疑，直到该组任务达到要求。学生进行硬件制作与调试的照片见图 4-2-22 和图 4-2-23。

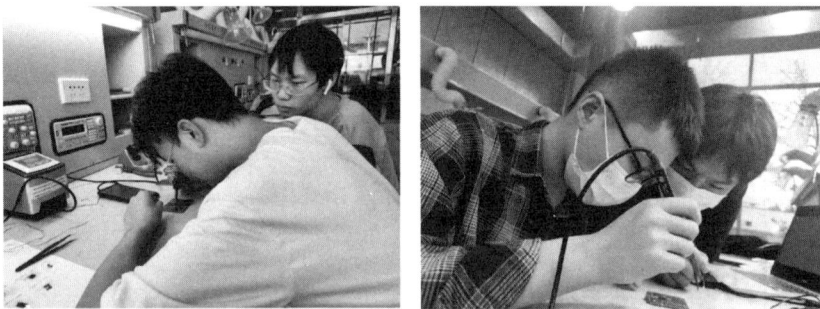

图 4-2-22　硬件制作与调试

图 4-2-23　实物图

（4）软件设计

指导教师讲解软件设计流程、软件平台工具、编译查错方法和软件代码编写注意事项等，学生根据任务要求和老师介绍的方法分工合作，完成程序流程图、程序代码编写、程序编译等工作。教师根据完成情况，以小组为单位进行逐一指导，直到该组任务达到要求。学生完成的部分软件程序编写见图 4-2-24。

图 4-2-24　部分软件程序

（5）样机联调

指导教师讲解软件下载工具、下载测试流程及方法、串口驱动安装、常见问题及处理方法等,学生根据任务要求和老师介绍的方法分工合作,排除问题和错误。教师进行指导答疑,直到产品测试成功,实现主要功能。学生进行样机联调结果的照片见图 4-2-25。

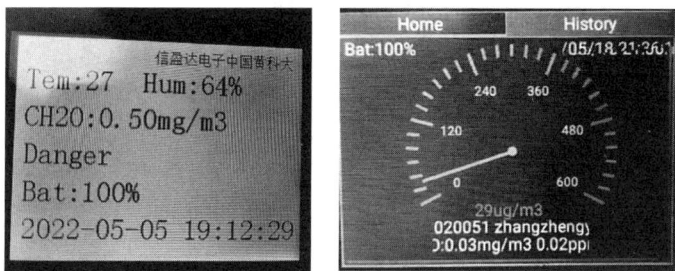

图 4-2-25　样机联调结果

（6）产品改进与优化

学生在完成产品基本功能的基础上,认真核对产品核心指标要求,分工合作、讨论学习,排查设计中的缺点和不足,提出改进与优化方案;教师进行指导,并按照完成情况给出本次任务的考核分数。

（7）编写规范的设计报告材料

学生按照老师提供的规范设计资料模板和撰写说明,规范完成产品设计过程中的各项材料的撰写,教师根据完成情况进行指导和点评,并按照完成情况给出本次任务的考核分数。学生提交的部分设计报告材料见图 4-2-26。

（8）项目答辩

学生按照老师提供的模板和要求撰写答辩 PPT,并做好充分准备,在规定时间内讲解自己的项目化产品的设计过程、设计方法、电路原理、关键技术、问题与不足、改进及优化等,并演示实物功能。教师根据学生答辩情况进行指导和点评,并按照完成情况给出本次任务的考核分数。项目答辩照片见图 4-2-27。

本次项目化教学课程开设效果较好,37 个小组的 107 名学生全部参与了项目的所有环节,并提交了亲自完成的 37 个智能甲醛温湿度检测仪产品,产品功能初次合格率达到 91.9%,符合企业产品设计初期合格率要求,得到了企业和行业专家的极大认可。

学生感悟:通过本次项目化教学,我们更加熟悉了产品开发的规范流程,也掌握了如何开发电子产品。本次项目具有一定的综合性和难度,这让我们在产品的硬件设计、软件设计、测试分析等方面的能力都有了很大提升,也终于知道自己学习的专业到底能干什么了。我们拿着自己设计的智能甲醛温湿度检测仪,心中满是成就感和自豪感。同学们纷纷表示,通过学习该课程,自己明确了就业方向,以后一定要好好学习专业知识,设计出更多、更有用的电子产品。

项目化课程设计报告　　　　　　　第 Ⅱ 页

智能甲醛温湿度检测仪

摘　要

甲醛作为一种装修材料中普遍存在的有毒气体，是主要的室内污染物。研究表明，室内空气中的甲醛对人体的危害随着浓度增高而增大。

本文设计了一款用于公共场所及室内的具有检测及超限报警功能的甲醛智能检测仪。其设计方案基于 STM32F103RCT6 单片机，通过 A/D 转换电路调理后，经由单片机进行数据处理，最后由 LCD 显示甲醛浓度值、温湿度值、时间日历等。利用了 STM32F103 的 UART，实现单片机与甲醛传感器模块通信的过程。文中详细介绍了数据采集子系统、数据处理过程以及数据显示子系统和报警电路的设计方法。系统对于采样地点内甲醛浓度超出规定的阈值时会语音播报当前甲醛系数，提醒监测人员。同时，状态指示灯可以用来指示设备是否正常运行，操作人员可通过按键来进行界面切换以及开关机。

关键词：甲醛，温湿度，LCD 显示，报警

5 下载调试

进行系统调试时，由于对程序的编写不熟练，导致未能实现理想的功能，例如时间显示格式不正确，或者一些相应的窗口标签不显示，最终在老师的帮助下解决了这些问题。最后，程序下载调试成功后，调试的结果如下图所示。

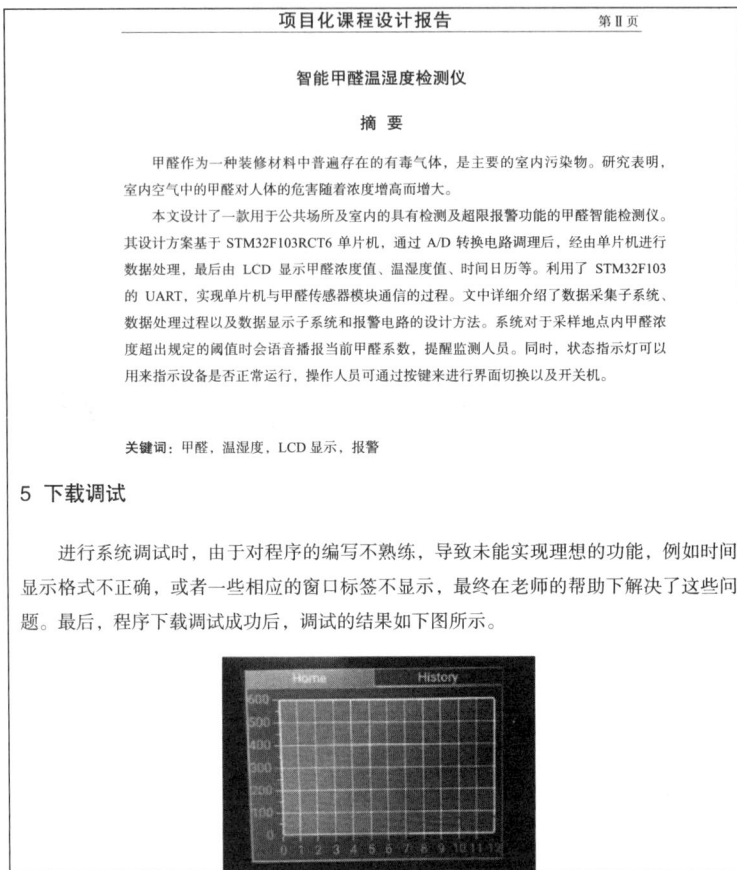

图 4-2-26　部分设计报告材料

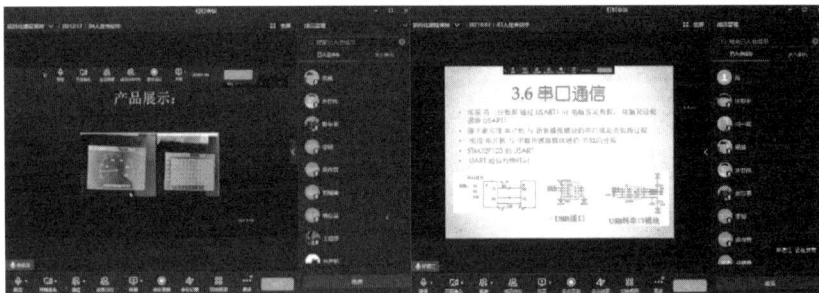

图 4-2-27　项目答辩（线上答辩）

同行及督导评价：企业工程师对同学们完成的产品给予了高度评价，对同学们的学习态度和学习能力给予肯定，表示会推荐优秀的毕业生到相关企业就业。同时，校内专业老师使用了同学们设计的产品后也都纷纷赞许，并表示"'由简单到复杂、由产品到系统'层层递进式的项目化教学培养体系能够不断提升学生的工作实践能力，能够支撑学生大四的'上岗应用'，最终实现专业人才培养与用人单位及市场需求的无缝

对接,实现专业人才的高质量就业"。

2. 电子产品设计与系统开发 II 项目化课程教案展示

本项目化教学课程具体教学设计详见表 4-2-5(本教案设计是基于智能甲醛温湿度检测仪项目进行的),由于篇幅限制,这里仅展示一次课的教案设计,更多教案设计详见本图书的电子资源。

表 4-2-5　电子产品设计与系统开发 II 项目化教学课程教案设计表

第 6 次课

知识建模图

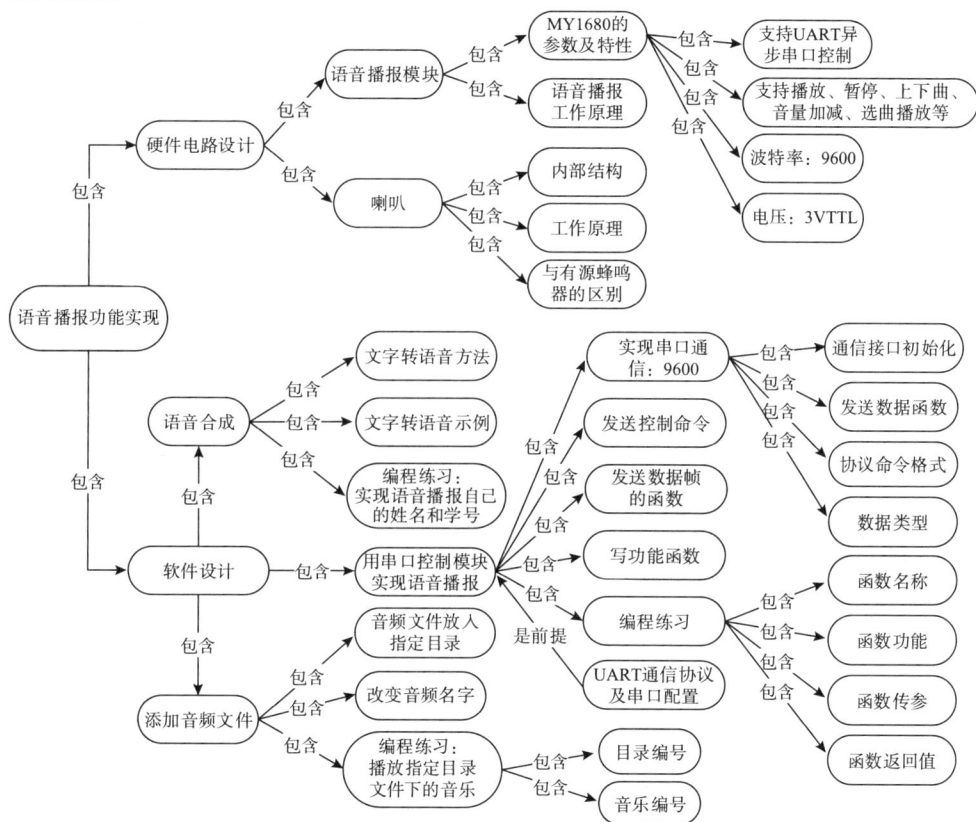

学习目标	知识点(学习水平)	能力目标	素质目标 (课程思政点)
	语音播报工作原理(理解);语音播报模块的参数、特性(理解);硬件电路设计(运用);软件设计—用串口控制模块实现语音播报(运用)—语音合成(运用)—添加音频文件(运用)	具备对元器件的性能及参数的分析和理解能力;具备模块选型能力;具备硬件电路分析及设计能力;具备模块化编程的能力	具备团队协作意识,有严谨的科学素养和精益求精的职业精神

	知识点(学习水平)			
学习先决知识	喇叭的工作原理(理解);UART 通信协议(运用);串口配置(运用);C 语言编程(运用)			
课上资源	① 教学课件 PPT:语音播报模块 ② 教案 ③ 电路板 ④ MY1680—12P 语音模块使用说明书 V1.3(15 页)	课下资源	① 语音合成,文字转语音网站:https://app. xunjiepdf.com/text2voice/ ② B 站关于语音播报、喇叭的应用实例(30 分钟)	
课上时间	100 分钟	课下时间	100 分钟	
活动序列	任务的学习目标	地点	时间	学习资源
活动 1	语音播报工作原理(理解);语音播报模块的参数、特性(理解);喇叭的工作原理(运用)	课上	30 分钟	课件、元器件手册
活动 2	软件设计—用串口控制模块实现语音播报(运用)—语音合成(运用)—添加音频文件(运用)	课上	70 分钟	课件、元器件手册、视频资源

活动 1 知识建模图(课上)

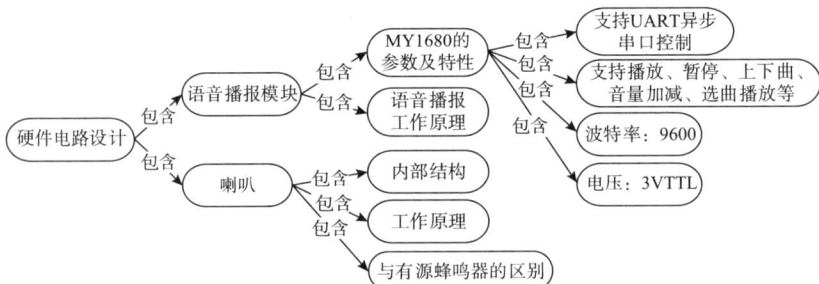

活动目标	语音播报工作原理(理解);语音播报模块的参数、特性(理解);喇叭的工作原理(运用)
	活动任务序列(导入任务描述)
师生交互过程	① 课程引入:通过提问,启发学生思考,使学生总体上了解本节课要学习的内容 ② 教师陈述:甲醛系只在显示屏上显示是否方便?结合智能家居产品的特征,思考怎样能让产品更加人性化? ③ 学生回答:抽 1～2 名学生回答问题,引出可增加语音播报功能 ④ 教师陈述:市场上专门的语音播报芯片有很多,同学们知道的有哪些?在什么样的场合下会用到语音播报芯片?举出 2～3 个应用实例,引出本节课要完成的任务:语音播报的原理、模块选型、软件设计和下载验证

活动任务序列(任务一)

任务一知识组块：		任务描述	采用讲授＋讨论的方法,使学生理解语音播报模块的工作原理;理解 MY1680 的参数及特性
		任务时长	15 分钟
		学习地点	课上
教学方式 (或学习方式)	☑讲授　☑小组讨论　□答疑　□实验　□实训　□自主学习　□翻转课堂 □其他(请填写)_____		
师生交互过程	① 教师陈述:列举 2～3 个常用的语音播报模块,并进行对比分析,最终确定模块的型号。MY1680 支持 UART 异步串口控制:支持播放、暂停、上下曲、音量加减、选曲播放、插播等;波特率:9600;电压:3.3VTTL。总结选型原则:要结合项目设计的任务及功能需求,进行合理选择 ② 学生讨论:学生讨论并确定硬件方案,得出语音播报模块与喇叭怎样连接 ③ 教师陈述:语音播报芯片与单片机怎样连接? 使用 STM32 单片机的串口来控制模块,实现播报		
学习资源	课件、电路板上的语音模块电路、MY1680－12P 语音模块使用说明书 V1.3(1～3 页)		
学习成果及评价标准	无		

活动任务序列(任务二)

任务二知识组块：		任务描述	采用讲授＋讨论的方法,使学生理解喇叭的内部结构、工作原理及使用方法;讨论得出喇叭与有源蜂鸣器的区别
		任务时长	15 分钟
		学习地点	课上
教学方式 (或学习方式)	☑讲授　☑小组讨论　□答疑　□实验　□实训　□自主学习　□翻转课堂 □其他(请填写)_____		
师生交互过程	① 教师陈述:喇叭的作用、内部结构、工作原理、注意事项 ② 学生讨论:喇叭与有源蜂鸣器有什么区别? 分小组讨论,时间为 5 分钟;然后抽查 2～3 个小组汇报,时间为 5 分钟 ③ 学生汇报:抽 3 个小组,每个小组由一名同学就讨论结果进行汇报。全体同学认真听讲,对不全面或不正确的地方可以补充或纠正 ④ 教师总结:喇叭可以发出各种声音,蜂鸣器只能发出几种单调的声音。应用场合:蜂鸣器一般用于报警、提示音等简单的声音,需要发出音乐等复杂的声音时需要使用喇叭		

续表

学习资源	课件、立创商城网站
学习成果及评价标准	无

活动 2 知识建模图（课上）

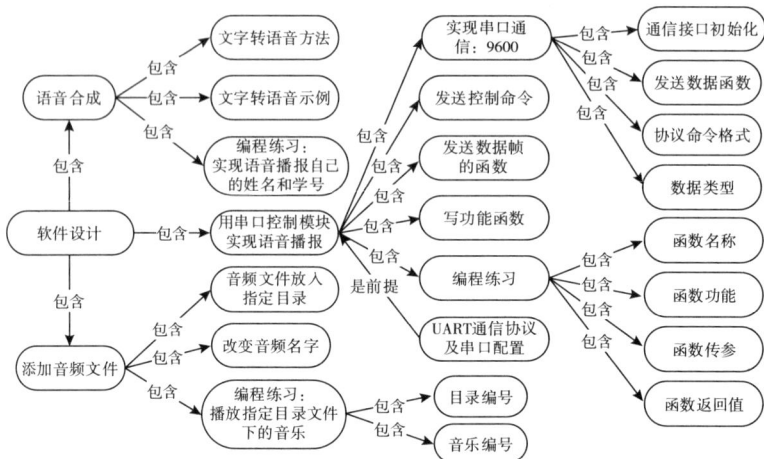

活动目标	软件设计—用串口控制模块实现语音播报（运用）—语音合成（运用）—添加音频文件（运用）

活动任务序列（导入任务描述）

师生交互过程	① 课程引入：通过提问，启发学生思考和回答，引出本节课要学习的内容 ② 教师提问：硬件电路设计完成后，如何实现语音播报功能？ ③ 学生回答：学生思考问题，抽 2 名学生回答问题，引出软件代码设计及下载验证 ④ 教师陈述：用单片机控制语音模块实现语音播报的代码应该如何写？引出本次活动的主要内容

活动任务序列（任务一）

任务一知识组块： 	任务描述	采用讲授、小组讨论、课上练习的方法，使学生理解串口通信原理（9600），按照硬件电路连接关系进行软件程序编写，实现语音播报功能
	任务时长	20 分钟
	学习地点	课上

教学方式 (或学习方式)	☑讲授　☑小组讨论　□答疑　□实验　□实训　□自主学习　□翻转课堂 ☑其他(请填写)课上练习
师生交互 过程	① 教师陈述:教师以 PPT 形式讲授串口通信原理、通信接口初始化函数及发送数据函数。首先,要在 STM32 单片机上实现串口通信(9600),包括通信接口的初始化和发送数据函数,多字节;其次,发送控制命令进行控制,注意协议命令格式"起始码＋长度＋操作码＋参数＋结束码";最后,根据实际功能写出对应的功能函数,包括函数名称、函数功能、函数传参、函数返回值 ② 学生讨论:学生分小组讨论"怎样发送控制命令,才能完成长度和校验码的计算" ③ 引入思政:团队合作完成任务时,相互之间要建立信任,出现问题时要相互协作共同解决,编写代码时要具备严谨的科学素养,即使一个标点符号失误也会导致程序运行出错,同时要具备精益求精的职业精神,并且敢于提出自己的想法和观点 ④ 教师演示:教师操作演示编写代码,实现串口发送命令和参数函数 ⑤ 学生练习:根据实际功能写出对应的功能函数 ⑥ 教师点评:抽查 2～3 个小组,对所写的功能函数进行总结,指出问题所在
学习资源	课件、电路板上的语音模块电路、MY1680－12P 语音模块使用说明书 V1.3(4～9 页)
学习成果及 评价标准	能正确编程实现功能函数的小组＋2 分,编程有错误但积极参与的小组＋1 分,没有参与的小组不加分

活动任务序列(任务二)

任务二知识组块: 	任务描述	采用讲授、小组讨论、课上练习的方法,使学生的编程能播放指定目录文件下的音乐
	任务时长	20 分钟
	学习地点	课上

教学方式 (或学习方式)	☑讲授　☑小组讨论　□答疑　□实验　□实训　□自主学习　□翻转课堂 ☑其他(请填写)课上练习
师生交互 过程	① 教师陈述:教师讲授如何播放指定目录下的音乐文件、文件夹和歌曲的命名方式,如何添加音频文件:将 USB 线插接到 MY1680 的 USB 口,将音频文件放到指定的目录下,并且改变音频名字为 000.mp3,001.mp3,002.mp3,003.mp3,004.mp3,005.mp3 ② 学生记笔记:如要播放指定文件夹曲目,文件夹必须命名为 00～99,歌曲必须命名为 001 XXX.MP3～255 XXX.MP3 ③ 教师布置任务:把给定的音频文件放到指定目录下,并且用编程实现语音播报 ④ 学生操作:用编程实现播放指定目录下的语音文件 ⑤ 学生汇报:抽 2 个小组,每个小组由一名同学就练习结果进行汇报。全体同学认真听讲,对不全面或不正确的地方可以补充或纠正 ⑥ 教师点评:另外再抽 3 个小组检查,对所出现的问题进行总结

续表

学习资源	课件、电路板上的语音模块电路、MY1680－12P 语音模块使用说明书 V1.3(10～15 页)
学习成果及评价标准	能正确编程并实现语音播报指定音乐的小组＋2 分,编程有错误但积极参与的小组＋1 分,没有参与的小组不加分

活动任务序列(任务三)

任务三知识组块:		
	任务描述	采用讲授、课上练习的方法,使学生用编程实现语音播报自己的姓名和学号
	任务时长	30 分钟
	学习地点	课上

教学方式(或学习方式)	☑讲授　□小组讨论　□答疑　□实验　□实训　□自主学习　□翻转课堂 ☑其他(请填写)课上练习
师生交互过程	① 教师陈述:教师讲授文字转语音的方法 ② 教师演示:给出网站链接,并且操作演示如何实现文字转语音 ③ 学生练习:实现语音播报自己的姓名和学号;教师指导答疑 ④ 学生汇报:抽 3 个小组,每个小组由一名同学就练习结果进行汇报。全体同学认真听讲,对不全面或不正确的地方可以补充或纠正 ⑤ 教师点评:另外再抽查 5 个小组,检查学生完成情况,并总结问题
学习资源	课件、元器件手册、芯片数据资源网站
学习成果及评价标准	能正确编程实现语音播报自己姓名和学号的学生＋2 分,编程有错误但积极参与的学生＋1 分,没有参与的小组不加分

4.2.4　电子产品设计与系统开发Ⅲ课程教学设计实例

1. 电子产品设计与系统开发Ⅲ项目化教学课程教学设计

1) 课程简介

电子产品设计与系统开发Ⅲ是 2023 年年初建成的一门项目化教学课程,目前已于 2022—2023 年第二学期开课一次,该次课选取的项目是企业的电刺激治疗仪设计,选课对象为我校电子信息工程专业 2020 级普本学生。

课程团队主要由企业导师和校内专职教师共同组成。其中,校外导师陈永亮任职于郑州金橙智能技术有限公司,硕士研究生,担任本次课程主讲教师;另外,焦元培、王玉川两位工程师也参与了课堂教学,对学生进行指导;校内导师司小平、张具琴、蔡艳艳、乐丽琴四位老师参与了课堂教学及管理。

该项目化教学课程需要前修课程"FPGA 技术与应用"知识体系的支撑;通过对企业项目真题真做的方式,提升学生的工作实践能力,支撑学生大四时期的"上岗应用",与市场对 FPGA 软/硬件工程师的岗位需求无缝对接。

2)课程实施阶段

本次项目化课程教学中"基于 FPGA 的电刺激治疗仪设计"项目方案实施流程图见图 4-2-28,本项目化教学课程教学实施基于项目实施方案流程进行。

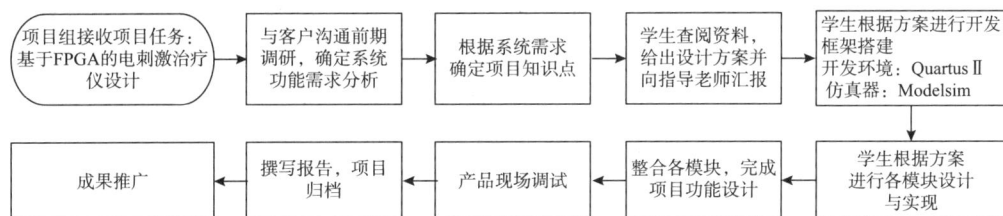

图 4-2-28 "基于 FPGA 的电刺激治疗仪设计"项目方案实施流程图

(1)实施初期

① 项目任务拆解:根据企业给出的工程实践项目,课程化拆解公司实际产品设计和开发流程,分解产品设计的阶段性任务和质量标准,给出产品的基本设计要求和注意事项。

② 学生分组:分发课程实施计划、考核标准及要求,老师指导学生合理分组,成立项目团队(3~4 人)。

③ 项目推进方案:分解项目的阶段化任务后,下达阶段任务,校内外老师讲解和指导→学生自主学习和完成任务→提交阶段性作品→导师评价指导→改进和提升设计→实现阶段目标→进入下一阶段。

(2)实施中期

课程采用线下讲解及指导的方式进行。工程师到校内上课,从需求分析、项目框架到项目任务书、实现各功能模块等方面,对学生存在的各种问题进行当面指导和评价。按照实际产品研发流程图,见图 4-2-29,实施本项目化教学课程。

① 市场需求分析:要求学生深入细致的调研和分析,准确理解用户的具体需求,以及项目的功能、性能、可靠性等,与用户达成一致,将用户非形式化的需求表述转化为完整的需求定义。市场需求分析的目的是建立起用户与项目组之间的沟通渠道,促进其对产品的共同理解。

校内外导师根据本阶段学生完成情况,给予评价和

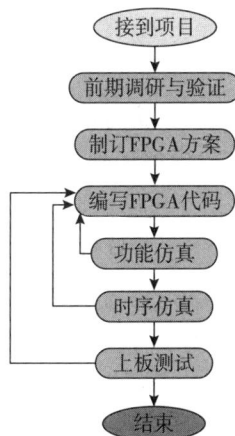

图 4-2-29 FPGA 开发流程图

指导,提出改进意见,直至本阶段目标实现,然后进入下一阶段。

② 项目方案设计:项目方案是 FPGA 基本开发流程中第一个以文档形式为输出的环节,项目方案做得好与坏,直接决定了整个 FPGA 项目开发流程的顺利与否。

在该环节要写清楚项目背景、项目需求(包括项目运行环境状态、项目的输入、项目的输出、项目对处理速度、空间性能、成本控制、故障时要求等)、方案框架(包括方案框图、软硬件工作划分等)、算法细节(确保逻辑完备性、书面易懂性以及可行性等)。学生的任务是将整个 FPGA 设计按照功能分为几个大的模块;辅以整体的系统框图来说明各个模块完成的功能以及彼此之间的联系,并且明确每个模块的主要输入输出端口,即 FPGA 与外界以及各部分之间的主要接口关系。

校内外导师根据本阶段学生完成情况,给予评价和指导,提出改进意见,直至本阶段目标实现,然后进入下一阶段。

③ 各功能模块的设计与实现:各功能模块的实现主要采用文本输入法,即编写 FPGA 功能代码实现。在制订方案时就应将 FPGA 设计层次化、模块化,从而细分为功能纯粹单一的各个子部分,这样在编写代码的时候,就可以去逐个攻克每个子部分。代码编写完成后,为了验证代码语法的正确性及功能实现的准确性,要进行功能仿真,然后根据仿真结果修改代码,直至与功能需求相吻合。

校内外导师根据本阶段学生完成情况,给予评价和指导,提出改进意见,直至本阶段目标实现,然后进入下一阶段。

④ 项目整合:这一阶段主要由学生自主完成,工程师进行跟踪辅导。

各功能模块实现后,学生需完成顶层电路的设计,把各个功能模块整合起来,完成整体项目的设计。通过仿真测试后,学生在实训平台把程序下载到目标器件,完成产品的设计。在项目组内评审合格后提交指导老师。

校内外导师根据本阶段学生完成情况,给予评价和指导,提出改进意见,直至本阶段目标实现,然后进入下一阶段。

⑤ 产品测试:首先,企业测试工程师指导各项目组学生完成产品测试,严格按照测试准备、执行测试、缺陷管理等步骤完成;其次,撰写详细的测试报告;最后,企业初步甄选优秀作品。

(3) 实施后期

① 提交材料:各团队根据实际项目开发完成情况,提交相关的设计文档材料,主要包括《用户需求说明书》《产品需求规格说明书》《方案设计说明书》、方案框图、代码、《产品测试计划》《测试报告》《产品使用说明书》《设计报告》等。

② 现场验收和答辩:各组学生现场进行产品功能演示和答辩,由来自行业的专家答辩组进行现场指导,确定为优秀设计产品的,企业可以根据实际情况进行试产或者量产,并通过线上、线下销售渠道将产品推向实际市场,实现产品的最终价值化。

3）课程评价方案

本课程采用过程考核和完成项目考核相结合的方式进行评价。

（1）过程考核（60%）

过程考核包括出勤、每个阶段任务的参与及完成情况等，主要是为了加强指导老师对学生参与项目的监督和指导，确保全体学生全程参与课程训练，使每位同学通过本项目化教学课程的学习都能有不同程度的提升。

（2）完成项目考核（40%）

根据学生项目完成情况进行考核，包括完成、基本完成、主要指标完成、未完成四个等级。

具体课程评价结果由校内外导师评价（70%）、团队内评价（20%）、团队互评（10%）三个评价主体来实施，每个主体评价都要严格按照阶段性过程考核（60%）和结果考核（40%）的标准执行。具体内容如下。

① 校内外导师评价（70%）：由校内外指导老师根据学生各阶段完成情况和提交的相关设计文档材料打分，取各阶段平均值为该主体评价最终得分。

② 团队内评价（20%）：根据项目贡献率、团队精神等，项目负责人给团队成员评价打分，或者团队成员之间相互打分，要求有 3 个以上等级区分。

③ 团队互评（10%）：根据产品质量和答辩表现，通过限量投票的形式对其他团队的完成情况进行评价打分，代替性社会评价或采用真实用户评价可附加 5～10 分。

课程考核成绩各部分比重见表 4-2-6。

表 4-2-6 考核方法

考核主体	基本要求	考核项目及权重	所占权重
校内外导师评价	项目实验及实操、项目完成情况等	过程考核 60%＋结果考核 40%	70%
团队内评价	组员项目贡献率、团队精神等	参与项目情况 60%＋项目成果贡献情况 40%	20%
团队互评	产品质量和答辩表现力	答辩过程表现 60%＋产品质量 40%	10%

这三部分的加权得分构成课程的最终得分，计分形式采用百分制转换成五级制，记入学生课程评价。

4）教学设计与实施情况

（1）教学设计

本次电子产品设计与系统开发Ⅲ课程选取的是企业项目"电刺激治疗仪"。

① 企业教师和专业教师共同完成工程实践项目的课程化拆解，细化公司实际产品设计和研发流程，完成具体课程进度安排，见表 4-2-7。

表 4-2-7　课程进度安排

时间	整体任务	课上任务	课下任务
第一周	市场调研,需求分析和项目产品确定	① 项目介绍 ② 需求分析 ③ 功能简介 ④ 小组组队	① 市场调研,搜集行业标准 ② 确定最终需求,完成产品需求说明书 ③ 项目经理确定功能定义,制定时间安排
第二周	完成技术方案,确定实施方案,设计功能框图	① 列出产品具体功能 ② 带领学生完成 VHDL 开发框架搭建 ③ 列出时间安排、进度管理及实施方案	① 根据功能自主学习相关知识 ② 完成 FPGA 开发技术资料查询 ③ 确定详细实施方案
第三周	SPI 通信及 OLED 显示	① 核心板通信及显示模块 ② 编写点亮 LED 灯的 VHDL 程序,讲解部分关键语句 ③ LED 灯流水、闪烁等功能实现	① 自学核心板相关知识 ② 完成显示模块 VHDL 程序设计 ③ 完成引脚配置 ④ 下载测试
第四周	FPGA 时钟应用、按键模块设计	① 核心板时钟介绍 ② 编写按键的 VHDL 程序,讲解部分关键语句 ③ 按键消抖,分析项目中需要注意的关键点	① 自学核心板相关知识 ② 完成按键模块 VHDL 程序设计 ③ 完成引脚配置 ④ 下载测试
第五周	波形输出模块设计:包括 PWM 原理及模块设计、矩形脉冲波输出模块设计、稀疏脉冲波模块设计	① PWM 原理介绍 ② 编写 PWM 的 VHDL 程序,讲解部分关键语句 ③ 矩形脉冲波、稀疏脉冲波 VHDL 程序设计	① 自学核心板相关知识 ② 完成 PWM 模块 VHDL 程序设计 ③ 完成引脚配置 ④ 下载测试
第六周	项目所需各模块设计及项目整合	① 按键控制输出电压调整、输出矩形波占空比调整、语音/指示灯提醒等实现方法 ② 针对代码编写以及功能测试问题交流解答	① 完成系统引脚配置,并进行下载测试 ② 缺陷分析,分析出软硬件中存在的缺陷并完善
第七周	项目报告撰写及答辩	① 项目功能整合讲解 ② 产品展示及答辩 ③ 产品需求说明书,原理图、程序代码以及设计报告等资料的归档	① 分析产品使用反馈 ② 根据反馈提出优化产品的更新需求 ③ 总结产品立项——研发——测试过程中的经验和不足 ④ 撰写规范的说明书和报告材料

② 教师分发课程实施计划、考核标准及要求,指导学生成立项目团队,并结合具体任务和要求,指导学生合理分组,避免小组人员分配不合理现象。

（2）实施情况

2022—2023 年第二学期,电子产品设计与系统开发Ⅲ项目化教学课程,以"电刺激理疗仪"设计为具体项目开展,具体教学实施过程基于项目实施方案流程进行,见图 4-2-28。

① 市场调研和需求分析:首先,企业教师陈永亮为学生介绍市场调研的基本途径和方法;其次,学生通过网络调查、市场调研和用户采访等方式进行市场需求分析,获取用户需求并定义产品功能;最后,结合调研结果,各小组形成书面材料。学生调研及需求分析见图 4-2-30。

图 4-2-30　学生调研及需求分析截图

② 方案设计:学生根据课程任务要求和老师介绍的方法,分工合作,完成并提交具体设计方案,教师指导,直到该组任务达标。授课现场照片见图 4-2-31,学生完成的方案设计(部分)见图 4-2-32。

图 4-2-31　授课现场

应用型高校本科专业产教融合型课程体系改革与实践 电子信息工程专业

2 设计方案

实现流水效果，并用按键控制数码管显示数字的加减，控制PWM波的占空比以及电极片输出的频率。

2 设计方案

将系统分为硬件和软件两部分。在硬件设计方面，选择合适的FPGA芯片（EP1C3T114CB）进行是电路设计，在此基础上，实现电刺激波形产生模块、用户交互模块、传感器数据采集和处理模块。

在软件设计方面，利用软件Quartus进行VHDL编写实现KEY模块、LED模块、数码管模块和PWM模块。使治疗仪能够产生电刺激波形，并在不同频率和强度下输出。

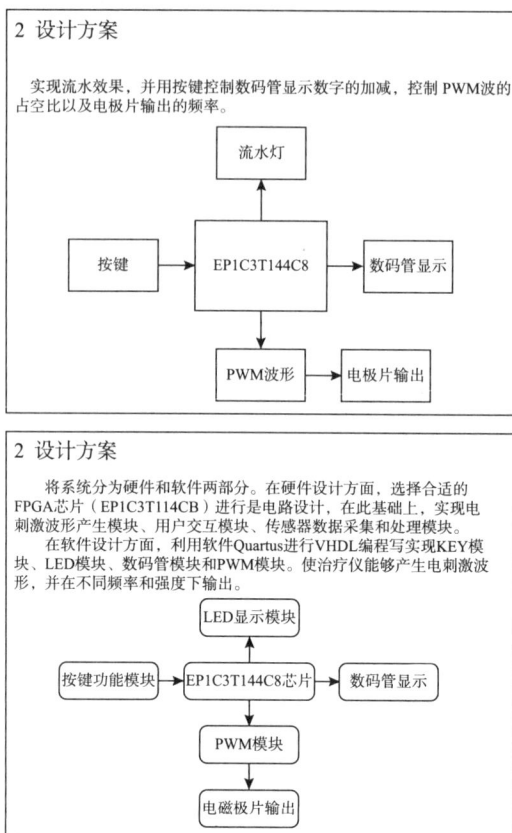

图 4-2-32 设计方案（部分）

③ 各模块电路功能设计：学生根据任务要求分工合作，完成各模块（LED显示、按键控制、数码管显示、PWM 的产生等）VHDL 程序的编写、引脚分配，下载测试，教师全程参与指导，直到该组任务达到要求。学生进行各模块设计与测试的相关图片见图 4-2-33～图 4-2-37。

图 4-2-33 实物图

114

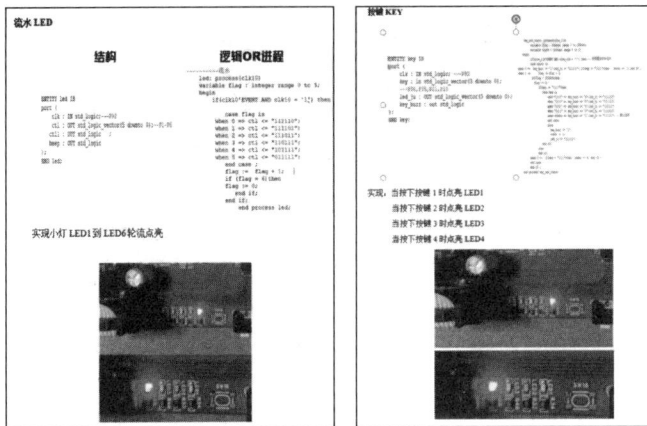

扫码看大图

图 4-2-34　各模块设计过程 1

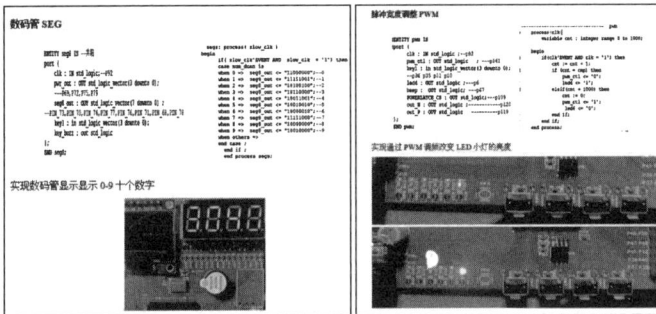

扫码看大图

图 4-2-35　各模块设计过程 2

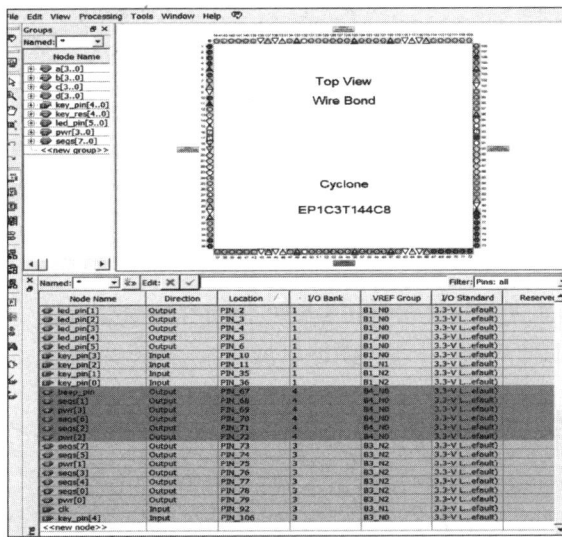

扫码看大图

图 4-2-36　各模块设计过程 3(引脚配置)

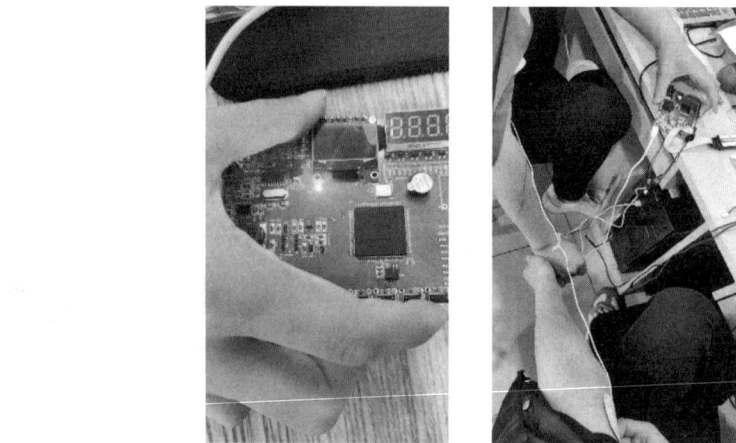

图 4-2-37　各模块设计过程 4(下载测试)

④ 项目整合:学生根据任务要求完成各功能模块程序的整合。学生整合完成的部分软件程序见图 4-2-38。

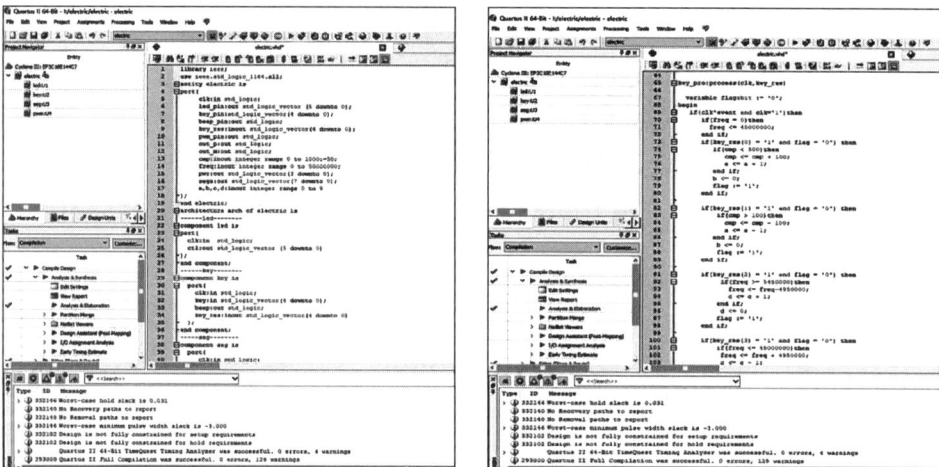

图 4-2-38　软件程序(部分)

⑤ 样机联调:学生根据任务要求和老师介绍的方法,分工合作,排除问题和错误,教师进行指导,直到产品测试成功,实现主要功能。学生进行样机联调的照片见图 4-2-39。

扫码看大图

⑥ 产品改进与优化:在完成产品基本功能的基础上,提出产品的改进与优化方案,教师进行指导,并按照完成情况给出本次任务的考核分数。

⑦ 编写规范的设计报告材料:学生按照老师提供的规范设计资料模板和撰写说明编写规范的设计报告材料。学生提交的设计报告材料(部分)见图 4-2-40。

图 4-2-39　样机联调

黄河科技学院

电子产品设计与系统开发Ⅲ
——FPGA 应用系统实训
项目化课程设计报告

电刺激治疗仪

部（院）名称	工学部	
专 业 名 称	电子信息工程	
学 生 姓 名	席景帅 韩前锋 张凡	
学 号	2001020049	2001020018
	2001020033	

2023 年 5 月 31 日

项目化课程设计报告　　　　第Ⅱ页

电刺激治疗仪

摘　要

电刺激治疗仪是一种利用微弱电流刺激人体神经或肌肉组织，以调节其功能或环节疼痛的医疗设备。它由一个控制器、电刺激电极、导线等部件组成，可以通过不同的电流输出模式和参数设置实现各种治疗效果。

本电刺激治疗仪项目基于 FPGA/VHDL 开发设计，该系统主要有以 EP1C3T144C8N 芯片为核心的主控模块、电源模块、电刺激输出模块、显示模块、电极片等组成，通过使用 VHDL 语言下面的状态机实现实时调整频率、振幅类型等参数，接收 FPGA 内部计数器周期信息和外部控制信息，为输出模块生成合适的脉宽模式，向电刺激波形生成模块发送合适的频率和振幅设定值，以调节生成的治疗波形。基于 EP1C3T144C8N 型 FPGA 芯片建立的系统设计实现容易调整控制、精准的电刺激波形和参数的生成，能够满足不同治疗需求。

关键词：FPGA/VHDL，电刺激治疗仪，脉冲调制

2.1.1 电源模块的设计

电源芯片采用的是 AMS1117-1.5，是一种属于低压差电压调节控制器系列，旨在产生一个 1A 的电流和压力的恒定电压。使用 AMS1117 供电时，其电源电路容易产生寄生干扰，并连多个电容可滤除各频率段的干扰，因此带入四个电容 C1，C2，C3，C4 使么芯片供给纯净 3.3V 的目的。

图 2　电源模块

2.1.2 按键开关的设计

外部按键的设计通过如图所示的按键组成以完成外部与核心模块之间的信息传输。用户可以通过外部按键进行脉冲的频率选择以及强度的调整等操作，达成所需要的功能。

图 3　按键模块

4 软件设计

4.1 各模块功能设计

4.1.1 PWM

用于实现电刺激的电压和频率的改变

```
library ieee;
use ieee.std_logic_1164.all;
entity pwm is
port(
    clk:in std_logic;
    ctl:out std_logic;
    out_p:out std_logic;
    out_m:out std_logic;
    cmp:inout integer range 0 to 1000;
    freq:inout integer range 0 to 50000000
);
end pwm;
architecture arch of pwm is
begin
    process(clk)
        variable cnt: integer range 0 to 1000;
```

图 4-2-40　设计报告（部分）

⑧ 项目答辩:学生在规定时间内用PPT讲解自己项目化教学课程设计的产品并演示实物;教师进行提问和点评。答辩过程见图4-2-41。

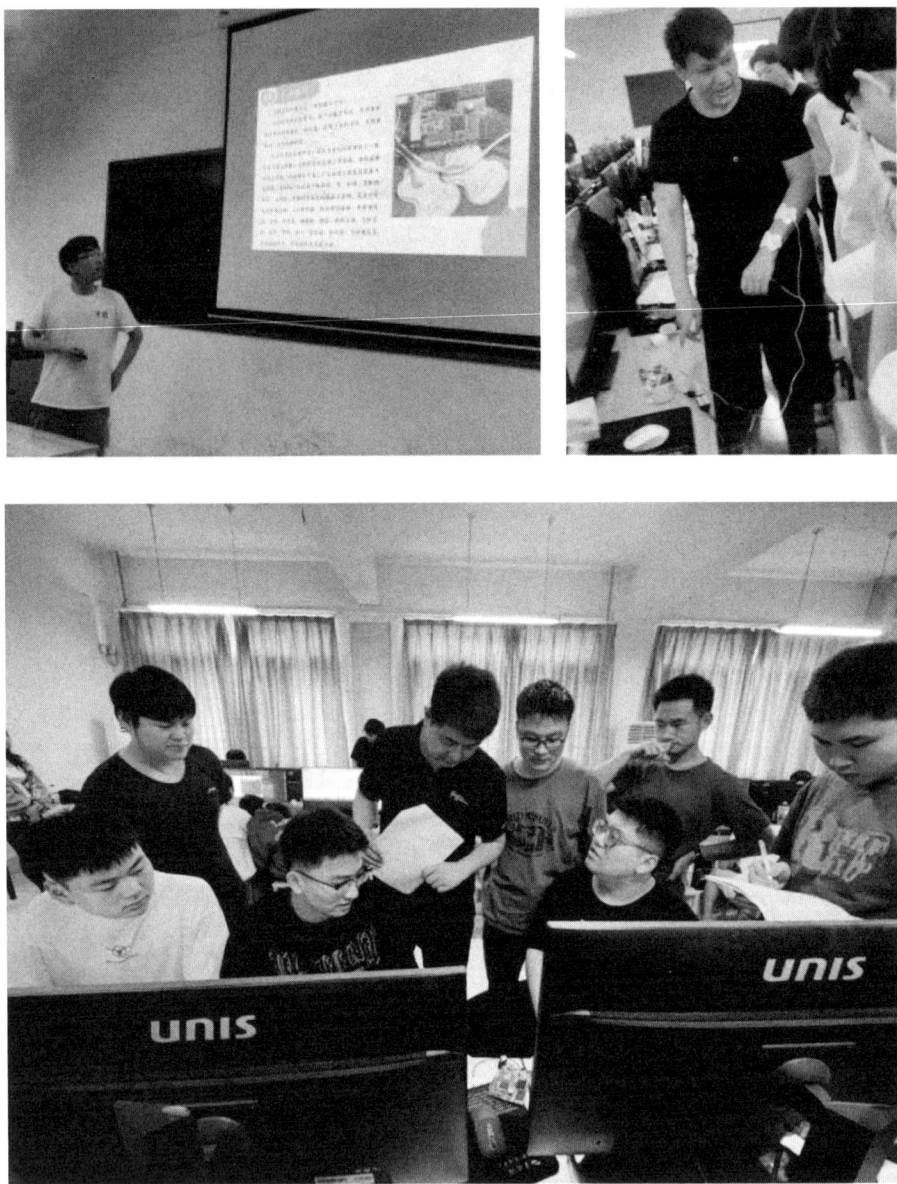

图 4-2-41 项目答辩过程图

5) 课程评价标准

电子产品设计与系统开发Ⅲ课程评价结果由校内外导师评价(70%)、团队内评价(20%)、团队互评(10%)三个评价主体来实施,每个主体评价都要严格按照阶段性过程考核(60%)和结果考核(40%)的标准执行。考核成绩打分表见表4-2-8。

表 4-2-8　课程打分表

1	电子产品设计与系统开发Ⅲ项目化课程成绩
2	学部：工学部　　班级：20 普本电信　　上课总学时：48 学时
3	任课教师：陈永亮、司小平　辅导员：来丽敏　班长或学习委员姓名及联系方式：王美燕

序号	学号	姓名	教师评价										组内评价	组间互评	成绩
			项目调研（5 分）	项目设计开发（35 分）					材料规范性（15 分）	设计答辩（10 分）	团队精神、沟通协调能力（5 分）	小组内综合表现（20 分）	代替性社会评价（10 分），采用真实用户评价可附加分（5～10 分）	
				方案设计（5 分）	各模块电路设计（10 分）	顶层电路设计（10 分）	外观设计和装配（5 分）	功能调试与产品测试（5 分）	课程报告、PPT 等（15 分）	项目结题答辩（10 分）	大局意识、协作精神，处事待人融洽、协调沟通能力	主要从项目贡献率、团队精神等方面	产品质量和答辩表现力	

注：①校内外导师评价（70%）：由校内外指导老师根据学生各阶段完成情况和提交的相关设计文档材料给分。取各项平均值为该主体评价给分，各项平均相互打分，要求有所区分。

②团队内评价（20%）：根据项目贡献率、团队精神等方面，项目负责人给团队成员评分，或者成员之间相互进行评价打分，代替性社会评价打分，教师按照一定规律指定某组对其他团队的完成情况进行评价打分，代替性社会评价打分，代替性社会评价可附加 5～10 分。

③团队互评（10%）：根据产品质量和答辩表现力，答辩表现情况或采用真实社会评价或采用真实用户评价可附加 5～10 分。

6）课程成果

（1）项目资源库建设情况：http：//www.altera.com.cn（FPGA 器件资料查找网站）、http：//www.altera.com.cn、http：//www.altera.com.cn（FPGA 技术学习网站）。

企业真实项目库见图 4-2-42。

- 课程设计方案：**基于FPGA的电刺激治疗仪--1周**
- 课程设计方案：**基于FPGA的数字识别-1周**
- 课程设计方案：**基于FPGA的信号发生器--1周**

图 4-2-42　企业真实项目库

（2）学生成果：通过本项目化教学课程的学习，学生们普遍表示收获颇丰。本次项目化教学课程，通过企业真实课题真题真做的方式，提升了学生的工作实践能力，支撑学生大四时期的"上岗应用"，与市场上对 FPGA 软/硬件工程师的岗位需求无缝对接。21 个小组的 61 名学生全部参与了项目的所有环节、提交了完成的 21 个"电刺激治疗仪"产品，产品功能初次合格率达到 95.2％，符合企业产品设计初期合格率要求，得到了企业和行业专家的极大认可。

2．电子产品设计与系统开发Ⅲ项目化教学课程教案展示

本项目化教学课程具体教学设计详见表 4-2-9（本教案设计是基于电刺激治疗仪设计项目进行的），由于篇幅限制，这里仅展示一次课的教案设计，更多教案设计详见本图书的电子资源。

表 4-2-9　电子产品设计与系统开发Ⅲ项目化教学课程教案设计表

2023—2024 年第一学期第 3 周

知识建模图

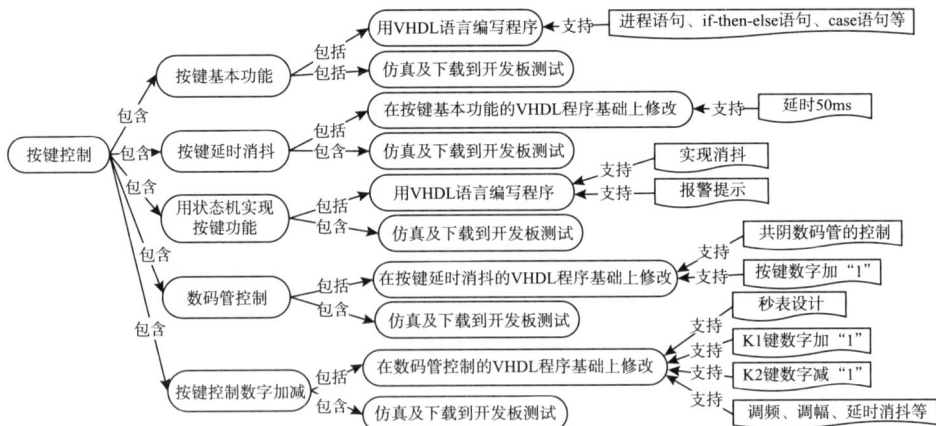

	知识点(学习水平)	能力目标	素质目标 (课程思政点)
学习目标	按键基本功能（理解）；编写 VHDL 程序实现按键基本逻辑功能（理解、运用）；按键延时消抖（理解、运用）；用状态机实现按键功能（理解、运用）；按键控制数码管（运用）；按键控制数字加减可实现调频、调幅、延时消抖等功能（运用）	具备利用 VHDL 语言编写实现按键功能的能力；具备利用 Quarter 编写 VHDL 程序，综合、引脚配置及下载测试的能力；具备利用按键实现调频、调幅、延时消抖的能力	团队协作精神及认真严谨的工匠精神

学习先决知识	知识点(学习水平)		
	掌握电子产品工艺与制作课程中按键的功能原理；具备 FPGA 技术及应用课程中的进程语句、if—then—else 语句、case 语句、状态机等相关的知识；具备 FPGA 技术及应用课程中的 VHDL 程序基本结构等基本知识。		

课上资源	文档、教案、QuartusⅡ软件、PPT	课下资源	期刊文章、QuartusⅡ软件、网络资源等
课上时间	480 分钟	课下时间	960 分钟

活动序列	任务的学习目标	地点	时间	学习资源
活动 1	编写 VHDL 程序，实现按键基本逻辑功能	课上	100 分钟	文档、电子版资料
		课下	200 分钟	
活动 2	按键延时消抖	课上	100 分钟	文档、网络资源、电子版资料
		课下	180 分钟	
活动 3	用状态机实现按键功能	课上	100 分钟	文档、网络资源、电子版资料
		课下	200 分钟	
活动 4	数码管控制数字加减	课上	180 分钟	文档、电子版资料、网络资源
		课下	380 分钟	

活动 1 知识建模图（课上＋课下）

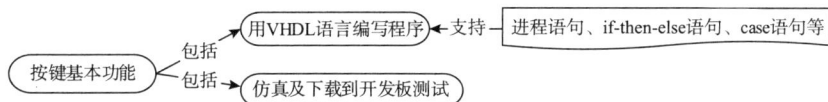

活动目标	运用 VHDL 语言编写程序，实现按键基本功能；运用 Quarter 软件对所编写程序进行仿真验证；理解引脚配置原理及方法；运用 Quarter 软件把综合后的程序下载到开发板测试

续表

活动任务序列（导入任务描述）

师生交互过程	① 教师提问:同学们通过前修课程电子产品工艺与制作学习了按键的基本功能和原理,上次课我们掌握了用 VHDL 语言控制 LED 灯的方法,有没有同学想过怎么用 VHDL 语言来实现按键的基本功能呢? 引导学生思考回答(大多数同学知道按键的基本功能和原理,但对于如何用 VHDL 语言来实现按键的基本功能不太清楚) ② 教师带领同学们编写程序,完成按键的逻辑功能 ③ 学生练习:根据老师所讲,利用进程语句、if-then-else 语句、case 语句等设计实现按键的基本逻辑功能

活动任务序列（任务一）

任务一知识组块： 	任务描述	利用 VHDL 语言编写实现按键基本逻辑功能的程序
	任务时长	70 分钟
	学习地点	课上
教学方式（或学习方式）	☑讲授　☑小组讨论　□答疑　□实验　☑实训　☑自主学习　□翻转课堂 □其他(请填写)_____	
师生交互过程	① 教师演示程序编写方法,并提问:进程语句、if-then-else、case 语句用哪种合适? ② 学生分小组讨论,上网查阅资料 ③ 学生分组尝试编写 VHDL 程序 ④ 教师抽查 2～3 个小组进行回答,师生共同研讨和点评	
学习资源	项目文档、PPT、网络资源	
学习成果及评价标准	学习成果:学生能设计实现按键基本逻辑功能的程序,并下载到开发板上实现按键按下输出高电平,否则输出低电平 评价标准:按时完成任务＋2分,完成但未按时＋1分,未完成0分	

活动任务序列（任务二）

任务二知识组块： 	任务描述	程序仿真、引脚配置及下载测试
	任务时长	30 分钟
	学习地点	课上
教学方式（或学习方式）	☑讲授　☑小组讨论　☑答疑　□实验　☑实训　□自主学习　□翻转课堂 □其他(请填写)_____	

师生交互过程	① 教师演示利用 Quarter 软件对 VHDL 程序进行仿真的方法,开发板上按键对应引脚说明;教师提问:按键设计实体 KEY 的输入、输出端如何与开发板上相关引脚进行配置? ② 学生分小组讨论,查阅资料,完成程序的仿真、引脚配置及下载测试 ③ 教师巡视全班,查看开发板上指定的 LED 灯是否能被按键控制亮灭
学习资源	项目文档、PPT、网络资源
学习成果及评价标准	学习成果:学生能够根据教师的要求,完成引脚配置及下载测试,结果正确 评价标准:按时完成任务+2 分,完成但未按时+1 分,未完成 0 分

活动 2 知识建模图(课上+课下)

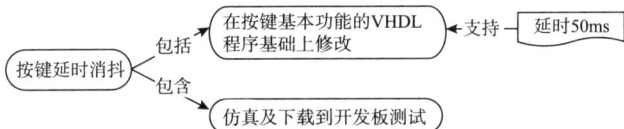

活动目标	运用 VHDL 语言编写程序,实现按键延时消抖,排除可能出现的误操作;运用 Quarter 软件对所编写的程序进行仿真验证;运用 Quarter 软件把综合后的程序下载到开发板测试

活动任务序列(任务一)

任务一知识组块:		任务描述	利用 VHDL 语言编写按键延时消抖的程序
		任务时长	80 分钟
		学习地点	课上

教学方式(或学习方式)	☑讲授　☑小组讨论　□答疑　□实验　☑实训　☑自主学习　□翻转课堂 □其他(请填写)_____
师生交互过程	① 教师讲解按键消抖的原理,并提问:如何用开发板上 50MHz 的时钟实现延时50ms? 计数器的模如何计算? ② 学生分小组讨论,上网查阅资料,计算参数 ③ 教师抽查 2～3 个小组回答问题,师生共同研讨和点评,确定关键参数 ④ 学生分组尝试编写 VHDL 程序
学习资源	教材《EDA 技术实用教程》(第六版)(计数器设计相关内容)、文档、网络资源
学习成果及评价标准	学习成果:学生能设计按键延时消抖的程序 评价标准:无

活动任务序列(任务二)

任务二知识组块： 	任务描述	程序仿真、引脚配置及下载测试
	任务时长	20 分钟
	学习地点	课上

教学方式 (或学习方式)	☑讲授　☑小组讨论　□答疑　□实验　☑实训　□自主学习　□翻转课堂 □其他(请填写)_____
师生交互过程	① 教师提问:仿真参数如何设置? 根据仿真结果如何判断功能设计是否正确? 按键延时消抖的输入、输出端与开发板上相关引脚进行配置和按键基本功能程序配置方法一样吗? ② 学生分小组讨论,查阅资料,完成程序仿真、引脚配置及下载测试 ③ 教师抽查 2～3 组查看开发板上指定的 LED 灯是否被按键正确控制亮灭
学习资源	PPT、文档资料、网络资源
学习成果及评价标准	学习成果:学生能够根据教师的要求,完成引脚配置及下载测试 评价标准:按时完成任务＋2分,完成但未按时＋1分,未完成0分

活动 3 知识建模图(课上十课下)

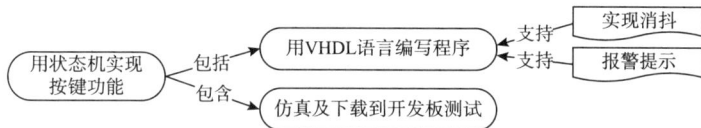

活动目标	运用 VHDL 语言中的状态机编写程序,实现按键的基本功能、延时消抖和报警提示功能;运用 Quarter 软件对所编写程序进行仿真验证;运用 Quarter 软件把综合后的程序下载到开发板测试

活动任务序列(任务一)

任务一知识组块： 	任务描述	利用 VHDL 语言中的状态机编写实现按键基本功能、延时消抖和报警提示功能的程序
	任务时长	70 分钟
	学习地点	课上

教学方式 (或学习方式)	☑讲授　☑小组讨论　□答疑　□实验　☑实训　☑自主学习　□翻转课堂 □其他(请填写)_____

师生交互过程	① 教师讲解状态机的基本结构,演示核心程序的编写,并提问:如何完善程序,才能使它实现按键基本功能、延时消抖和报警提示功能? ② 学生分小组讨论,上网查阅资料 ③ 学生分组尝试编写 VHDL 程序 ④ 教师巡视全班,查看开发板上的 LED 灯和扬声器是否被按键正确控制
学习资源	文档资料、开发板资料手册、网络资源
学习成果及评价标准	学习成果:学生能用状态机编写程序,实现按键的基本功能、延时消抖和报警提示功能 评价标准:无

活动任务序列(任务二)

任务二知识组块: 	任务描述	程序仿真、引脚配置及下载测试
	任务时长	30 分钟
	学习地点	课上
教学方式 (或学习方式)	☑讲授 ☑小组讨论 □答疑 □实验 ☑实训 □自主学习 □翻转课堂 □其他(请填写)_____	
师生交互过程	① 教师讲解开发板上按键、LED 灯、扬声器对应的引脚编号,要求同学们根据任务进行引脚配置 ② 学生学习资料,分小组讨论,上网查阅资料 ③ 教师抽查 2~3 个小组,查看完成情况,师生共同研讨和点评	
学习资源	开发板芯片资料手册、网络资源	
学习成果及评价标准	学习成果:学生能够根据教师的要求,完成引脚配置及下载测试 评价标准:按时完成任务+2 分,完成但未按时+1 分,未完成 0 分	

活动 4 知识建模图(课上+课下)

活动目标	在按键延时消抖的 VHDL 程序基础上修改程序,实现两个按键分别控制数码管+1 和−1 功能;在数码管控制的 VHDL 程序基础上修改,实现 4 个数码管同时显示,以备在后期顶层电路中实现调频、调幅功能。运用 Quarter 软件对所编写程序进行仿真验证;运用 Quarter 软件把综合后的程序下载到开发板测试

活动任务序列(任务一)

任务一知识组块：	任务描述	利用 VHDL 语言,在按键延时消抖的 VHDL 程序基础上修改,添加共阴数码管控制程序,按键时＋1
	任务时长	60 分钟
	学习地点	课上

教学方式(或学习方式)	☑讲授　☑小组讨论　□答疑　□实验　☑实训　☑自主学习　□翻转课堂 □其他(请填写)_____
师生交互过程	① 教师讲解数码管的驱动原理,演示核心程序的编写,并提问:如何完善按键延时消抖程序,按下按键时使它既能控制 LED 灯的点亮,又能控制数码管＋1? ② 学生分小组讨论,上网查阅资料 ③ 学生分组尝试编写 VHDL 程序 ④ 教师巡视全班,查看开发板上的 LED 灯是否被按键点亮的同时数码管显示数字＋1
学习资源	文档资料、开发板资料手册、网络资源
学习成果及评价标准	学习成果:学生能在按键延时消抖的 VHDL 程序基础上修改,添加共阴数码管控制程序,按键时＋1 评价标准:无

活动任务序列(任务二)

任务二知识组块：	任务描述	程序仿真、引脚配置及下载测试
	任务时长	20 分钟
	学习地点	课上

教学方式(或学习方式)	☑讲授　☑小组讨论　□答疑　□实验　☑实训　□自主学习　□翻转课堂 □其他(请填写)_____
师生交互过程	① 教师讲解开发板上数码管对应的引脚编号,要求同学们根据任务进行引脚配置 ② 学生学习资料,分小组讨论,上网查阅资料 ③ 教师抽查 2～3 个小组查看完成情况,师生共同研讨和点评
学习资源	开发板芯片资料手册、网络资源

学习成果及评价标准	学习成果:学生能够根据教师的要求,完成引脚配置及下载测试 评价标准:按时完成任务+2 分,完成但未按时+1 分,未完成 0 分

活动任务序列(任务三)

任务三知识组块: 	任务描述	利用 VHDL 语言,在数码管控制的 VHDL 程序基础上修改,添加秒表功能、K1 键数字加"1"、K2 键数字减"1"、调频、调幅等功能
	任务时长	70 分钟
	学习地点	课上

教学方式 (或学习方式)	☑讲授　☑小组讨论　□答疑　□实验　☑实训　□自主学习　□翻转课堂 □其他(请填写)_____
师生交互过程	① 教师讲解多按键控制数码管显示数字的加减 1 的原理,演示核心程序的编写,并提问:如何完善按键控制数码管程序来实现秒表功能? 怎样才能按下相应按键使控制数码管+1 和-1,实现调频、调幅功能? ② 学生分小组讨论,上网查阅资料 ③ 学生分组尝试编写 VHDL 程序 ④ 教师巡视全班,查看开发板上的 4 个数码管是否被相应按键控制显示数字+1/-1
学习资源	文档资料、开发板资料手册、网络资源
学习成果及评价标准	学习成果:学生能在数码管控制的 VHDL 程序基础上修改,添加秒表功能、K1 键数字加"1"、K2 键数字减"1"、调频、调幅等功能 评价标准:无

活动任务序列(任务四)

任务四知识组块: 	任务描述	程序仿真、引脚配置及下载测试
	任务时长	20 分钟
	学习地点	课上

教学方式 (或学习方式)	☑讲授　☑小组讨论　□答疑　□实验　☑实训　□自主学习　□翻转课堂 □其他(请填写)_____

续表

师生交互过程	① 教师讲解开发板上数码管位对应的引脚编号,要求同学们根据任务进行引脚配置 ② 学生学习资料,分小组讨论,上网查阅资料 ③ 教师抽查2～3个小组查看完成情况,师生共同研讨和点评
学习资源	开发板芯片资料手册、网络资源
学习成果及评价标准	学习成果:学生能够根据教师的要求,完成引脚配置及下载测试 评价标准:按时完成任务＋2分,完成但未按时＋1分,未完成0分

活动任务序列(任务五)

任务五知识组块:		
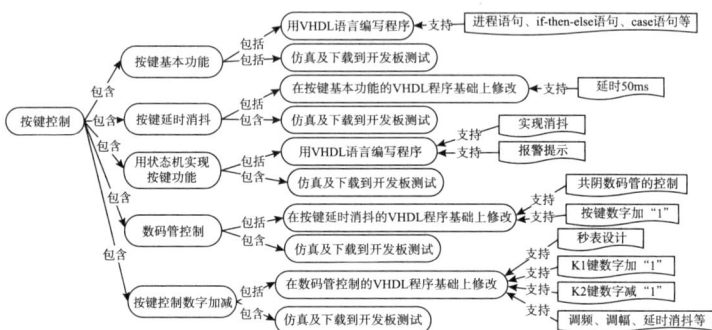	任务描述	本节内容总结及课下任务布置
	任务时长	10分钟
	学习地点	课上

教学方式 (或学习方式)	☑讲授　□小组讨论　□答疑　□实验　□实训　☑自主学习　□翻转课堂 □其他(请填写)_____
师生交互过程	① 教师布置课下任务,说明注意事项 ② 教师线上答疑,指导学生完成课下作业 ③ 学生学习资料,上网查阅资料,分小组讨论,完成课下任务
学习资源	课程资料、Quarter软件
学习成果及评价标准	学习成果:完成课下任务,提交到翻转校园 评价标准:按时完成任务并提交＋2分,完成但未按时＋1分,未完成0分
课后反思	通过课堂知识点讲解、实例演示操作,学生根据任务工单要求,能较好地完成按键基本功能、延时消抖、按键控制数字加减的 VHDL 程序设计及下载测试,课堂参与度较高。个别同学对于用状态机实现按键功能掌握得不够好,应多加强练习

4.2.5　电子产品设计与系统开发Ⅳ课程教学设计实例

1. 电子产品设计与系统开发Ⅳ项目化教学课程教学设计

1) 课程简介

电子产品设计与系统开发Ⅳ课程是电子信息工程专业就业方向的专业选修课程。为对接市场、行业、工作岗位群需求,校内导师和企业导师共同以项目化形式培养学生解决复杂综合问题的实践能力,帮助学生在真实项目实践中"做成、做好",无缝衔接用人单位,并接受市场检验,促进学生高质量就业。开设本课程是为了培养学生从事设计和研发具有综合数字化、网络化、智能化的电子产品的创新设计能力。

2) 教学设计与实施情况

(1) 教学内容方案设计

先修课程嵌入式技术与应用、电子产品设计与系统开发Ⅰ、电子产品设计与系统开发Ⅱ将所学 STM32 处理器作为裸机使用,裸机运行的程序代码没有多任务、线程的概念。课程的讲解没有融入操作系统的内容。

本课程是系统级、综合级的项目化教学课程。全方位的综合学科知识,可以培养学生数字化、网络化、智能化等综合实践能力。本课程构建了以嵌入式技术、无线通信技术、传感器技术等为核心的知识平台架构。平台架构以"模拟电子线路""数字电子技术""C 语言程序设计"等为理论基础,构建"CPU 处理模块、传感器模块、嵌入式系统模块、数据通信模块"四大核心模块,结合行业发展方向,引进开源项目。平台架构图见图 4-2-43。

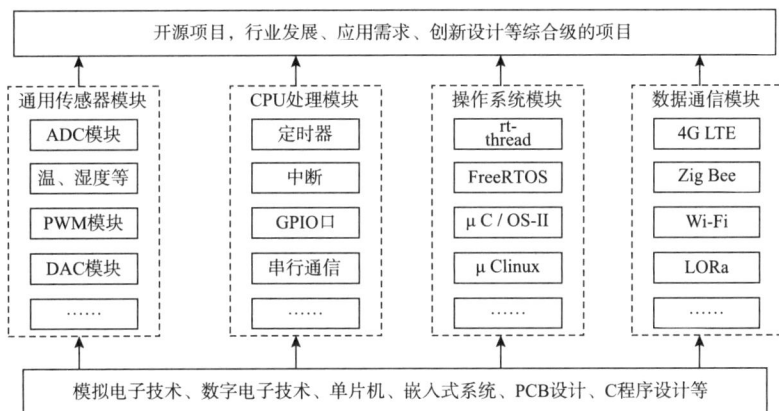

图 4-2-43　课程总体架构框图

本课程在 2023 年秋季开设,课程以郑州信盈达科技有限公司的延时性工程实践项目为例,该工程项目"健康伴侣"由 ARM 内核 MCU(Cortex-M 系列)、TFTLCD 屏、Wi-Fi 无线通信及语音播放模块、温湿度传感器等主要硬件构成。项目硬件搭建结构见图 4-2-44。

该平台采用 FreeRTOS 操作系统,通过编写相关代码驱动 Wi-Fi 模组,可通过上位机 App 给嵌入式系统设备设置要查询的城市和 Wi-Fi 密码,然后再连接到气象服务器,获取当地天气,并根据天气信息进行健康提示,例如穿衣指数、气象灾害与突发事件预警信息、城市生活指数等,同时还可以通过温湿度传感器采集到当前室内的温湿度值,并对超限的温湿度进行控制。

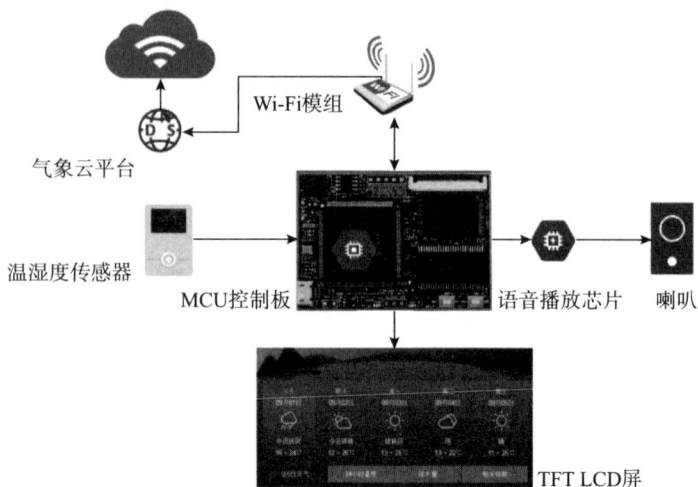

图 4-2-44　项目硬件搭建结构

"健康伴侣"的产品开发让物联网与电子系统紧密结合,针对目前热门 ARM 系列主控、Wi-Fi、云服务器、JSON 数据解析、TFTLCD 屏、语音播报和语音识别等开发技能进行讲解和实战,重点学习产品开发流程、技术需求、行业生产工序及要求、工程师职业规划等。

（2）教学设计与方法

建立课程构架,制定课程的低阶和高阶目标。本课程低阶目标是学生掌握本课程的基本知识和技能,达到培养方案的合格要求。高阶目标,指的是依据教育部"两性一度"即创新性、高阶性、挑战度的金课标准要求,学生在掌握本课程知识和技能的基础上,能够举一反三,加入自己的思想和技术,将项目扩展到其他应用领域。

本项目化教学课程以"健康伴侣"为例,项目化教学中"健康伴侣"项目方案实施流程图见图 4-2-45,其中第二个环节可根据需要确定采用无线传感技术、物联网技术还是无线通信等技术。通过本课程的学习,学生掌握了嵌入式系统的综合性项目开发流程,并能够扩展一些物联网、无线通信等的基础知识,具备了初步分析和设计综合性嵌入式系统的能力。

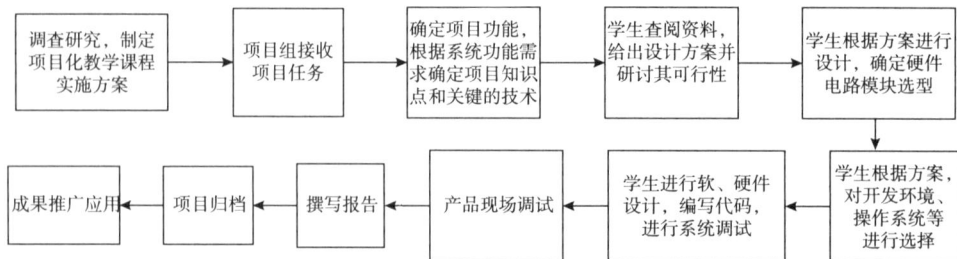

图 4-2-45　课程项目方案实施流程图

3）课程成果

本课程的课程成果采用阶段性过程考核（60％）和结果考核（40％）相结合的方式进行。阶段性过程考核主要是为了确保对全体同学的训练，尤其是对个别基础和能力较弱的同学，指导教师应加强项目跟踪和及时指导，尽量使每个同学都能够得到一定程度的训练和提升；结果考核主要是对项目完成情况的考核，可分为完成、基本完成、主要指标完成和未完成四个等级。课程考核成绩各部分比重见表 4-2-10。

表 4-2-10　考核方法

考核项目	阶段性过程考核（60％）	结果考核（40％）	所占权重
校内外导师评价	根据学生各阶段完成情况和提交的相关设计文档材料给分，取各项平均值为该主体评价的最终得分		70％
团队内评价	根据项目贡献率、团队精神等，项目负责人给团队成员评价、打分，或者成员之间相互打分，要求有 3 个以上等级区分		20％
团队互评	根据项目的完成进度、产品质量和答辩表现等打分		10％

4）具体教学实施过程

以项目中温湿度传感器的应用为例，课程实施过程如下。

（1）教师布置任务，首先让学生了解常见传感器的型号和特点；其次在课堂上讲授有关传感器的应用和特点；最后进行选型。这期间组织学生讨论发表见解，见图 4-2-46。

图 4-2-46　讨论现场

（2）根据传感器的参数，进入 KEIL5 环境中编写程序，各小组可以讨论程序的实现方案，针对编译程序中出现的错误，要进行排查，可以以小组互相讨论的形式解决问题，也可以咨询教师，见图 4-2-47。

（3）确认程序编写无错误后，下载程序，观察电路呈现的现象，针对硬件电路出现的问题可以再次排查错误，直至电路功能实现，见图 4-2-48。

图 4-2-47　小组讨论

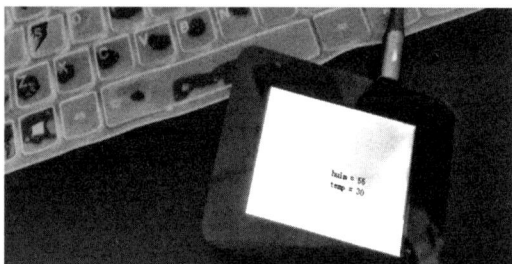

图 4-2-48　调试程序

2. 电子产品设计与系统开发 Ⅳ 项目化课程教案展示

本项目化教学课程具体教学设计详见表 4-2-11（本教案设计是基于"健康伴侣"项目进行的），由于篇幅限制，这里仅展示一次课的教案设计，更多教案设计详见本图书的电子资源。

表 4-2-11　电子产品设计与系统开发 Ⅳ 项目化教学课程教案设计表

2023 年第 1 学期第 4 周

知识建模图

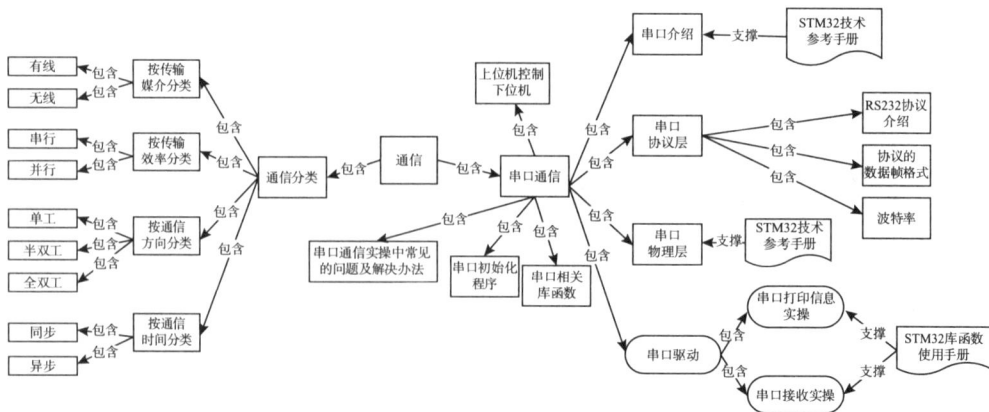

续表

	知识点(学习水平)	能力目标	素质目标 (课程思政点)
学习目标	常用通信的分类及其特点(理解)、串口通信的特点、物理层(理解)、协议层(理解),串口通信的库函数及初始化程序(运用),上位机控制下位机的通信功能(运用)	具备运用库函数编写串口初始化程序的能力,具备上位机与下位机通信及控制的能力	初步获得嵌入式工程师的职业素质、规则与协作意识、系统思维与全局观

学习先决 知识技能	知识点(学习水平)		
	通信的分类(理解),串口通信的基础知识(理解)		

课上资源	STM32 库函数手册、STM32 技术手册、KEIL5、串口助手	课下资源	互联网、KEIL5、串口助手
课上时间	200 分钟	课下时间	400 分钟

活动序列	任务的学习目标	地点	时间	学习资源
活动 1	常用通信的分类及其特点(理解)、串口通信的特点、物理层(理解)、协议层(理解)	课上	70 分钟	PPT、STM32 库函数手册、KEIL5 编译器
		课下	100 分钟	STM32 库函数手册、STM32 技术手册、网络资源
活动 2	串口通信的库函数及初始化程序(运用)、串口驱动程序编写(运用)、上位机控制下位机的通信功能(运用)	课上	130 分钟	STM32 库函数手册、STM32 技术手册、KEIL5 编译器、网络资源、FlyMCU 下载软件、串口调试助手
		课下	300 分钟	STM32 库函数手册、STM32 技术手册、KEIL5 编译器、网络资源、FlyMCU 下载软件、串口调试助手

活动 1 知识建模图(课上、课下)

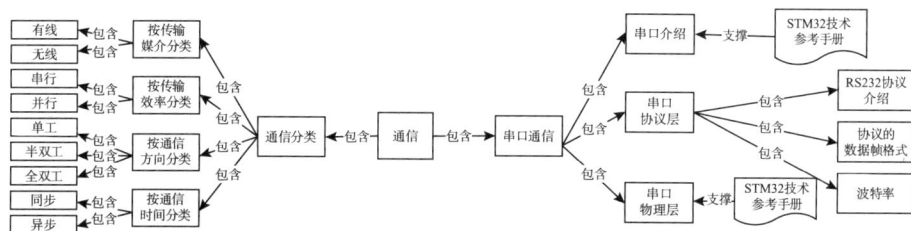

活动目标	常用通信的分类及其特点(理解),串口通信的特点、物理层(理解),协议层(理解)

续表

活动任务序列(导入任务描述)	
师生交互过程	① 教师以 PPT 形式展示通信的相关知识,让学生消化吸收,学生提出疑问,教师进行解答 ② 教师通过多媒体展示通信的应用实例,并提出问题,引发学生对每种通信特点的理解 问题一:串行通信和并行通信的优缺点各是什么?(适合的应用场合等) 问题二:结合日常生活,说说单工、半双工、全双工各应用于什么地方 问题三:说说同步和异步通信的特点 ③ 教师对同学们的回答进行补充与引导 ④ 教师讲解串口通信的协议层和物理层

活动任务序列(任务一)

任务一知识组块:		
	任务描述	教师通过 PPT 展示,列举日常生活中通信的实例,加深学生对不同种类通信的理解,学生提出疑问,教师进行解答。主要完成的任务包括①了解通信的分类;②了解每一类通信的特点
	任务时长	40 分钟
	学习地点	课上

教学方式 (或学习方式)	☑讲授　☑小组讨论　☑答疑　□实验　□实训　□自主学习　□翻转课堂 □其他(请填写)＿＿＿＿＿＿
师生交互过程	教师以 PPT 形式展示通信分类的相关知识点,学生进行消化吸收,并提出疑问,教师进行解答。课堂组织如下 ① 针对教师给出的问题,学生以小组为单位讨论 3 分钟左右 ② 教师从每个小组中随机抽取一位同学,代表小组汇报,本组其他同学可补充 ③ 其他小组同学和教师对汇报的同学提出问题和质疑,汇报组代表回答质疑,汇报组其他同学可补充 ④ 教师点评与补充
学习资源	PPT、STM32 库函数手册、KEIL5 编译器
学习成果及评价标准	无

活动任务序列(任务二)

任务二知识组块:		
	任务描述	教师播放 PPT 并讲解串口通信的相关参数及协议层,让学生理解 RS232 协议相关知识点,学生在教师讲课过程中回答教师提出的问题。主要完成的任务有:①理解串口通信的特点;②理解串口的协议层
	任务时长	30 分钟
	学习地点	课上

教学方式 （或学习方式）	☑讲授　☑小组讨论　☑答疑　□实验　□实训　□自主学习　□翻转课堂 □其他（请填写）_____
师生交互 过程	教师以 PPT 形式展示 RS232 协议相关知识点，学生消化吸收，并提出疑问，教师进行解答 ① 教师讲授：讲解串口通信相关参数及协议层，学生认真听讲 ② 教师提问：假设我们要让 STM32 和计算机通信，但计算机用的是 RS-232 电平（±12V），而 STM32 是 TTL 电平（0/3.3V），直接连接会烧芯片，该怎么办？ ③ 学生进行小组讨论 ④ 教师提问：教师随机抽取 2~3 组同学进行汇报，其他同学认真听取汇报并进行补充 ⑤ 教师总结：是的，需要加电平转换芯片，比如 MAX232 ⑥ 教师讲授：协议的数据帧格式，比特率的定义及计算方法。提问：现在我们要配置波特率为 9600，系统时钟 72MHz，那么 BRR 寄存器的值怎么算 ⑦ 学生进行小组讨论 ⑧ 教师提问：教师随机抽取 2~3 组的同学进行汇报，其他同学认真听取汇报并进行补充 ⑨ 教师总结：比特率计算规则及注意事项、串口通信的特点、串口的协议层
学习资源	PPT、STM32 库函数手册、KEIL5 编译器、"健康伴侣"项目原理图
学习成果及 评价标准	无

活动任务序列（任务三）

任务三知识组块：
 	
串口通信
   包含
     串口物理层 ←支撑— STM32技术参考手册
	任务描述	查阅文献，消化吸收相关知识；理解串口的物理层

	任务时长	100 分钟
	学习地点	课下

教学方式 （或学习方式）	□讲授　☑小组讨论　☑答疑　□实验　□实训　☑自主学习　□翻转课堂 □其他（请填写）_____
师生交互 过程	学生查阅文献自主学习，可以在线上和老师交流答疑 ① 教师布置分发学习资料，要求学生认真阅读《STM32 技术参考手册》中的以下章节：USART/UART 框图（如 STM32F10xx 的 25.3 节）；GPIO 复用功能（如 8.3 节）；时钟树与 USART 时钟源（如 6.2 节）。重点标注：TX/RX 引脚复用方式、波特率时钟路径、最大通信距离 ② 教师提出学习要求：要求学生提交学习笔记，并完成以下任务：思维导图画出 USART 物理层信号流（从内核时钟→波特率生成→引脚输出），列出至少 3 个影响通信稳定性的物理层因素（如电压波动、阻抗匹配）；硬件对比分析，查阅 STM32F1（标准外设库）和 STM32H7（HAL 库）的串口物理层差异，尤其最大波特率、时钟源、脚耐压等参数要详细列出来 ③ 学生课下完成任务 ④ 教师在线答疑 ⑤ 学生提交学习笔记和任务作业

续表

学习资源	STM32 库函数手册、STM32 技术手册、网络资源
学习成果及评价标准	无

活动 2 知识建模图(课上、课下)

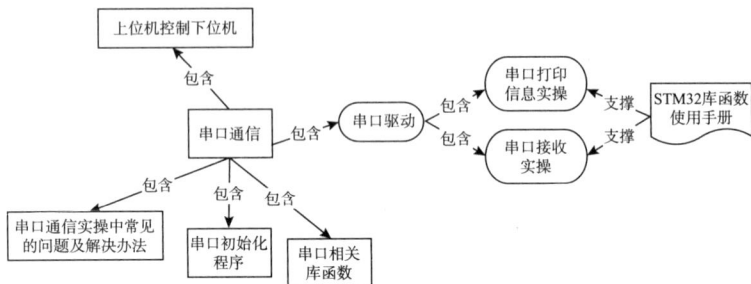

活动目标	串口通信的库函数及初始化程序(运用),上位机控制下位机的通信功能(运用)

活动任务序列(任务一)

任务一知识组块:	任务描述	通过 KEIL5 运行环境,教师编写串口驱动代码,学生跟着编写,出现问题,教师及时解决,主要完成两个任务:① 了解串口相关库函数;② 掌握串口初始化程序的编写方法
	任务时长	50 分钟
	学习地点	课上

教学方式(或学习方式)	☑讲授　☑小组讨论　☑答疑　☑实验　□实训　□自主学习　□翻转课堂 □其他(请填写)_____
师生交互过程	教师:运行 KEIL5,编写串口驱动代码 学生:认真学习和记录;现场编写串口驱动代码 教师:现场指导,针对学生编程过程中出现的问题及时提供帮助和指导 在 KEIL5 运行环境中,一边实操一边讲解程序,让学生对程序进行消化吸收,学生提出疑问,教师进行解答。并在课堂上布置实操任务,以小组合作形式完成,具体如下 ① 教师提出问题后小组讨论 3 分钟左右 ② 老师从每个小组中随机抽取一位同学,代表小组汇报任务完成情况,本组其他同学可补充 ③ 其他小组同学和老师对汇报提出问题和质疑,汇报组代表回答质疑,汇报组其他同学可补充 ④ 教师点评与补充,并把实操中常见的问题进行分析总结
学习资源	投影、STM32 库函数手册、STM32 技术手册、KEIL5 编译器、网络资源、FlyMCU 下载软件、串口调试助手
学习成果及评价标准	无

<table>
<tr><td colspan="3" align="center">活动任务序列(任务二)</td></tr>
<tr>
<td rowspan="3">任务二知识组块：
</td>
<td>任务描述</td>
<td>通过实操环节让学生能够掌握串口打印信息和串口接收数据的功能,并分析实操中常见的问题及解决办法</td>
</tr>
<tr>
<td>任务时长</td>
<td>80 分钟</td>
</tr>
<tr>
<td>学习地点</td>
<td>课上</td>
</tr>
<tr>
<td>教学方式
(或学习方式)</td>
<td colspan="2">☑讲授　☑小组讨论　☑答疑　☑实验　□实训　□自主学习　□翻转课堂
□其他(请填写)_____</td>
</tr>
<tr>
<td>师生交互
过程</td>
<td colspan="2">① 教师演示:使用 STM32CubeMX 配置 USART1(PA9/PA10),波特率 115200,开启全局中断。重定向 printf 至串口,发送字符串
② 学生练习:在计算机上完成基本操作练习,独立完成配置,用串口助手接收数据
③ 教师提问:如果 printf 输出乱码,可能的原因是什么?
④ 学生思考并回答:波特率不匹配、时钟配置错误、接线反接等
⑤ 教师演示:在 CubeMX 中启用 USART 接收中断,编写中断回调函数
⑥ 学生练习:实现计算机发送单个字符,STM32 回显该字符
⑦ 教师设置故障:如数据接收不完整、数据覆盖丢失、硬件连接错误等
⑧ 随机挑选小组进行错误排查并分享解决方法
⑨ 教师进行总结</td>
</tr>
<tr>
<td>学习资源</td>
<td colspan="2">STM32 库函数手册、STM32 技术手册、KEIL5 编译器、网络资源、FlyMCU 下载软件、串口调试助手</td>
</tr>
<tr>
<td>教学方式
(或学习方式)</td>
<td colspan="2">无</td>
</tr>
<tr><td colspan="3" align="center">活动任务序列(任务三)</td></tr>
<tr>
<td rowspan="3">任务三知识组块：
</td>
<td>任务描述</td>
<td>编写串口驱动程序;编写 LED 初始化程序;完成上位机(计算机)控制下位机(STM32),实现键盘按键控制 LED 状态的功能</td>
</tr>
<tr>
<td>任务时长</td>
<td>300 分钟</td>
</tr>
<tr>
<td>学习地点</td>
<td>课下</td>
</tr>
<tr>
<td>教学方式
(或学习方式)</td>
<td colspan="2">☑讲授　☑小组讨论　☑答疑　☑实验　□实训　☑自主学习　□翻转课堂
□其他(请填写)_____</td>
</tr>
<tr>
<td>师生交互
过程</td>
<td colspan="2">① 教师布置课下任务:分发硬件开发板和学习资料,布置程序编写任务:编写串口驱动程序;编写 LED 初始化程序;完成上位机(计算机)控制下位机(STM32,实现键盘按键控制 LED 状态的功能
② 学生领取开发板,课下完成程序编写
③ 教师进行线上答疑,针对学生课下编程中遇到的问题,给予相应指导
④ 学生提交完成的程序工程文件、运行结果截图或运行实物演示视频</td>
</tr>
</table>

续表

学习资源	互联网、STM32 库函数手册、STM32 技术手册、KEIL5 编译器、网络资源、FlyMCU 下载软件、串口调试助手
学习成果及评价标准	学习成果 学生能够完成上位机与下位机互相通信，以及上位机（计算机）控制下位机（STM32 外设）的功能，并提交电子档的作业 评价标准 ① 能够按时提交电子档材料＋3 分，能够完成但未按时提交＋1 分，未提交作业 0 ② 书写规范、程序完整、运行无错误、验证功能正确＋3 分，存在少量问题＋2 分，问题比较多＋1 分
课后反思	① 通过课堂教学，大部分学生理解并掌握串口的性能特点、工作原理以及初始化程序的编写方法 ② 课程的难点在于上位机对下位机的控制部分，通信过程比较容易理解，编写程序时会出现问题，导致功能不容易实现，需要学生课下多动手练习

4.3　专业基础课程教学设计实例

4.3.1　电路分析基础课程教学设计实例

1. 电路分析基础课程教学设计

1）课程简介

电路分析基础课程是电子信息工程专业、通信工程专业、测控技术与仪器专业的第一门专业基础课，不仅为后续的模拟电子技术、数字电子技术、高频电子线路等课程提供电路分析基础知识与技能储备，还使学生掌握了电路的基本理论知识和扎实的初步实验技能，以及分析计算电路的基本方法。本课程借助工程实际案例培养学生的家国情怀、科学思维和工匠精神，在人才培养的早期阶段便加强对学生创新意识和思辨思维能力的培养。

2）教学内容

（1）就业类教学内容

本课程突破原有章节体系，以"认、知、用"为主线，构建全新的项目化教学体系，把教学内容分为理论与实践一体化项目，项目设计遵循认知规律，分为以下三个层次。

① 第一个层次为认知类训练，主要内容为认识元器件和常用电工工具，以及常用仪器仪表等的使用。通过认知训练，学生能够认识元器件、掌握基本的判别测试方法，同时还学会了如何熟练规范地使用工具和仪器。

② 第二个层次为基本训练项目，主要包括电路的基本概念、基本定律、直流电路测量、单相和三相交流电路测量、功率因数及功率因数的提高、电路设计实现等内容，从应用角度学习电路理论和方法，应用理论和方法解决实际问题，强调规范操作及解决效果。

③ 第三个层次为综合项目，主要包括电路动态过程研究、综合电路设计、电路仿

真、虚拟仪器使用等内容。教学内设计见图 4-3-1。

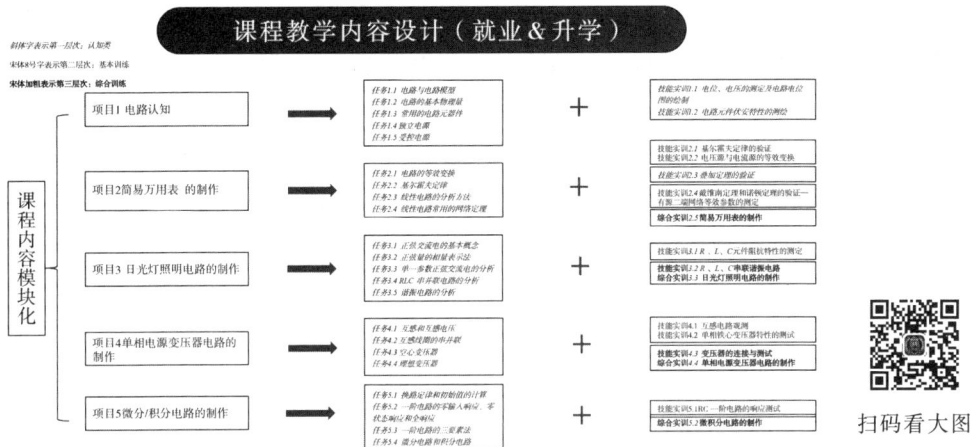

图 4-3-1　教学内容层次及模块化设计

（2）升学类教学内容

上述就业类教学内容的设计同样也适用于升学类教学，但是相比于就业类教学，升学类教学需在上述基础上增加项目 6——信号处理过程，具体内容见图 4-3-2。

图 4-3-2　升学类教学需附加内容

3）教学设计与方法

（1）教学设计

① 就业类教学设计

指导思想：按照企业市场需求、国家专业规范、学校定位、专业培养目标等，确定课程教学目标，提炼育人目标，挖掘、提炼课程思政的切入点，激发学生的民族自豪感和爱国主义情怀，坚定学生的政治信仰，培养工匠精神、科学精神与创新精神。将思政教育贯穿教学全过程，将知识传授与价值引领相统一。

本课程采用理论与实践一体化的模式，部分理论课也安排在实验室进行。在教学中，根据项目的具体内容，采取"理论—实践""实践—理论""问题导入""任务驱动"等多种形式展开教学。

"理论—实践"即理论指导实践。教师先介绍主要内容、项目目标；再介绍每个任务的相关知识点，然后让学生 3～5 人一组进行讨论；最后学生拿出任务实施方案。教师检查通过后，同组学生共同动手操作完成任务。比如，在"交流电路测量"这个项目中，主要任务是通过测量得到电路参数，所以教师应先讲解交流电路各种元件的电压电流关系和功率关系,然后学生设计测量哪些参数(如何实施以及具体实施步骤),教师确定设计合理后,学生才可以对电路进行测量。

"实践—理论"即对实践的结论进行理论提升。学生按照要求进行电路测量,然后得出结论。比如,在"直流小功率电路的测量—基本定理的介绍"这个项目中,教师先让学生测量各支路电流和各段电压,然后让学生分组讨论,并总结出各节点电流关系和各段电路的电压关系,进而引入基尔霍夫定律。

"问题导入"即教师先针对日常、工程中的问题或现象提出问题,学生再分组进行理论分析和实践操作,探究背后的原理,最后交流总结。

"任务驱动"即教师先提出任务,然后学生分组研究,找出任务的相关理论,最后设计完成任务的方案,进行必要的方针分析、实际操作等。

② 升学类教学设计

指导思想:课程内容需注重知识更新、学科前沿、创新教育、思政教育等,旨在培养学生的科学精神,培育学生的产业情怀,激发学生的爱国热情。

基于上述就业类教学设计,升学类教学设计需要缩短项目化教学内容的学时,然后引入二阶动态电路分析、拉普拉斯变换、傅里叶变换、网络函数等内容,以满足升学要求。教学设计侧重于"理论—实践""问题导入"两种类型。

(2)教学方法

本课程的教学资源丰富,需引入多种现代化教学手段,如线上线下相结合的方式。教师可以综合应用多种信息技术教学平台——翻转校园在线平台、智慧工具雨课堂、爱课程、大学生慕课网等,见图4-3-3,将之与线下课有机结合。

图 4-3-3　多种教学平台

同时,教师还要依据模块化内容,开发并制作与之相对应的课程教学资源包,包括教学大纲、教案、课件 PPT、案例库等。

4)教学活动与评价

本课程注重过程性、技能性、互动性考核,由平时成绩＋实验成绩＋卷面成绩

140

构成。

（1）平时成绩（占总成绩的 20%）：在线考勤、小组讨论及作业占平时成绩的 30%，小组讨论主要注重探究型论点和创新意识的培养；翻转校园在线测试占平时成绩的 40%；项目制作考核占平时成绩的 30%。平时过程管理以培养学生自我约束、自我管理等的良好习惯为侧重点。

（2）实验成绩（占总成绩的 20%）：出勤及项目成绩占实验成绩的 50%；实验技能考核占实验成绩的 50%。综合式实验可采用论文式、报告答辩式等形式进行考核。实验考核能督促学生勤于思考、勇于表达、能于行动，也能培养学生的科学思维和创新精神。（实验成绩考核标准依照《电路分析基础》实验考试大纲执行）。

（3）卷面成绩（占总成绩的 60%）：采用百分制，以期末笔试的形式进行考核。试卷的命题类型从考核学生知识储备向考核学生思考、分析、解决实际问题思辨思维能力转变，以理解性、应用性、实用性为目的，多侧重能体现学生洞察力、分析力的题型。（期末考试由试题库内随机抽题）

2. 电路分析基础课程教案展示

本课程具体教学设计详见表 4-3-1，由于篇幅限制，这里仅展示一次课的教案设计，更多教案设计详见本图书的电子资源。

表 4-3-1 电路分析基础课程教案设计表

2023—2024 学年第 2 学期第 1 周

知识建模图

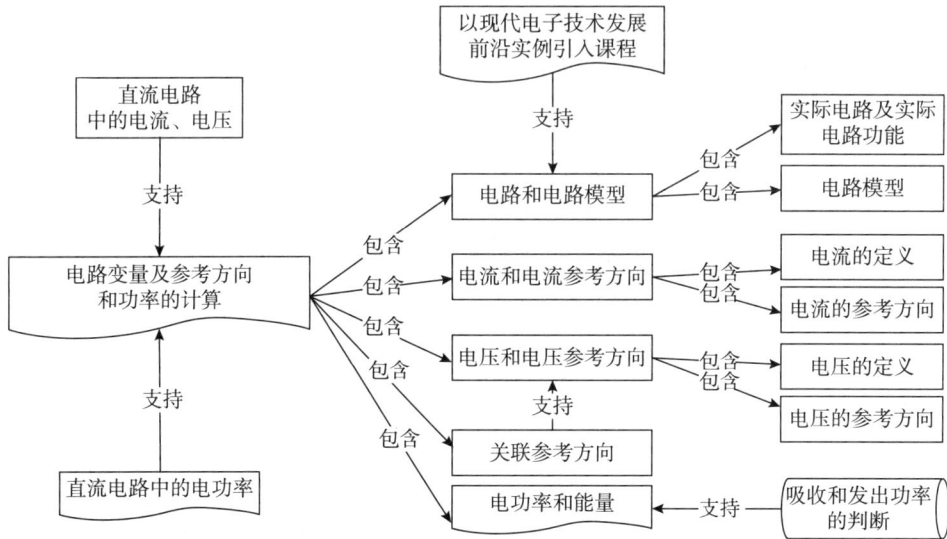

	知识点(学习水平)	能力目标	素质目标 (课程思政点)
学习目标	实际电路的组成及其功能(理解);电路模型的概念(理解);电流,电流的参考方向,电流参考方向与实际方向的区别和联系(运用);电压,电压的参考方向,电压参考方向与实际方向的区别和联系,关联参考方向(运用);电功率和能量,元件吸收功率的计算,吸收功率和发出功率的关系(运用)	① 具备判断关联参考方向和非关联参考方向的能力。 ② 具备求解电路中任意元件上功率的能力	① 介绍我国电工技术的发展史及国外相关技术的发展现状,以及电工技术这门课程的学习在该专业学习中的重要作用,培育学生工匠精神。 ② 结合我国电工电子技术发展情况,如华为、中兴等公司的发展情况及遇到的问题,激发学生的学习热情、爱国热情
学习先决知识技能	知识点(学习水平)		
	直流电流中的电流、电压(记忆);直流电流中的电功率(理解)		
课上资源	教材、PPT	课下资源	教材、视频[电路分析基础　南京邮电大学　中国大学MOOC(慕课)(icourse163.org)](1-1实际电路与电路模型、1-2电路分析的变量)
课上时间	100分钟	课下时间	260分钟

活动序列	任务的学习目标	地点	时间	学习资源
活动1	实际电路的组成及其功能(理解);电路模型的概念(理解)	课上	20分钟	教材、PPT
活动2	电流,电流的参考方向,电流参考方向与实际方向的区别和联系(运用)	课上	20分钟	教材、PPT
活动3	电压,电压的参考方向,电压参考方向与实际方向的区别和联系,关联参考方向(运用)	课上	30分钟	教材、PPT
活动4	电功率和能量,元件吸收功率的计算,吸收功率和发出功率的关系(运用)	课上	30分钟	教材、PPT
活动5	结合教材及中国大学MOOC(慕课)视频巩固学习内容	课下	200分钟	教材、电路分析基础　南京邮电大学　中国大学MOOC(慕课)(icourse163.org)视频(1-1实际电路与电路模型、1-2电路分析的变量)

续表

活动6	课下作业练习:1.1,1.2,1.3,1.4,提高学生运用所学知识分析电路的能力	课下	60分钟	教材、PPT

活动1 知识建模图(课上)

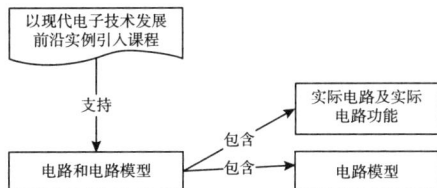

活动目标	实际电路的组成及其功能(理解);电路模型的概念(理解)

活动任务序列

知识组块:	任务描述	了解实际电路的组成及其功能;理解电路模型的概念
	任务时长	20分钟
	学习地点	课上

教学方式 (或学习方式)	☑讲授　☑小组讨论　□答疑　□实验　□实训　□自主学习　□翻转课堂 ☑其他(请填写)提问
师生交互 过程	教师行为:讲述、提问 学生行为:聆听、回答问题、讨论 学习方法:归纳总结法 师生具体行为如下 ① 新课引入:从课程的性质、特点、主要内容、教学目标及学习方法引入本门课程,并针对课程整体教学安排、教学内容特点及学习方法进行讲授(课上8分钟) ② 教师针对第1章的知识进行整体概括说明,并强调重点和难点(课上2分钟) ③ 从生活中的照明电路、收音机等实例引入实际电路和电路模型(课上2分钟) ④ 提问:现实生活中能接触到的实际电路有哪些? 找2~3人回答(课上2分钟) ⑤ 提问:实际电路与电路模型有什么关系?(课上2分钟) ⑥ 教师结合PPT讲述理想电路元件,并进行特征总结(课上4分钟) 特征总结 ① 只有两个端子 ② 可以用电压或电流按数学方式描述 ③ 不能被分解为其他元件 注意: ① 具有相同的主要电磁性能的实际电路部件,在一定条件下可用同一电路模型表示,举例说明 ② 同一实际电路部件在不同应用条件下,其电路模型可以有不同形式,举例说明
学习资源	教材《电路分析及应用》pp1~3、PPT(第一章)

续表

学习成果及 评价标准	学习成果 ① 了解实际电路的组成及其功能 ② 理解电路模型的概念 ③ 掌握电路元件的特征、实际电路与电路模型的关系 评价标准 回答问题时逻辑清晰、概念准确,表达内容必须包括以下几点 ① 实际电路 a. 实际电路的组成:电源(激励源或输入)、负载和连接导线,电路中产生的电压和电流称为响应 b. 实际电路功能:进行能量的传输、分配与转换(如电力系统中的输电电路);进行信息的传递与处理(如信号的放大、滤波、调谐、检波等) ② 电路模型 电路模型——足以反映实际电路中电工设备和器件(实际部件)的电磁性能的理想电路元件或它们的组合 实际电路与电路模型的关系:理想电路元件——抽掉了实际部件的外形、尺寸等差异性,反映其电磁性能共性的电路模型的最小单元 发生在实际电路器件中的电磁现象按性质分类,以及相应的理想元件如下 a. 消耗电能—电阻 b. 供给电能—电源 c. 储存电场能量—电容 d. 储存磁场能量—电感

活动 2 知识建模图(课上)

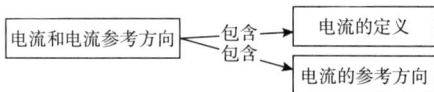

电流和电流参考方向 —包含→ 电流的定义
　　　　　　　　　—包含→ 电流的参考方向

活动目标	电流,电流的参考方向,电流参考方向与实际方向的区别和联系(运用)

活动任务序列

知识组块: 电流和电流参考方向 —包含→ 电流的定义 　　　　　　　　—包含→ 电流的参考方向	任务描述	理解电流的概念,熟悉电流的参考方向,掌握电流参考方向与实际方向的区别和联系
	任务时长	20 分钟
	学习地点	课上
教学方式 (或学习方式)	☑讲授　☑小组讨论　□答疑　□实验　□实训　□自主学习　□翻转课堂 ☑其他(请填写)提问	
师生交互 过程	教师行为:讲述、提问 学生行为:聆听、讨论、回答问题 学习方法:归纳总结法 师生具体行为如下 ① 教师从电路模型分析的常见物理量引入电流和电压的概念(课上 3 分钟)	

师生交互 过程	② 提问:请回答电流的形成及定义(课上 3 分钟) ③ 学生基于先决知识回答(课上 2 分钟) ④ 教师讲述电流、电流强度(课上 2 分钟) $$i(t)\overset{\text{def}}{=\!=\!=}\lim_{\Delta t\to 0}\frac{\Delta q}{\Delta t}=\frac{\mathrm{d}q(t)}{\mathrm{d}t}$$ ⑤ 提问:电流是否有方向？从电路中电流的实际方向不易判定和分析引入电流的参考方向(课上 2 分钟) ⑥ 教师结合 PPT 讲述电流的参考方向(课上 3 分钟) $i\longrightarrow$ 参考方向　　　　　　$i\longleftarrow$ 参考方向 $A\longrightarrow$ 实际方向 B　　　　$A\longrightarrow$ 实际方向 B $i>0$　　　　　　　　　　$i<0$ ⑦ 提问:电流正负的含义是什么？找 2 人回答(课上 3 分钟) ⑧ 强调:a. 电流的参考方向可以任意指定 b. 指定参考方向的用意是把电流看成代数量。在指定的电流参考方向下,电流值的正和负就可以反映出电流的实际方向(课上 1 分钟) ⑨ 注意:电流参考方向的两种表示,方法如下(课上 2 分钟) a. 用箭头表示:箭头的指向为电流的参考方向,本书中采用此表示方式 b. 用双下标表示:如 i_{AB},电流的参考方向由 A 指向 B
学习资源	教材《电路分析及应用》pp3～4、PPT(第一章)
学习成果及 评价标准	学习成果 ① 理解电流的概念,熟悉电流的参考方向 ② 掌握电流参考方向与实际方向的区别和联系 评价标准 回答问题时逻辑清晰、概念准确,表达的内容应涵盖如下内容 ① 电流——带电粒子有规则的定向运动形成电流 ② 电流强度——单位时间内通过导体横截面的电荷量,数学表达式为 $$i(t)\overset{\text{def}}{=}\lim_{\Delta t\to 0}\frac{\Delta q}{\Delta t}=\frac{\mathrm{d}q(t)}{\mathrm{d}t}$$ 单位:kA、A、mA、μA　　$1\text{kA}=10^3\text{A}$　　$1\text{mA}=10^{-3}\text{A}$　　$1\mu\text{A}=10^{-6}\text{A}$ ③ 电流的实际方向——规定正电荷的运动方向为电流的实际方向 $i\longrightarrow$ 参考方向　　　　　　$i\longleftarrow$ 参考方向 $A\longrightarrow$ 实际方向 B　　　　$A\longrightarrow$ 实际方向 B $i>0$　　　　　　　　　　$i<0$

活动 3 知识建模图(课上)

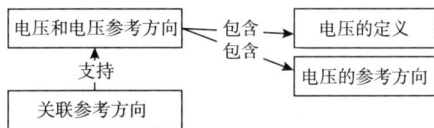

```
┌─────────────────┐   包含    ┌──────────────┐
│ 电压和电压参考方向 │ ──────→ │  电压的定义   │
└─────────────────┘   包含    └──────────────┘
        │               └────→ ┌──────────────┐
     支持                      │ 电压的参考方向 │
        ↓                      └──────────────┘
┌─────────────────┐
│   关联参考方向    │
└─────────────────┘
```

活动目标	电压,电压的参考方向,电压参考方向与实际方向的区别和联系,关联参考方向(运用)

活动任务序列

知识组块:		任务描述	理解电压的概念,熟悉电压的参考方向,掌握电压参考方向与实际方向的区别和联系,掌握关联参考方向的概念
电压和电压参考方向 —包含/包含→ 电压的定义 / 电压的参考方向 支持 关联参考方向		任务时长	30 分钟
		学习地点	课上

教学方式(或学习方式)	☑讲授 ☑小组讨论 □答疑 □实验 □实训 □自主学习 □翻转课堂 ☑其他(请填写)提问

师生交互过程	教师行为:讲述、提问 学生行为:聆听、回答问题、讨论 学习方法:归纳总结法 师生具体行为如下 ① 教师讲述电压的定义(课上 3 分钟) ② 提问:电位与电压是什么关系? 从电路中电压的实际方向不易判定和分析引入电压的参考方向(课上 6 分钟) ③ 教师结合 PPT 讲述电压的参考方向(课上 4 分钟) ④ 提问:电压正负的含义是什么? 找 2 人回答(课上 5 分钟) ⑤ 总结学生的回答,举例说明电压和电位的分析(课上 4 分钟) ⑥ 以例题的形式展示电压的实际意义(课上 5 分钟) ⑦ 总结电压、电位的关系,以及电压参考方向的表示方式(课上 2 分钟) ⑧ 讲述关联参考方向的概念,强调注意事项(课上 1 分钟) 关联参考方向　　　　　　　　非关联参考方向
学习资源	教材《电路分析及应用》pp4~6、PPT(第一章)
学习成果及评价标准	学习成果 ① 理解电压的概念,熟悉电压的参考方向 ② 掌握电压参考方向与实际方向的区别和联系 ③ 掌握关联参考方向的概念 评价标准 回答问题时逻辑清晰、概念准确,表达的内容必须包括以下几点 ① 电压 电位 φ——单位正电荷 q 从电路中一点移至参考点($\varphi=0$)时电场力做功的大小 电压 U——单位正电荷 q 从电路中一点移至另一点时电场力做功(W)的大小,即两点之间的电位之差

学习成果及评价标准	$u(t) \overset{\text{def}}{=} \dfrac{\mathrm{d}W(t)}{\mathrm{d}q(t)}$ 单位:kV、V、mV、μV　　$1\mathrm{kV}=10^{3}\,\mathrm{V}$　　$1\mathrm{mV}=10^{-3}\,\mathrm{V}$　　$1\mu\mathrm{V}=10^{-6}\,\mathrm{V}$ 实际电压方向:电位真正降低的方向 ② 电压的参考方向 电压的参考方向:假设高电位指向低电位的方向 注意: ① 电压的参考方向可以任意指定 ② 指定参考方向的用意是把电压看成代数量。在指定的电压参考方向下,电压值的正和负就可以反映出电压的实际方向

活动 4 知识建模图(课上)

活动任务序列

知识组块:		任务描述	理解电功率和能量的概念,熟悉元件吸收功率的计算方法,掌握吸收功率和发出功率的关系
		任务时长	30 分钟
		学习地点	课上
教学方式(或学习方式)	☑讲授　☑小组讨论　□答疑　□实验　□实训　□自主学习　□翻转课堂 ☑其他(请填写)启发式教学		
师生交互过程	① 教师讲述电功率的概念(课上 3 分钟) $$p(t)=\dfrac{\mathrm{d}W(t)}{\mathrm{d}t}$$ ② 教师提问:电功率与电压和电流的关系是什么?(课上 3 分钟) ③ 教师讲述电路吸收和发出功率的判断(课上 5 分钟) a. u、i 取关联参考方向 $P=ui$ 表示元件吸收的功率 $P>0$ 吸收正功率(实际吸收) $P<0$ 吸收负功率(实际发出) b. u、i 取非关联参考方向 $P=ui$ 表示元件发出的功率 $P>0$ 发出正功率(实际发出) $P<0$ 发出负功率(实际吸收) ④ 以例题启发学生判断吸收功率和发出功率的方法(课上 14 分钟) ⑤ 学习中心发布测验题,检验学生对本次课内容的掌握情况(课上 5 分钟)		

续表

学习资源	教材《电路分析及应用》pp4～6、PPT(第一章)
学习成果及 评价标准	学习成果 ① 理解电功率和能量的概念 ② 熟悉元件吸收功率的计算,掌握吸收功率和发出功率的关系 评价标准 ① 理解关联和非关联情况下吸收功率和发出功率的表达式 ② 能够分析任意电路元件发出或吸收功率的情况

活动 5 知识建模图(课下)

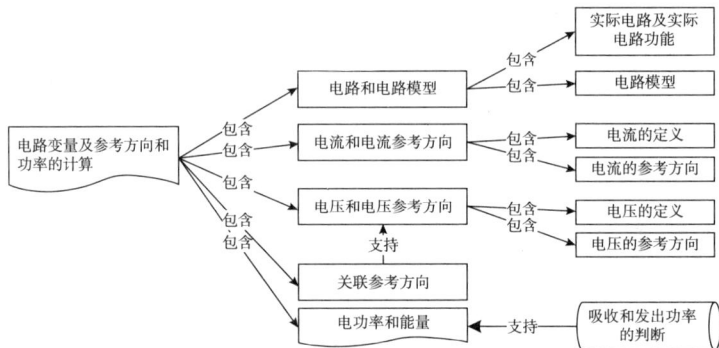

活动任务序列

知识组块:

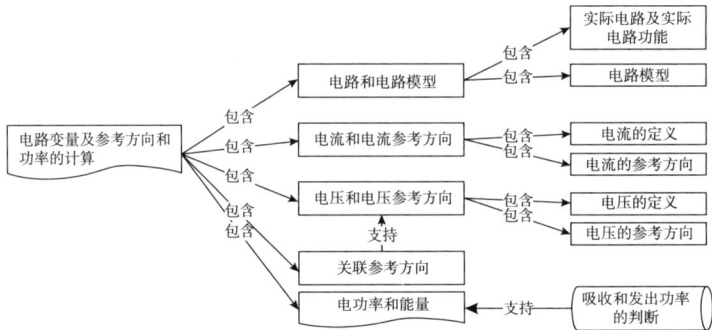

任务描述	结合教材及中国大学 MOOC(慕课)视频巩固学习内容
任务时长	200 分钟
学习地点	课下
教学方式 (或学习方式)	☑讲授　☑小组讨论　☑答疑　□实验　□实训　☑自主学习　□翻转课堂 □其他(请填写)＿＿＿＿＿
师生交互 过程	① 学生课下查漏补缺,对于掌握不牢固的知识点应结合教材、讲解 PPT、电路分析基础[南京邮电大学中国大学 MOOC(慕课)(icourse163.org)]视频(1-1 实际电路与电路模型、1-2 电路分析的变量)进行巩固 ② 教师通过学习中心评论区或微信交流平台进行答疑 ③ 下次课课前检验学生的掌握情况

学习资源	教材《电路分析及应用》pp1～6、PPT(第一章)
学习成果及评价标准	学习成果 ① 理解电路模型的概念 ② 理解电流的概念,熟悉电流的参考方向,掌握电流参考方向与实际方向的区别和联系 ③ 理解电压的概念,熟悉电压的参考方向,掌握电压参考方向与实际方向的区别和联系,掌握关联参考方向的概念 ④ 理解电功率和能量的概念,熟悉元件吸收功率的计算,掌握吸收功率和发出功率的关系 评价标准 ① 表述逻辑清晰,概念要点准确 ② 能够把所学知识运用到相关题目的分析求解中,求解过程要清晰有条理且答案正确为 A 等级;求解过程清晰有条理但答案不正确为 B 等级;求解过程不正确且答案不正确为 C 等级

活动 6 知识建模图(课下)

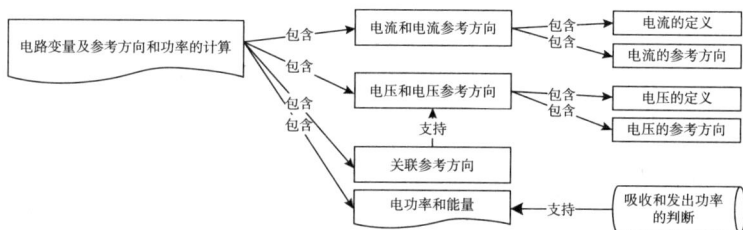

活动任务序列(任务一)

任务一知识组块:

任务描述	课下作业练习:1.1,1.2,1.3,1.4,提高学生运用所学知识分析电路的能力	
任务时长	60 分钟	
学习地点	课下	

教学方式(或学习方式)	□讲授　☑小组讨论　☑答疑　□实验　□实训　☑自主学习　□翻转课堂 □其他(请填写)_____
师生交互过程	① 结合课上所学,学生自主完成作业 ② 教师通过微信交流平台随时答疑 ③ 教师批改作业,评估学生知识的掌握情况
学习资源	教材《电路分析及应用》P1～6、PPT(第一章)
学习成果及评价标准	学习成果 ① 理解电路模型的概念 ② 理解电流的概念,熟悉电流的参考方向,掌握电流参考方向与实际方向的区别和联系

续表

学习成果及 评价标准	③ 理解电压的概念,熟悉电压的参考方向,掌握电压参考方向与实际方向的区别和联系,掌握关联参考方向的概念 ④ 理解电功率和能量的概念,掌握元件吸收功率的计算,了解吸收功率和发出功率的关系 评价标准 能够把所学知识运用到相关题目的分析求解中,求解过程清晰有条理且答案正确为 A 等级;求解过程清晰有条理但答案不正确为 B 等级;求解过程不正确且答案不正确为 C 等级

4.3.2　数字电子技术课程教学设计实例

1. 数字电子技术课程教学设计

1) 课程简介

数字电子技术课程是电子信息类、电气类、计算机类等专业的一门重要的专业基础课程,不仅为后续的专业课程提供电子技术知识与技能储备,还使学生具有本学科领域内扎实的电子技术基础、基本的电子电路分析与设计能力,以及利用集成电路技术进行数字系统开发的能力,在人才培养的早期阶段便加强对学生创新意识和能力的培养。它既有自身的理论体系,又有很强的实践性,包含数字电路相关的基本知识、基本方法,以及与工程实践紧密相连的实际问题,能够丰富学生的电子技术理论知识体系,培养学生的科学思维和工匠精神。

本课程可以支撑的后续专业基础课程有单片机原理及应用、传感器与检测技术、嵌入式技术与应用、数字信号处理等,支撑的项目化教学课程有电子产品设计与系统开发Ⅰ、电子产品设计与系统开发Ⅱ、电子产品设计与系统开发Ⅲ、电子产品设计与系统开发Ⅳ、电子产品工艺与制作。

2) 课程教学设计

(1) 在教学内容体系上,注重三个融入。

① 融入行业需求:围绕基于专业岗位需求的专业产教融合型教学体系,依据高年级项目化教学课程在知识、能力、素质方面的具体需求,设计专业基础课程主模块,从而重构本课程模块化知识体系,主要包括数字逻辑基础、组合逻辑电路、时序逻辑电路等五个模块;同时建模课程知识图谱、设计创新互动教案,以支撑专业项目化教学体系。

② 融入学科前沿:紧跟学科专业前沿集成电路技术及应用,带领学生运用集成电路芯片设计真实的数字系统产品,在集成电路学习中感受科技的魅力、拓展科学知识视野。

③ 融入思政:从国家战略产业集成电路技术出发,引导学生建立民族自信和产业情怀;在项目式创新活动中培养科技创新精神;在探究式学习中培养批判思维。由外而内,教认可、精神,内化于思想;由内向外,激行动、发展,外化于行动。真正做到教学

形式多样、润物无声!

（2）在教学方法与模式上，注重三个结合。

① 推进多层次项目式教学，"教学＋科研＋竞赛"。课内项目式教学，选取 3～5 个涵盖课程知识点与技能点的实际项目，每个学生一学期至少完成一个完整项目的全过程，利用学校电子产品双创中心，自主完成"设计→仿真→制作→调试→报告"五个环节。第二课堂采取导师制创新项目实践的形式，利用导师制培养优秀学生参与三类项目实践——导师科研项目＋大创项目＋电子类竞赛，完成无标准答案的开放式课题。

② 组织探究式课堂，课内课外相结合。采用"学 Learn、讲 Tell、评 Analyze、练 Practice、展示 Show、总结 Summary"（LTAPSS）主线互动课堂，本课程实施课内、课外 1：2 的学习时长要求，通过翻转校园平台发布学习任务，督促学生在课外自主学习。

③ 运用信息化手段，线上线下相结合。线上的学习活动主要依托本校自建的学习中心系统进行，包括发布资源、在线考勤、讨论、任务提交及 100％课堂测试率。同时，结合智慧雨课堂；利用先进电子设计软件 Altium Designer 进行设计仿真和测试，辅助项目式学习。

（3）在考核评价上，注重多元化、过程性。非标准化测试、综合项目考核增加了课程的挑战度。评价形式和评价主体的多元化强化了学生的学习投入及成果产出，提升了学生的学习内驱力，促进了自主学习。

3）实施过程

在我校"2＋1＋1"产教融合型课程体系架构下，本课程采用课内、课外 1：2 的学习模式，即课堂 1 小时、课外 2 小时的学习时长比例。其步骤是课前预习，课中项目导入、引出新的学习内容，课后完成项目设计任务。1：2 的课外学习要求主要是预习、作业、检测和项目式制作，更多是对学生自主学习、学习能力、学习延展的要求；课内，老师充分利用课堂重点探讨、答疑解惑、引导探究、总结评价等。

在 1：2 的学习模式下，本课程采用"学、讲、练、总结"主线互动的课堂形式。线上线下、课内课外，学习与检验相结合。

学 Learn：课外学习。老师发布课外学习任务，学生课下完成［利用翻转校园、中国大学 MOOC（慕课）、智慧雨课堂等］数制、逻辑运算、门电路功能、集成逻辑电路功能及特性等内容的学习，然后发表心得和疑问。

讲 Tell：课堂讲述。学生讲述课外学习的内容、结论、疑惑，以及知识的延伸。

评 Analyze：课堂评析。老师点评、小组互评，提问、质疑、研讨、归纳。

练 Practice：课堂练习。对于组合电路、时序电路分析与设计，以及集成电路芯片应用模块等重点内容，在学生课外学习、课堂表达完成后，要重点组织学生进行练习，反复磨炼重点应用部分。

展示 Show：小组展示。老师针对课堂练习的重点内容发布任务，小组合作，现场完成,并派代表展示成果。

总结 Summary:总结报告。每个学生一学期要写不少于 3 篇的对重点学习内容的总结报告,表达学习结果、心得、方法、收获等。

课外学习、合作研讨、老师点评提升了学习参与度,有效激发了课堂的生机活力。

4)教学评价

本课程采取过程性、多元化考核:过程性 60 分(平时+实验)+终结性 40 分。

平时成绩 40 分:出勤 5%+作业 15%+线上学习和讨论 10%+翻转校园测试 20%+项目成绩 50%,其中项目成绩由导师、学生、企业综合评定,包括项目学习 10%、项目设计实操 40%、项目答辩 10%、小组互评 10%、项目报告 30%。竞赛、大创、科研等成果产出可置换项目成绩。

实验成绩 20 分:实验 50%(前 7 次取平均值)+技能考试 50%(第 8 次)。

终结成绩 40 分:期末卷面成绩占 100%。

2.数字电子技术课程教案展示

本课程具体教学设计详见表 4-3-2,由于篇幅限制,这里仅展示一次课的教案设计,更多教案设计详见本图书的电子资源。

表 4-3-2 数字电子技术课程教案设计表

2023—2024 学年第 1 学期第 11 周

知识建模图

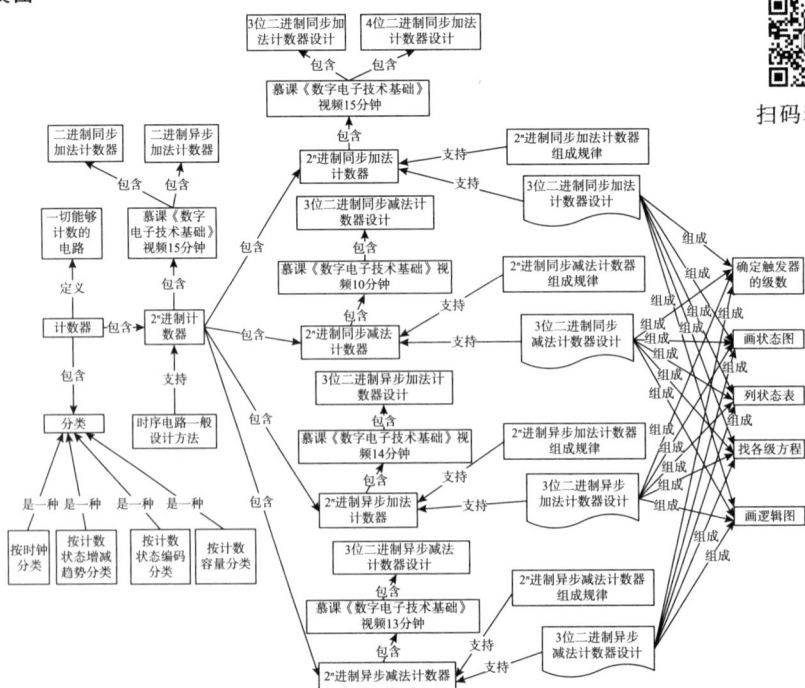

扫码看大图

续表

学习目标	知识点(学习水平)		素质目标 (课程思政点)
学习目标	① 计数器的概念、一般组成、计数器的分类等(记忆) ② 2^n 进制同步加法计数器的一般组成(记忆);能够画出任意 n 位二进制同步加法计数器的结构;提炼出规律,激发学生学习积极性(运用) ③ 2^n 进制异步加法计数器的一般组成(记忆);能够画出任意 n 位二进制异步加法计数器的结构;提炼出规律(运用) ④ 2^n 进制同步减法计数器的一般组成规律等(记忆);能够画出任意 n 位减法二进制计数器的逻辑结构(运用) ⑤ 2^n 进制异步减法计数器的一般组成规律等(记忆);能够画出任意 n 位异步减法二进制计数器的逻辑结构(运用)		① 从集成计数器的应用,培养学生爱国情怀,激发学生科技报国的决心 ② 善于发现并运用事物发展的规律,会达到事半功倍的效果 ③ 激发学生学习兴趣;培养学生逻辑思维
学习先行知识	知识点(学习水平)		
学习先行知识	时序电路一般设计方法(运用)		
课上资源	教材《数字电子技术及应用》pp142~147、时序电路模块第 4 次 PPT	课下资源	教材《数字电子技术及应用》P142~147、测试题、慕课视频《数字电子技术基础》https://www.icourse163.org/course/HUST — 1001909001?tid = 1468214506、时序电路模块第 4 次 PPT
课上时间	100 分钟	课下时间	205 分钟

活动序列	活动的学习目标	地点	时间	学习资源
活动 1	计数器的概念、一般组成、计数器的分类等(记忆)	课上	22 分钟	教材《数字电子技术及应用》、慕课视频《数字电子技术基础》、时序电路模块第 4 次 PPT
活动 1	计数器的概念、一般组成、计数器的分类等(记忆)	课下	40 分钟	教材《数字电子技术及应用》、慕课视频《数字电子技术基础》、时序电路模块第 4 次 PPT
活动 2	2^n 进制同步加法计数器的一般组成(记忆);能够画出任意 n 位二进制同步加法计数器的结构;提炼出规律,激发学生学习积极性(运用)	课上	28 分钟	教材《数字电子技术及应用》、慕课视频《数字电子技术基础》、时序电路模块第 4 次 PPT
活动 2	2^n 进制同步加法计数器的一般组成(记忆);能够画出任意 n 位二进制同步加法计数器的结构;提炼出规律,激发学生学习积极性(运用)	课下	55 分钟	教材《数字电子技术及应用》、慕课视频《数字电子技术基础》、时序电路模块第 4 次 PPT

活动序列	活动的学习目标	地点	时间	学习资源
活动3	2^n进制异步加法计数器的一般组成（记忆）；能够画出任意 n 位二进制异步加法计数器的结构；提炼出规律（运用）	课上	24分钟	教材《数字电子技术及应用》、慕课视频《数字电子技术基础》、时序电路模块第4次PPT
		课下	40分钟	
活动4	2^n进制同步减法计数器的一般组成规律等（记忆）；能够画出任意 n 位二进制同步减法计数器的逻辑结构（运用）	课上	11分钟	教材《数字电子技术及应用》、慕课视频《数字电子技术基础》、时序电路模块第4次PPT
		课下	40分钟	
活动5	2^n进制异步减法计数器的一般组成规律等（记忆）；能够画出任意 n 位二进制异步减法计数器的逻辑结构（运用）	课上	15分钟	教材《数字电子技术及应用》、慕课视频《数字电子技术基础》、时序电路模块第4次PPT
		课下	30分钟	

活动1 知识建模图（课上＋课下）

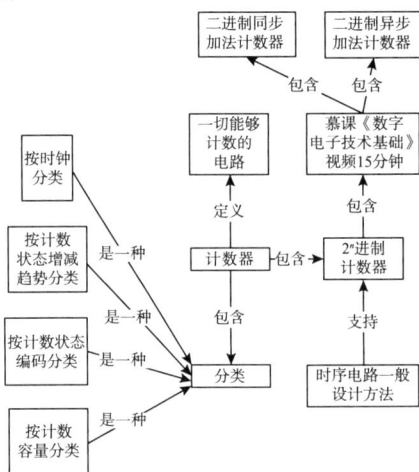

活动目标	计数器的概念、一般组成、计数器的分类等（记忆）

活动任务序列（导入任务描述）

师生交互过程	汇报上一模块（组合逻辑电路模块）内容，师生具体行为如下 ① 老师提出问题：回顾典型组合逻辑电路模块有哪些？各有什么特点？ ② 现场点1名学生回答问题：加法器、比较器、编码器、译码器、数据选择器等 ③ 现场点2名学生回答：译码器如何实现组合逻辑函数？数据选择器如何实现组合逻辑函数？ ④ 教师提问：时序逻辑电路的设计步骤有哪些？ ⑤ 学生回答：状态图、状态表、各级方程、逻辑图

活动任务序列(任务一)

任务一知识组块:

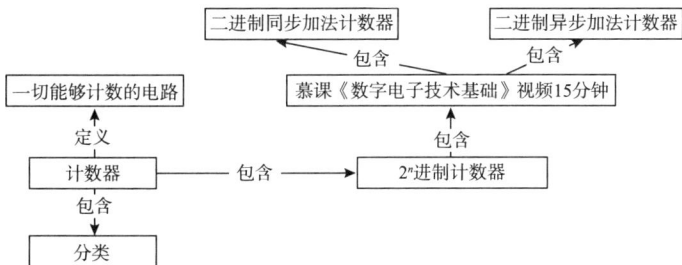

任务描述	通过课件、视频自主学习,小组讨论,理解计数器的概念、一般组成、计数器的分类等
任务时长	40 分钟
学习地点	课下
教学方式 (或学习方式)	□讲授　☑小组讨论　□答疑　□实验　□实训　☑自主学习　□翻转课堂 □其他(请填写)_____
师生交互 过程	① 教师提前将学习课件及要求上传至翻转校园平台,并在作业区发布自主学习任务 ② 教师提前将学习视频的要求及链接上传至翻转校园平台 ③ 学生接收自主学习任务,从平台上学习课件、视频、小组讨论,然后做测试题检测学习情况 ④ 学生总结学习情况,完成学习任务并拍照上传,如有疑问发帖反馈
学习资源	教材《数字电子技术及应用》pp142~143、慕课视频《数字电子技术基础》15 分钟、时序电路模块第 4 次 PPT
学习成果及 评价标准	学习成果 学生提交翻转校园的自主表达内容 评价标准 对于对数器、2^n 进制同步加法、2^n 进制异步加法计数器等内容逻辑清晰、概念准确,回答问题正确

活动任务序列(任务二)

任务二知识组块:

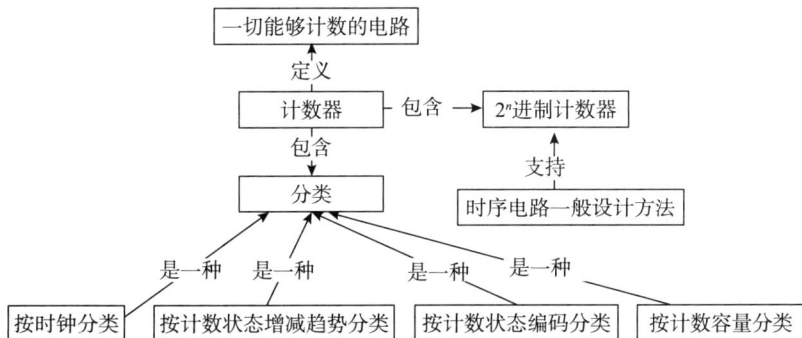

续表

任务描述	通过讲授、小组讨论、现场互动等,掌握计数器概念、分类、2^n 进制计数器概念及特点
任务时长	22 分钟
学习地点	课上
教学方式 (或学习方式)	☑讲授　☑小组讨论　□答疑　□实验　□实训　□自主学习　□翻转课堂 ☑其他(请填写)**现场互动**
师生交互 过程	① 教师引出问题:典型的组合逻辑电路模块有哪些? ② 学生回答问题,教师随机抽取学生回答问题 ③ 教师引出问题:什么是计数器? ④ 学生回答问题,教师随机抽取学生回答问题 ⑤ 教师鼓励学生积极分享自己的想法与见解,鼓励不同的声音 ⑥ 学生分享个人见解。按生活实际举例计数器 ⑦ 教师通过学生分享的不同意见,得出广义和狭义计数器的概念 ⑧ 教师进行归纳总结:计数器的特点、分类、四种常见组态计数器的概念
学习资源	教材《数字电子技术及应用》pp142~143、时序电路模块第 4 次 PPT
学习成果及 评价标准	学生能正确回答老师提出的问题,并能举例说明计数器的种类及用途

活动 2 知识建模图(课下+课上)

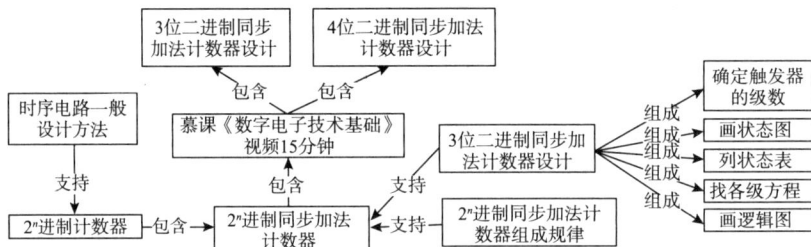

3位二进制同步加法计数器设计 4位二进制同步加法计数器设计

包含　包含

时序电路一般设计方法

慕课《数字电子技术基础》视频15分钟

包含

支持

2^n 进制计数器 ─包含→ 2^n 进制同步加法计数器

支持

支持

2^n 进制同步加法计数器组成规律

3位二进制同步加法计数器设计

组成 → 确定触发器的级数
组成 → 画状态图
组成 → 列状态表
组成 → 找各级方程
组成 → 画逻辑图

活动目标	课堂检验学习效果;2^n 进制同步加法计数器的一般组成(记忆);能够画出任意 n 位二进制同步加法计数器的结构;提炼出规律,激发学生学习积极性(运用)

活动任务序列(任务一)

任务一知识组块: 3位二进制同步加法计数器设计　4位二进制同步加法计数器设计 包含　包含 时序电路一般设计方法 慕课《数字电子技术基础》视频15分钟 支持 包含 2^n 进制计数器 ─包含→ 2^n 进制同步加法计数器	任务描述	通过自主学习、线上交流、互动答疑等,理解 2^n 进制同步加法计数器的一般组成规律;能够画出任意 n 位二进制同步加法计数器的结构;提炼出规律
	任务时长	55 分钟
	学习地点	课下

续表

教学方式（或学习方式）	□讲授 ☑小组讨论 □答疑 □实验 □实训 ☑自主学习 □翻转课堂 □其他（请填写）_____
师生交互过程	① 教师在翻转校园作业区发布预习任务及要求 ② 教师指定视频学习内容并作出要求 ③ 学生学习视频内容，在翻转校园作业区跟帖提交总结出来的 2^n 进制同步加法计数器的组成规律 ④ 学生完成学习任务中的练习题，并拍照提交 ⑤ 学生提出疑问，教师在线回答
学习资源	教材《数字电子技术及应用》pp143～145、测试题、慕课视频《数字电子技术基础》3 个视频 15 分钟、时序电路模块第 4 次 PPT
学习成果及评价标准	学习成果 在翻转校园提交上传学习任务的结果：2^n 进制同步加法计数器的组成规律总结。 评价标准 过程描述准确；提交的练习题结果正确

活动任务序列（任务二）

任务二知识组块：		
	任务描述	通过讲授、小组讨论、雨课堂等，掌握 2^n 进制同步加法计数器的组成规律；能画出任意 n 位二进制计数器的逻辑电路图
	任务时长	28 分钟
	学习地点	课上
教学方式（或学习方式）	☑讲授 ☑小组讨论 □答疑 □实验 □实训 □自主学习 □翻转课堂 ☑其他（请填写）雨课堂	
师生交互过程	① 教师检验课外学习任务：现场检验 1 个雨课堂题目，现场随机抽取同学展示学习任务（8 分钟） ② 根据学生展示的情况，教师重点讲解时序电路分析与设计中关于时钟方程、驱动方程、状态方程、输出方程的写法（4 分钟） ③ 教师以 PPT 形式结合板书展示二进制计数器的四种常见组态：同步加法、同步减法、异步加法、异步减法（5 分钟） ④ 学生分组讨论：写出 3 位二进制同步加法计数器的驱动方程和状态方程（5 分钟） ⑤ 学生展示讨论结果（3 分钟） ⑥ 教师点评学生的讨论结果，引出写驱动方程的规律及本次课的难点（3 分钟）	
学习资源	教材《数字电子技术及应用》pp143～145、时序电路模块第 4 次 PPT	

学习成果及评价标准	学习成果 课堂上正确展示 2^n 进制同步加法计数器的组成规律,并正确画出逻辑图 评价标准 正确回答问题:2^n 进制同步加法计数器的组成规律是什么? 答案应包括时钟方程规律、驱动方程规律以及进位输出端规律 标准:组成规律表述准确;提交的练习题结果正确
教学体会	要善于抓住事物的发展规律,应用规律做事可以获得事半功倍的效果;时序电路分析与设计中,只有多练习才能熟能生巧解决计算与分析问题

活动 3 知识建模图(课下＋课上)

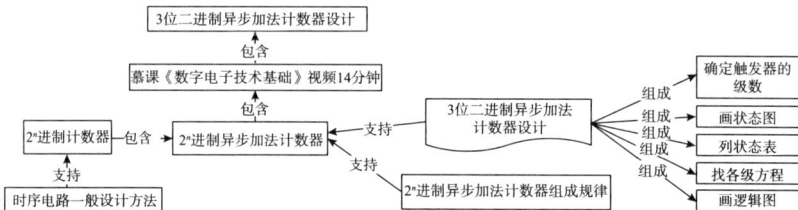

活动目标	2^n 进制异步加法计数器的一般组成(记忆);能够画出任意 n 位二进制异步加法计数器的结构;提炼出规律(运用)

活动任务序列(任务一)

任务一知识组块: 	任务描述	通过课件、视频自主学习,小组讨论,理解 2^n 进制异步加法计数器的一般组成规律;能够画出任意 n 位二进制异步加法计数器的结构;提炼出规律
	任务时长	40 分钟
	学习地点	课下
教学方式 (或学习方式)	☐讲授　☑小组讨论　☑答疑　☐实验　☐实训　☑自主学习　☐翻转课堂 ☐其他(请填写)_____	
师生交互过程	① 教师在翻转校园作业区发布预习任务及要求 ② 教师指定视频学习内容并作出要求 ③ 学生学习视频内容,小组讨论,在翻转校园作业区跟帖提交总结出来的异步加法计数器组成规律 ④ 学生提出疑问,教师在线回答	
学习资源	教材《数字电子技术及应用》pp145～146、慕课视频《数字电子技术基础》14 分钟、时序电路模块第 4 次 PPT	

续表

学习成果及评价标准	学习成果 在翻转校园拍照上传学习任务的结果 评价标准 正确回答问题:2^n 进制异步加法计数器的一般组成规律是什么? 答案应包括异步计数时,高位翻转发生在低位全部为 1 时 标准:过程、结论描述准确;提交的练习题结果正确

活动任务序列(任务二)

任务二知识组块:

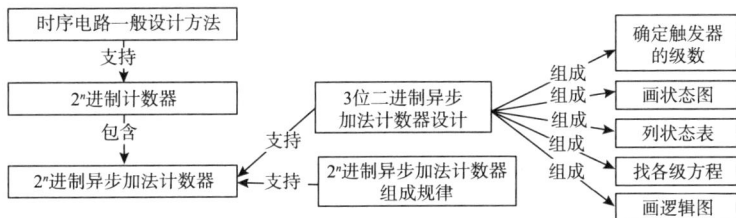

任务描述	通过讲授、小组讨论、案例分析等,由时序图导出 2^n 进制异步加法计数器的一般组成规律;能够画出任意 n 位二进制异步加法计数器的结构;提炼出规律
任务时长	24 分钟
学习地点	课上
教学方式(或学习方式)	☑讲授　☑小组讨论　□答疑　□实验　□实训　□自主学习　□翻转课堂 □其他(请填写)_____
师生交互过程	① 教师分析案例:3 位二进制异步加法计数器时序图,重点阐述各级触发器翻转的时刻,导出时钟有效沿(10 分钟) ② 学生分组讨论:写 4 位二进制异步加法计数器的逻辑电路图(8 分钟) ③ 教师点评学生讨论的结果,指出异步加法计数器高位翻转发生在低位的下降沿是难点,并总结分析方法(6 分钟)
学习资源	教材《数字电子技术及应用》pp145~146、时序电路模块第 4 次 PPT
学习成果及评价标准	学习成果 在课堂上正确展示写 4 位二进制异步加法计数器的逻辑电路图 评价标准 学生正确画图:4 位二进制异步加法计数器的时钟端和驱动端连接线路 正确回答问题:异步加法计数器高位翻转发生在何时? 异步加法计数时,高位翻转发生在低位全部为 1 时

续表

活动 4 知识建模图（课下＋课上）

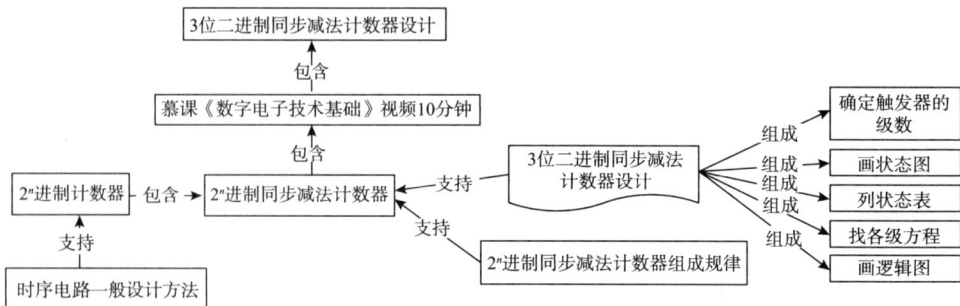

3位二进制同步减法计数器设计
↑ 包含
慕课《数字电子技术基础》视频10分钟
↑ 包含
2^n进制计数器 —包含→ 2^n进制同步减法计数器 ←支持— 3位二进制同步减法计数器设计
↑支持
时序电路一般设计方法
←支持— 2^n进制同步减法计数器组成规律

3位二进制同步减法计数器设计 —组成→ 确定触发器的级数 / 画状态图 / 列状态表 / 找各级方程 / 画逻辑图

活动目标	2^n进制同步减法计数器的一般组成规律等（理解、记忆）；能够画出任意 n 位二进制同步减法计数器的逻辑结构（理解、运用）

活动任务序列（任务一）

任务一知识组块： 3位二进制同步减法计数器设计 ↑包含 慕课《数字电子技术基础》视频10分钟 ↑包含 2^n进制计数器 —包含→ 2^n进制同步减法计数器 ↑支持 时序电路一般设计方法	任务描述	通过自主学习、线上交流、互动答疑等，理解 2^n 进制同步减法计数器的一般组成规律；能够画出任意 n 位二进制同步减法计数器的结构；提炼出规律
	任务时长	40 分钟
	学习地点	课下

教学方式 （或学习方式）	□讲授　☑小组讨论　☑答疑　□实验　□实训　☑自主学习　□翻转课堂 □其他（请填写）_____
师生交互 过程	① 教师在翻转校园作业区发布预习任务及要求 ② 教师指定视频学习内容并作出要求 ③ 学生学习视频内容，在翻转校园作业区跟帖提交总结出来的时序电路设计方法 ④ 学生完成学习任务中的练习题，并拍照提交 ⑤ 学生提出疑问，教师在线回答
学习资源	教材《数字电子技术及应用》p146、测试题、慕课视频《数字电子技术基础》10 分钟、时序电路模块第 4 次 PPT
学习成果及 评价标准	学习成果 在翻转校园拍照上传学习任务的结果 评价标准 正确回答问题：同步减法计数器的计数规律是什么？ 标准：过程、概念描述准确；提交的练习题结果正确

续表

活动任务序列(任务二)

任务二知识组块: 	任务描述	通过讲授、小组讨论、雨课堂、案例讲授等,掌握 2^n 进制同步减法计数器的一般组成规律;能够画出任意 n 位二进制同步减法计数器的结构;提炼出规律
	任务时长	11 分钟
	学习地点	课上

教学方式 (或学习方式)	☑讲授　☑小组讨论　□答疑　□实验　□实训　□自主学习　□翻转课堂 ☑其他(请填写)<u>雨课堂</u>
师生交互 过程	① 教师分析案例:设计 3 位二进制同步减法计数器,重点阐述设计过程中减法计数的规律,得到驱动方程规律,雨课堂互动(5 分钟) ② 学生分组讨论:同步减法的规律和高位翻转的条件,得到规律(4 分钟) ③ 学生展示结果(2 分钟)
学习资源	教材《数字电子技术及应用》p146、时序电路模块第 4 次 PPT
学习成果及 评价标准	学习成果 在课堂上正确展示同步减法计数器的规律和高位翻转的条件、规律 评价标准 学生正确回答问题:2^n 进制同步减法计数器的一般组成规律是什么? 答案应包括:减法计数时高位翻转发生在低位全部为 0 时;正确画出逻辑图

活动 5 知识建模图(课下十课上)

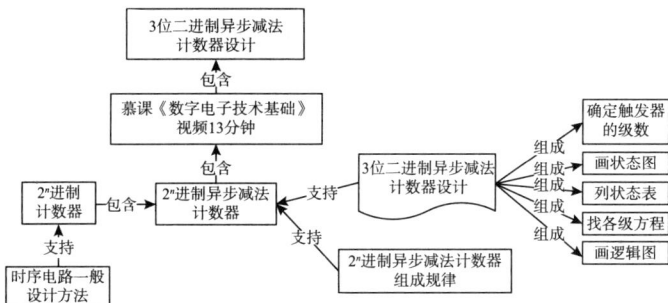

活动目标	2^n 进制异步减法计数器的一般组成规律等(记忆);能够画出任意 n 位二进制异步减法计数器的逻辑结构(运用)

续表

活动任务序列(任务一)

任务一知识组块： 	任务描述	通过自主学习、线上交流、互动答疑等,理解 2^n 进制异步减法计数器的一般组成规律;能够画出任意 n 位二进制异步减法计数器的结构;提炼出规律
	任务时长	30 分钟
	学习地点	课下

教学方式 (学习方式)	□讲授　☑小组讨论　☑答疑　□实验　□实训　☑自主学习　□翻转课堂 □其他(请填写)_____
师生交互 过程	① 教师在翻转校园作业区发布预习任务(学习课件)及要求 ② 教师指定视频学习内容并作出要求 ③ 学生学习视频内容、小组讨论,在翻转校园作业区跟帖提交总结出来的时序电路设计方法 ④ 学生完成学习任务中的练习题并拍照提交 ⑤ 学生提出疑问,教师在线回答
学习资源	教材《数字电子技术及应用》p147、测试题、慕课视频《数字电子技术基础》13 分钟、时序电路模块第 4 次 PPT
学习成果及 评价标准	学习成果 在翻转校园拍照上传学习任务的结果 评价标准 正确回答问题:异步减法计数器和同步减法计数器的计数规律是什么? 标准:过程、概念描述准确;提交的练习题结果正确

活动任务序列(任务二)

任务二知识组块：

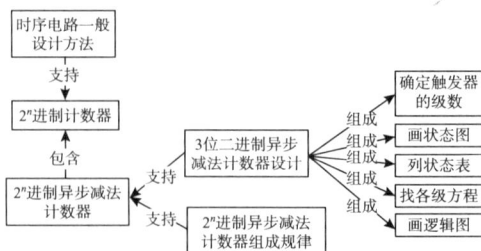

任务描述	通过讲授、小组讨论、雨课堂、案例讲学等,掌握 2^n 进制异步减法计数器的一般组成规律;能够画出任意 n 位二进制异步减法计数器的结构;提炼出规律
任务时长	15 分钟
学习地点	课上
教学方式 (或学习方式)	☑讲授　☑小组讨论　□答疑　□实验　□实训　□自主学习　□翻转课堂 ☑其他(请填写)现场互动、在线测试
师生交互 过程	① 教师分析案例:设计 3 位二进制异步减法计数器,重点阐述设计过程中减法计数器的规律,得到驱动方程规律(4 分钟) ② 学生分组讨论:异步减法计数器的规律和高位翻转的条件,最后得到规律(4 分钟) ③ 教师点评学生的设计结果,得出二进制计数器的四种基本组态的规律只适用于二进制计数器,并总结规律方法(2 分钟) ④ 翻转校园在线测试,2^n 进制计数器组成规律(5 分钟)
学习资源	教材《数字电子技术及应用》P147、时序电路模块第 4 次 PPT
学习成果及 评价标准	学习成果 在课堂上正确展示异步减法计数器的规律和高位翻转的条件、规律 评价标准 学生正确回答问题:2^n 进制异步减法计数器的一般组成规律是什么? 答案应包括:异步减法计数器计数时高位翻转发生在低位全部为 0 时;正确画出逻辑图

4.3.3　电磁场与微波技术课程教学设计实例

1. 电磁场与微波技术课程教学设计

1) 课程简介

电磁场与微波技术是电子信息工程专业、通信工程专业一门重要的课程,通过学习本课程,学生可以掌握电磁场与微波技术的基本知识、基本规律与基本理论,还可以掌握电磁场与微波技术的基本分析方法和分析思路,具有一定的研究、分析和解决实际电磁工程问题的能力,为学生后续学习无线通信技术相关课程,以及以后从事高频或微波段的电子电路和通信技术方面的工作和研究奠定重要的基础。

2) 课程目标

(1) 知识教学目标

① 了解电磁场与微波技术的概念,以及无线通信系统的基本组成、结构、分类与基本要求。

② 了解平面波的概念;掌握理想介质、导电媒质、垂直入射的分析方法和思路;掌

握各种不同传输媒质中电磁场的基本特点和规律等。

③ 理解网络分析方法的思路;掌握线性双端口网络的性质、参数、关系和基本参数电路模型,以及复杂网络的级联分析思路和方法。

④ 掌握微波元件的分类方法,以及主要无源元件和有源器件的基本工作原理、特性和应用方法。

⑤ 了解电波传播的基本类型和特点;掌握通信方式选取的基本原则。

⑥ 了解天线的基本类型;掌握天线的常用电参数,能够分析常用天线的工作原理。

(2) 能力培养目标

① 能够应用电磁场与微波技术的概念、原理和分析方法分析常见的电磁现象。

② 能够对电磁场和微波技术相关的工程问题进行抽象、简化、归纳,依据电磁场的基本规律和分析方法,对常见的电磁应用情况进行定性分析和定量判断。

③ 能够分析特定应用场景中的电磁波的特点和规律,并能够根据应用场景的需求选择正确的通信方式及通信天线等。

④ 通过仿真分析等方法,分析常见微波通信系统的电路、参数性能,并可以在一定程度上搭建简单的微波通信系统,使学生具备一定的科学研究能力。

⑤ 学生能够独立完成一个相对简单的电磁或微波应用系统的建模和分析,能够利用 MATLAB、HSFF、CST 等软件进行辅助设计、分析、计算与仿真,具有一定的使用现代工具的能力。

(3) 思政育人目标

① 厚植爱国、刻苦、勤奋、创新精神,鼓励学生创造人生价值,报效祖国。

② 培养学生的工科人文情怀和精益求精的工匠精神,以及团结协作精神。

③ 培养学生的稳定意识、大局意识、协作意识、责任意识、规则意识、底线意识。

④ 结合行业特色激励学生提高专业素养,把个人价值和社会价值结合起来,自觉把个人的理想追求融入国家和民族的事业中、融入实现中华民族伟大复兴建设进程中。

3) 教学设计

(1) 以实际应用为出发点,重构教学内容

电磁场与微波技术课程内容包括电磁场、微波技术和天线电波三个部分,内容较多、学时较少。以往的课程内容是按照“课程基础—核心理论—应用拓展”的学科认知体系构建的,见图 4-3-4,虽然体现了课程内容之间的递进关系,但是课程基础和课程核心部分的理论性强,如果缺少实际应用案例的支持,学生学习起来相对较枯燥、学习兴趣不高、遗忘速度快。

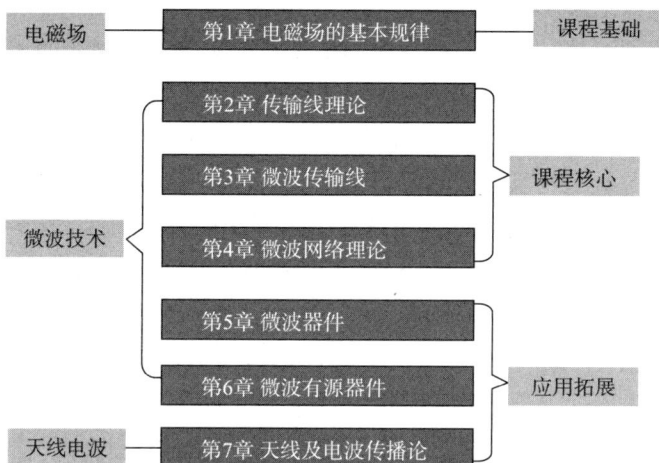

图 4-3-4　重构前的课程内容

　　针对教学中发现的以上问题,课程组以实际应用为出发点,重构了教学内容,见图 4-3-5。重构后的教学内容体现了电磁场、微波技术和天线电波三部分内容之间的交叉和融合,打破原有章节之间的知识壁垒,以实际应用能力提升为目标,将微波元件、天线电波等应用性较强的内容以案例、研讨课题的形式有机融入前面基本知识和基本原理的分析和研讨中,既增加了基本知识和基本原理的实用性和生动性,又让学生所学的知识和原理能够在实际应用中得到及时的巩固,实现了"从学到用"的无缝契合,强化了学生的理解和认识,培养了学生的工程意识和创新思维。同时,微波元件、天线电波这些应用前置研讨课题的完成,也提升了学生查阅文献的能力、科技写作的能力、思辨的能力。

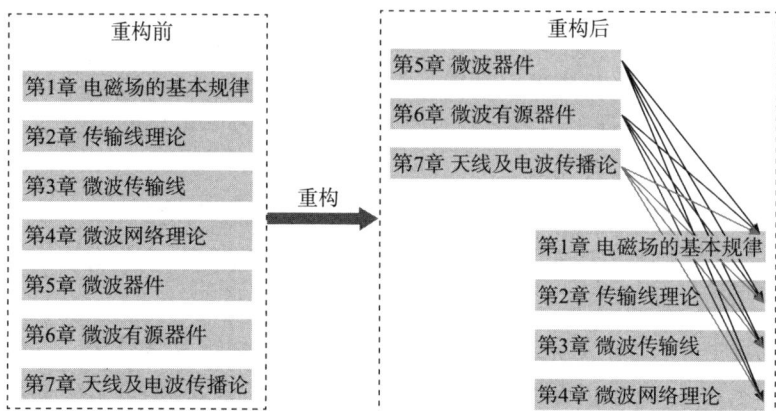

图 4-3-5　重构课程内容

（2）结合项目化课程需求，增加工程设计项目

课程组充分调研电子信息工程专业的电子产品设计与系统开发系列项目化教学课程和通信工程专业的移动通信组网与安装、移动通信基站安装与维护、通信系统建模与仿真等项目化教学课程的需求，本着以工程实践设计项目带动理论课程教学、使学生的学习更具有针对性及有效性的目的，增加了微波通信及检测等方面的研讨案例和移动通信、无多普勒雷达、微带天线设计等工程实践设计项目，见表 4-3-3。通过这些电磁工程项目的应用、问题分析、设计/开发和使用现代工具等过程，培养学生自主学习、动手实践和创新创造的能力。

表 4-3-3　电磁场与微波技术课程中的部分项目

序号	实　　例	对应知识点	来　　源
1	平面波状态的仿真分析	媒质中的平面特性、电磁波极化特性、垂直入射	课程设计优选题目
2	传输线状态的可视化仿真模型	仿真软件的使用、传输线状态、状态参数	课程设计优选题目
3	微波滤波电路	传输线特性、传输线匹配技术、滤波原理	2019 全国电子设计大赛题目
4	多普勒雷达	多普勒原理、微波收发电路	毕业设计优选题目
5	微带天线设计	仿真软件的使用、匹配技术、微带传输线、天线基本特性	毕业设计优选题目

（3）优化教学设计与方法

本课程充分利用线上教学和线下教学的优势互补，采用线上线下相结合的混合式教学方式，既为学生提供了丰富的线上资源，让学生不受时间和空间的限制自主完成预习、复习、测验和知识拓展等，又能避免因单纯的网络教学导致的学习效率低下、无法保证课堂效果等后果，学生能够在线下课程中实现与老师、同学之间的深入交流和讨论。线上资源对教师课上内容起到补充作用，同时，教师可以利用线上平台进行异地答疑、布置作业等教学任务。

本课程共有 64 个课内学时，概念性问题、简单推导证明和应用分析等内容多采用线上自主学习＋答疑辅导的形式进行；而相对复杂且重要的推导、应用分析和学生项目成果展示部分，多采用线下教师教授或者研讨的教学形式。

教学过程中，教师团队综合应用课上课下相结合、翻转课堂教学、实际问题导入、研讨和探究项目、思政元素有机融入等多种教学手段和方式，提高学生的项目实践应用能力、协调能力、创新创造能力、报告撰写能力和语言表达能力等，以及培养了学生的团队合作精神。本课程旨在充分调动学生的积极性和主动性，激发学生的学习兴趣和专业学习热情，引导学生学好专业知识、积极投身社会主义的伟大复兴事业中。

本课程通过充分研讨专业项目化教学课程,优选了电磁场微波技术前沿技术调研、电磁传播仿真、微波滤波电路、多普勒雷达、微带天线设计等课外自主研究与实践项目。通过调研和收集资料、构思技术方案、理论设计、构建模型(包含材料和器件选择)与仿真、优化设计、制作 PPT 和答辩、撰写项目总结报告,学生提升了动手能力和解决问题的能力;通过实际问题导入来讲授相关知识点,同学们提高了学习兴趣,在理解数学表达的时候,领会其背后的物理含义,并了解其具体的工程应用。例如,在讲解微波谐振腔的时候,结合微波炉来说明,微波炉就是典型的对多模谐振腔的应用;在讲解电磁波的反射与透射问题时,可以结合雷达探测、隐身飞机等应用进行引导和说明;在讲解媒质的电磁参数时,可以结合微波加热、超材料和等离子体等进行说明,既激发了学生的学习兴趣,又培养了学生的工程应用能力,符合新工科的建设目标和精神。

4）教学评价标准

课程考核成绩由过程考核 20％＋项目考核 20％＋期末测试 60％三部分构成。其中,过程考核由线上学习成绩、翻转课堂测试、作业及课堂表现四个方面构成;项目考核主要由题目调研和收集资料、技术方案、理论设计、构建模型(包含材料和器件选择)与仿真、设计优化、制作 PPT 和答辩、撰写项目总结报告构成;期末测试是随机组卷形式的理论测试,主要检查学生对本课程理论知识的掌握情况,占课程总成绩的 60％。

课程组秉承"以学生为中心、结果为导向"的指导思想,评价主体除了任课教师以外,还增加了工程师和学生,各主体权重为 50％＋30％＋20％。课程组严格管理课程的开设过程,尤其是课程项目实例的设计和完成情况,需参照工程项目完成标准进行评价,动态调整和优化评价标准,形成了更加科学、合理和可量化的客观评价标准。

2. 电磁场与微波技术课程教案展示

本课程具体教学设计详见表 4-3-4,由于篇幅限制,这里仅展示一次课的教案设计,更多教案设计详见本图书的电子资源。

表 4-3-4　电磁场与微波技术课程教案设计表

2023 年第二学期第四周 1

知识建模图

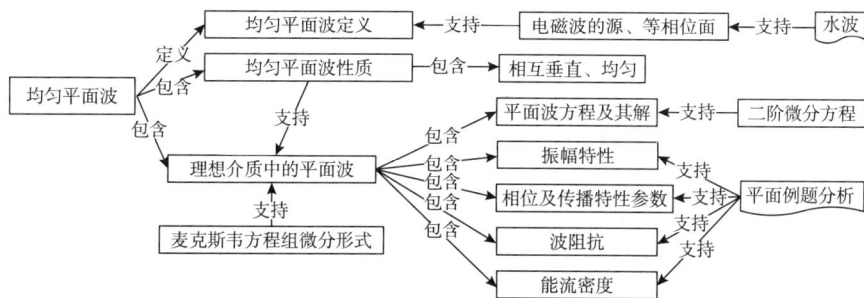

续表

学习目标	知识点（学习水平）				
	平面波的定义和性质（理解） 理想介质中平面波的分析方法（运用） 理想介质中平面波的振幅和相位特性、传播特性参数、波阻抗、能流密度（运用） 定性分析和定量计算任意理想介质中平面波的特性参数及性质（运用）				
学习先决知识技能	知识点（学习水平）				
	熟练掌握麦克斯韦方程组微分形式（运用）、二阶微分方程的求解过程（理解）、水波波动规律特点（理解）				
课上资源	课件、教案	课下资源	课后习题、线上视频、图书资源、MATLAB 软件		
课上时间	100 分钟	课下时间	200 分钟		
活动序列	任务的学习目标	地点	时间	学习资源	
活动 1	平面波的定义和性质（理解）	课上	10 分钟	课件、上节课课后复习、视频、教材	
		课下	20 分钟		
活动 2	理解理想介质中平面波分析过程和分析方法（运用）	课上	30 分钟	课件、讨论、图书资源	
		课下	40 分钟		
活动 3	理想介质中平面波的振幅和相位特性、传播特性参数、波阻抗、能流密度（运用）	课上	40 分钟	课件、讨论、图书资源、MATLAB 软件	
		课下	70 分钟		
活动 4	定性分析和定量计算任意理想介质中平面波的特性参数及性质（运用）	课上	20 分钟	课件、课后习题、课外项目	
		课下	70 分钟		

活动 1 知识建模图（课上＋课下）

活动目标	平面波的定义和性质（理解）
	活动任务序列（导入任务描述）
师生交互过程	教师提问：上次课我们学习了利用麦克斯韦方程组分析静态电磁场问题的方法，除了静态电磁场还有时变电磁场，那么如何来分析时变电磁场的问题呢？这里就以平面波为例来进行时变电磁场的分析，那么什么是平面波呢？ 教师通过总结和提问方式引导同学们积极思考本次的平面电磁波 同学们积极互动回答提问

活动任务序列(任务一)

任务一知识组块：

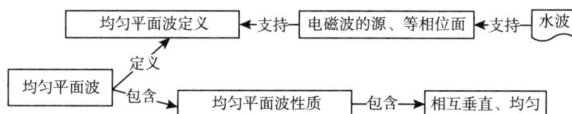

任务描述	理解平面波定义,会进行平面波的判断(运用)
任务时长	10 分钟
学习地点	课上
教学方式 (或学习方式)	☑讲授　☑小组讨论　□答疑　□实验　□实训　□自主学习　□翻转课堂 □其他(请填写)课前测试
师生交互 过程	① 教师给出平面波的定义,分析常见电磁波的类型,给出均匀平面波的定义 ② 教师提问:时谐电磁场的瞬时值表达式怎么写? 其相位等于一个常数该怎么表示? ③ 学生分小组讨论,教师随机挑选一组分享,师生共同点评得出结论
学习资源	教材《电磁场与微波技术》、课件、反转校园测试题
学习成果及 评价标准	学生能写出时谐电磁场的瞬时值表达式,会进行平面波的判断

活动任务序列(任务二)

任务二知识组块：

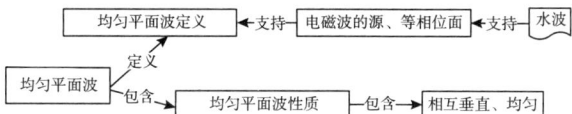

任务描述	总结梳理平面波,以及平面波的判断方法
任务时长	20 分钟
学习地点	课下
教学方式 (或学习方式)	□讲授　☑小组讨论　□答疑　□实验　□实训　☑自主学习　□翻转课堂 □其他(请填写)_____
师生交互 过程	① 教师布置任务:请同学们总结梳理平面波及其判断方法。思考:为什么我们要研究平面波而不是其他波? ② 学生分小组讨论,自主学习课程材料,上网查阅资料 ③ 学生以小组为单位提交总结和讨论结果
学习资源	课件、教材、视频等

学习成果及评价标准	学生能够总结梳理平面波及其判断方法,答对翻转校园中的相关测试题目,并将讨论结果上传至讨论区

活动2 知识建模图(课上+课下)

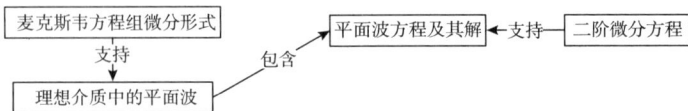

麦克斯韦方程组微分形式 —支持→ 理想介质中的平面波 —包含→ 平面波方程及其解 ←支持— 二阶微分方程

活动目标	理想介质中平面波的分析方法(运用)

活动任务序列(任务一)

任务一知识组块:

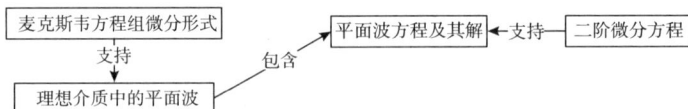

麦克斯韦方程组微分形式 —支持→ 理想介质中的平面波 —包含→ 平面波方程及其解 ←支持— 二阶微分方程

任务描述	理解理想介质中平面波分析过程,掌握分析方法
任务时长	30分钟
学习地点	课上
教学方式 (或学习方式)	☑讲授　□小组讨论　□答疑　□实验　□实训　□自主学习　□翻转课堂 ☑其他(请填写)课堂提问
师生交互过程	① 教师提问麦克斯韦方程组微分形式,随机抽取一名同学进行默写,师生共同对默写情况进行点评 ② 教师提问:如果想利用麦克斯韦方程组求解电磁波,该怎么处理这些方法? ③ 同学回答:化简方程 ④ 教师演示方程化简和消元过程,同学进行学习和理解 ⑤ 教师提问:消元后的方程属于什么方程? 根据学生回答情况进行引导 ⑥ 师生共同求解理想介质中平面波的波动方程
学习资源	课件、教材、视频
学习成果及评价标准	学生能够理解分析过程和求解思路

活动任务序列(任务二)

任务二知识组块:

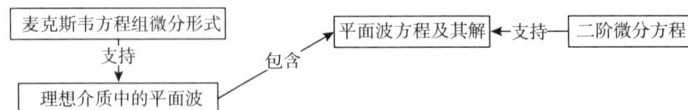

麦克斯韦方程组微分形式 —支持→ 理想介质中的平面波 —包含→ 平面波方程及其解 ←支持— 二阶微分方程

任务描述	理解理想介质中平面波分析过程,掌握分析方法

任务时长	40 分钟
学习地点	课下
教学方式 （或学习方式）	□讲授 ☑小组讨论 □答疑 □实验 □实训 ☑自主学习 □翻转课堂 □其他（请填写）_____
师生交互 过程	① 教师布置课下任务：要求同学们对理想介质中平面波分析过程和分析方法进行梳理。 ② 学生课下梳理和总结；提交梳理和总结文档
学习资源	课件、教材、视频、讨论区问题
学习成果及 评价标准	理解理想介质中平面波分析过程，掌握分析方法

活动 3 知识建模图（课上十课下）

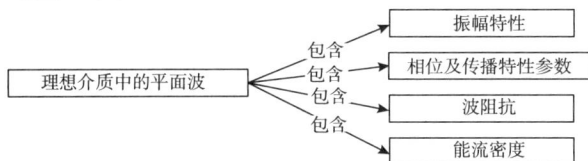

活动目标	理想介质中平面波的振幅和相位特性、传播特性参数、波阻抗、能流密度（运用）

活动任务序列（任务一）

任务一知识组块：

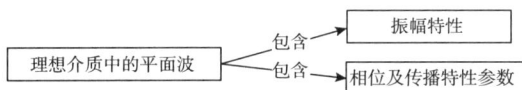

任务描述	掌握理想介质中平面波的振幅特性，以及相位及传播特性参数
任务时长	20 分钟
学习地点	课上
教学方式 （或学习方式）	☑讲授 □小组讨论 □答疑 □实验 □实训 □自主学习 □翻转课堂 □其他（请填写）_____
师生交互 过程	① 教师提问：由求解出来的理想介质中平面波电磁场复振幅写出它们的瞬时值表达式 ② 学生写出瞬时值表达式；教师随机挑选学生发言，其他同学进行质疑和补充 ③ 教师提问：请同学们观察其振幅特性，并分析为什么 ④ 学生分小组讨论，教师随机提问一组学生，师生共同进行分析和点评 ⑤ 教师提问：请同学们观察其相位具有什么特性？等相位面如何变化？ ⑥ 学生分小组讨论，教师随机提问一组学生，师生共同进行分析和点评 ⑦ 教师总结振幅特性、相位及传播特性参数
学习资源	课件、教材、视频、讨论区问题

续表

学习成果及评价标准	学生能够分清楚振幅和相位,会计算传播特性参数

活动任务序列(任务二)

任务二知识组块:

任务描述	掌握理想介质中平面波的波阻抗和能流密度
任务时长	20分钟
学习地点	课上
教学方式 (或学习方式)	☑讲授　☑小组讨论　□答疑　□实验　□实训　□自主学习　□翻转课堂 □其他(请填写)＿＿＿＿＿
师生交互过程	① 教师以 PPT 形式给出波阻抗定义 ② 学生分小组讨论波阻抗表达式及其原因,教师随机提问一组学生,师生共同进行分析和点评 ③ 教师提问:已知电场求磁场或已知磁场求电场,除了麦克斯韦方程组旋度形式,还有没有更快的方法? ④ 学生分小组讨论求解电磁场的方法,教师随机提问一组学生,师生共同进行分析和点评 ⑤ 教师演示能流密度的计算方法
学习资源	课件、教材、视频、讨论区问题
学习成果及评价标准	学生掌握波阻抗定义,会求解电磁场和计算能流密度

活动任务序列(任务三)

任务三知识组块:

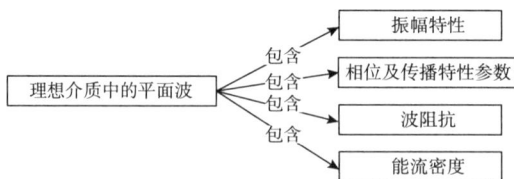

任务描述	掌握理想介质中平面波的振幅和相位特性、传播特性参数、波阻抗、能流密度
任务时长	70分钟
学习地点	课下

教学方式 （或学习方式）	□讲授　☑小组讨论　☑答疑　□实验　□实训　☑自主学习　□翻转课堂 □其他（请填写）＿＿＿＿＿＿
师生交互 过程	① 教师布置任务：分析课后作业 1.12 和 1.13，练习平面波的振幅和相位特性、传播特性参数、波阻抗、能流密度 ② 学生分小组讨论，自主学习课程材料或上网查阅资料 ③ 学生分析和计算结果，以作业的形式上交
学习资源	课件、教材、视频、讨论区问题
学习成果及 评价标准	完成课后习题，成绩 75 分以上为合格

活动 4 知识建模图（课上＋课下）

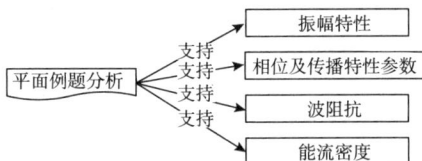

活动目标	能够定性分析和定量计算任意理想介质中平面波的特性参数及性质（运用）

活动任务序列（任务一）

任务一知识组块：

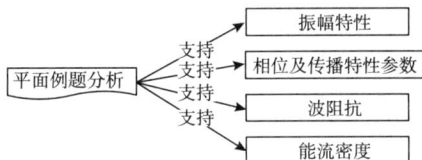

任务描述	掌握定量分析理想介质中平面波特性的方法
任务时长	20 分钟
学习地点	课上
教学方式 （或学习方式）	☑讲授　☑小组讨论　□答疑　□实验　□实训　□自主学习　□翻转课堂 □其他（请填写）＿＿＿＿＿＿
师生交互 过程	① 教师以 PPT 形式分析讲解题目中已知条件和待求参数 ② 学生分组讨论理想介质中平面波的求解思路和方法 ③ 教师演示具体求解步骤和注意事项
学习资源	课件、教材、视频、翻转校园测试题、课后习题

学习成果及评价标准	完成翻转校园测试和课后习题,成绩 75 分以上为合格

活动任务序列(任务二)

任务二知识组块:

任务描述	掌握理想介质中平面波的特性、分析方法及应用
任务时长	70 分钟
学习地点	课下
教学方式 (或学习方式)	□讲授　☑小组讨论　☑答疑　□实验　□实训　☑自主学习　□翻转课堂 □其他(请填写)_____
师生交互过程	① 教师布置任务:任选一款电磁仿真软件,完成理想介质中平面波特性的仿真分析并汇报分享 ② 学生分小组讨论,自主学习课程材料或上网查阅资料 ③ 学生以小组为单位提交仿真分析程序及汇报 PPT
学习资源	课件、教材、视频、翻转校园测试题、课后习题及项目任务
学习成果及评价标准	利用理想介质中平面波的特性和规律,完成软件仿真分析

4.3.4　其他专业基础课程教学设计实例

由于本书篇幅限制,正文中仅展示电路分析基础、数字电子技术、磁场与微波技术三门课程的教案设计,其他专业基础课程的教学设计案例详见本图书的电子资源。

结　语

　　黄河科技学院电子信息工程专业从 2021 年初开始了对应用型高校本科专业产教融合型课程体系改革的系列探索和研究,从专业调研、核心岗位职位群梳理、项目化教学课程体系构建,再到专业基础课程改革和专业课程体系的构建,这期间得到学校的宏观指导和各项政策支持,以及学部和科教中心的各项具体指导和资源支持,同时,也离不开全体专业教师的努力和支持,在这里一并表达深深的感谢。

　　本产教融合型课程体系的一系列改革措施已经在黄河科技学院 2021~2023 级电子信息工程专业全面实施,学生在各门课程中的主动学习能力、创新学习能力和解决实际问题的能力得到了很大的提升。本专业的单片机原理及应用等 10 余门课程的建设成果得到了公开发表和成果推广,数字电子技术等 6 门课程获评为省级一流课程。目前,90%的课程改革成效已经通过了由国家教育行政学院刘亚荣教授团队主导的课程考核体系的验收,整体教学效果良好,显著提升了学生的主动学习能力、创新学习能力和实践能力,对应用型本科高校高质量人才培养起到了积极促进作用。

　　专业建设和课程改革是一个不断探索、不断总结、不断改进的过程,高校要根据学校的办学特色,结合地方经济和社会发展需求,不断优化课程体系和专业人才培养体系,力求培养出适应社会需求和未来技术发展的应用型创新人才。本研究和实践由于运行时间不算太长,难免会有一些不足和疏漏之处,敬请广大同行和读者多提宝贵意见,您的宝贵意见,将给我们后续的研究和探索提供非常重要的帮助。

参 考 文 献

[1] 刘畅,胡青,张晶泊,等.新工科背景下电子信息类专业课教学改革与实践[J].中国现代教育装备,2024(5):68-70.

[2] 李海霞,朱慧博,倪亚南,等.OBE理念下信息理论与编码课程的教学研究[J].中国教育技术装备,2024(4):80-83,87.

[3] 王军芬,李明亮,宗佳泰.工程教育专业认证下电子信息类综合实践教学改革[J].河北地质大学学报,2024,47(1):137-140.

[4] 王剑,李易清,石琦.融合多维偏好与知识追踪的个性化学习路径推荐——以"系统建模"课程为例[J].现代教育技术,2023,33(11):99-108.

[5] 何文涛,周睿,周跃良,等.数字化转型背景下基于知识建模图的数字教育资源众筹机制研究[J].教育发展研究,2023,43(21):39-48.

[6] 姜建国,王秀芳,张光华,等.基于新工科和OBE的电子信息类专业实践教学改革研究[J].电脑知识与技术,2023,19(31):151-153.

[7] 盘书宝.地方性应用型高校电子信息类专业实践教学改革探究[J].才智,2023(30):97-100.

[8] 袁东明,史晓东,孙丹丹.电子信息类创新人才基础能力提升与启发式教学实践——基于电子工艺实习课程改革与探索[J].高教学刊,2023,9(25):164-167.

[9] 王萌,王梦梦,施艳艳.电子信息类专业课程教学改革探索[J].创新创业理论研究与实践,2023,6(16):29-31.

[10] 曹俊斌,高俊,李晓君,等.产业学院建设背景下电子信息类专业基础课教学改革探索与实践[J].高教学刊,2023,9(23):121-125.

[11] 刘波.基于知识图谱的学习资源平台构建[J].高师理科学刊,2023,43(7):41-47.

[12] 周杰.在知识的应用过程中培养建模能力——以"反比例函数的应用(第2课时)"为例[J].中学数学,2023(14):45-47.

[13] 李元军,许云艳.以探究促知识建模 以感悟促思维发展——以"反比例函数的图象与性质"课堂教学为例[J].中学数学,2023(12):93-94.

[14] 田永樟.基于知识图谱的高校政策文件知识建模研究[D].哈尔滨:哈尔滨师范大学,2023.

[15] 黄浦.支持工艺创新设计的知识建模与应用技术研究[D].西安:长安大学,2023.

[16] 吕扬才.课程导向的专业知识状态建模与应用研究[D].上海:华东师范大学,2023.

[17] 董钢,王莎,刘聪,等.智能按摩椅设计与实现[J].电信快报,2022(3):30-32,37.

[18] 黄鑫磊.智能按摩椅控制系统的设计与研究[D].杭州:杭州电子科技大学,2021.

[19] 黄焕,元帅,何婷婷,等.面向适应性学习系统的课程知识图谱构建研究——以"Java程序设计基础"课程为例[J].现代教育技术,2019,29(12):89-95.

附录　知识建模法

一、知识建模法简介

(一) 概念及应用

知识建模法应用非常广泛,是一个复杂的过程,涉及多个步骤和方法。它旨在创建一个专业知识建模图,为培养新型人才搭建坚实的知识体系基础。

知识建模法将知识域可视化或映射为地图。通过可视化技术,理解知识与知识之间的关系。知识建模法是以图的形式表示知识,其中节点代表实体,如人物、地点或事物;线则代表实体之间的关系。知识建模法在操作中通常需要借助 Microsoft Visio 软件。

(二) 作用

知识建模法可以将传统的学科知识体系和企业的实践知识体系用一个逻辑联系起来,形成统一的人才培养的知识点数据库;可实时动态更新"有用"的教学知识、企业任务知识等。知识建模法不仅在技术领域发挥着重要的作用,而且在教育教学领域也带来了革命性的变化,其主要作用体现在以下三个方面。

第一,帮助教师进行课程先后序列的排布。

第二,帮助教师进行每课教学任务的分解。

第三,检查专业的人才培养目标与课程结构之间的对应性,以及课程目标与其知识结构的对应性是否清晰、合理。

二、准备工作

在进行知识建模前,教师需提前做好以下准备工作。

(1) 每个专业以一门项目化教学课程及其对应的专业基础课程为分析单位。

(2) 本专业参与项目化教学课程及其对应的专业基础课程的所有教师。

(3) 项目化教学课程相关的所有资料:教材、企业任务说明书、企业任务工单、视频学习资料、其他资料等。

(4) 所有教师携带笔记本电脑,提前安装好 Microsoft Visio 软件。

(5) 以 2~3 位教师为一组,合作一个模块的知识建模,可以按照模块内容或者章节内容进行分工。

三、方法与规则

（一）罗列知识点

罗列专业基础课程中要讲授的所有专业知识点，要注意以下事项。

（1）知识点应该是某种学习的结果。

（2）列出不属于教学资料的先决知识。

（3）有些知识点不在教学材料中，但需要学生掌握。

（4）对于无法确定的知识点，只要团队达成共识，就可以罗列进去。

（5）有可能不能完全将知识点罗列出来，后续还可以进一步补充。

以"中国近代史"课程中的"鸦片战争"章节为例，提取出的知识点包括鸦片战争、半殖民地半封建社会、鸦片战争前的中国、马嘎尔尼使团礼仪之争、林则徐虎门销烟、《南京条约》。

（二）确定知识的类型

知识的类型包括：陈述性知识、事实范例、程序性知识和认知策略。

（1）陈述性知识，又称描述性知识，是关于"是什么""为什么""怎么样"的知识，用字母"DK"表示，在知识建模图中用 ▭ 表示。

（2）从本质上讲，事实范例也是一种陈述性知识，如方案、产品、现象、事实、问题、案例、例子，以及命题的推导过程和论证过程，这类知识代表着特定的现实及知识的运用，用字母"FC"表示，在知识建模图中用 ▱ 表示。

（3）程序性知识，又称操作性知识，是关于"怎么做"的知识，这种知识表达的是实物的运动过程或者某种操作的步骤序列，用字母"PK"表示，在知识建模图中用 ⬭ 表示。

（4）从本质上讲，认知策略也是一种程序性知识，但由于其非常特殊，因此单独归类，包括问题解决策略、学习方法、信息加工策略等，用字母"CS"表示，在知识建模图中用 ⬭ 表示。仍以"鸦片战争"章节为例，陈述性知识是近代中国、半殖民地半封建社会、鸦片战争前的中国；事实范例是鸦片战争、马嘎尔尼使团礼仪之争、林则徐虎门销烟、《南京条约》。

（三）绘制知识建模图

使用上述不同类型知识的图例，在 Microsoft Visio 软件中按照知识建模法绘制知识建模图。绘图时，必须标出所有知识点之间的关系，即九种语义关系：各类包含；组成或构成；是一种；具有属性；具有特征；定义；并列；是前提；支持。

绘制知识建模图时，需注意以下事项。

（1）"具有属性""组成或构成"两种关系必须标在最上位概念节点上；"是一种"关系不能跨越概念层级。

（2）原则上禁止出现孤立节点。

（3）最终的知识建模图是共创和共识的结果。

（4）对知识建模图进行优化与定稿。

　　每位教师绘制好知识建模图后，交由另外 1～2 位教师进行检查，直到达成共识。该课程的知识建模图绘制完毕后，汇总并输出文档。

参考文献

［1］杨开城.以学习活动为中心的教学设计实训指南［M］.北京:电子工业出版社,2016.

［2］杨开城,陈洁,张慧慧.能力建模:课程能力目标表征的新方法［J］.现代远程教育研究,2022,34(2):57-63,84.

［3］杨开城,孙双.一项基于知识建模的课程分析个案研究［J］.现代教育技术,2010,20(12):20-25.

郑 重 声 明

本书属于黄河科技学院教学改革系列成果之一,著作权属于黄河科技学院,作者享有署名权。

任何未经许可的复制、销售行为均违反《中华人民共和国著作权法》,其行为人将承担相应的法律责任。为了维护市场秩序,保护读者的合法权益,避免读者误用盗版书造成不良后果,我社将配合行政执法部门和司法机关对违法犯罪的单位和个人进行严厉打击。社会各界人士如发现上述侵权行为,希望及时举报,我社将奖励举报有功人员。